中公新書 795

秦 郁彦著

南京事件

「虐殺」の構造

増補版

中央公論新社刊

南京事件

目次

第一章　ジャーナリストの見聞　2

第二章　東京裁判　25

第三章　盧溝橋から南京まで　54

第四章　南京陥落　79

南京略図

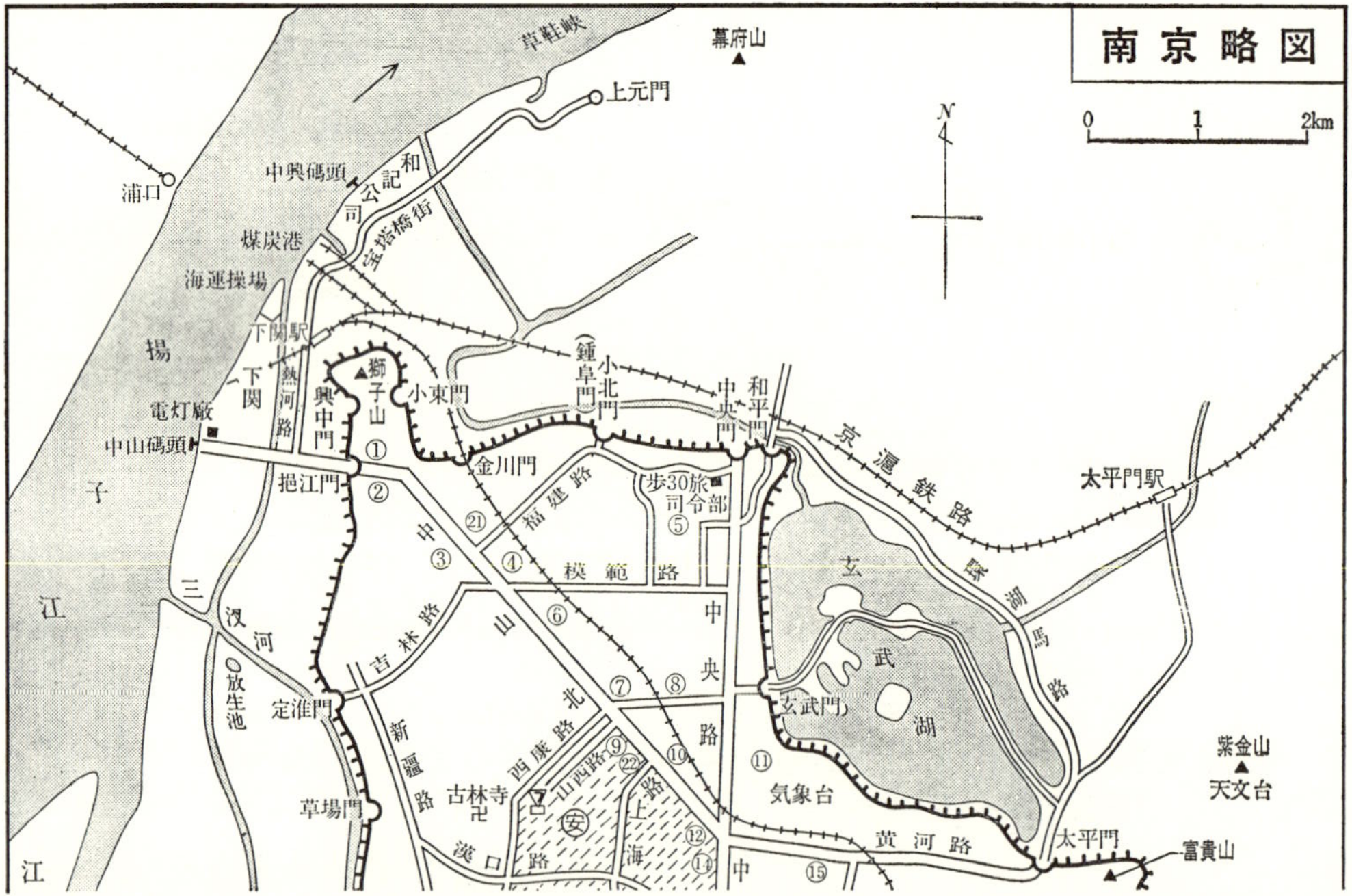

0
1
2km
N
幕府山
上元門
草鞋峡
浦口
中興碼頭
和記公司
宝塔橋街
煤炭港
海運操場
下関駅
揚子江
下関
熱河路
電灯廠
中山碼頭
獅子山
興中門
小東門
(鍾阜門)
小北門
中央門
和平門
京滬鉄路
太平門駅
挹江門
金川門
福建路
歩30旅司令部
中山北路
模範路
中央路
三汊河
吉林路
玄武湖
玄武門
放生池
定淮門
新疆路
西康路
山西路
古林寺
安
上海路
気象台
黄河路
草場門
漢口路
太平門
富貴山
紫金山
天文台
中
①
②
③
④
⑤
⑥
⑦
⑧
⑨
⑩
⑪
⑫
⑭
⑮
㉑
㉒
馬
路

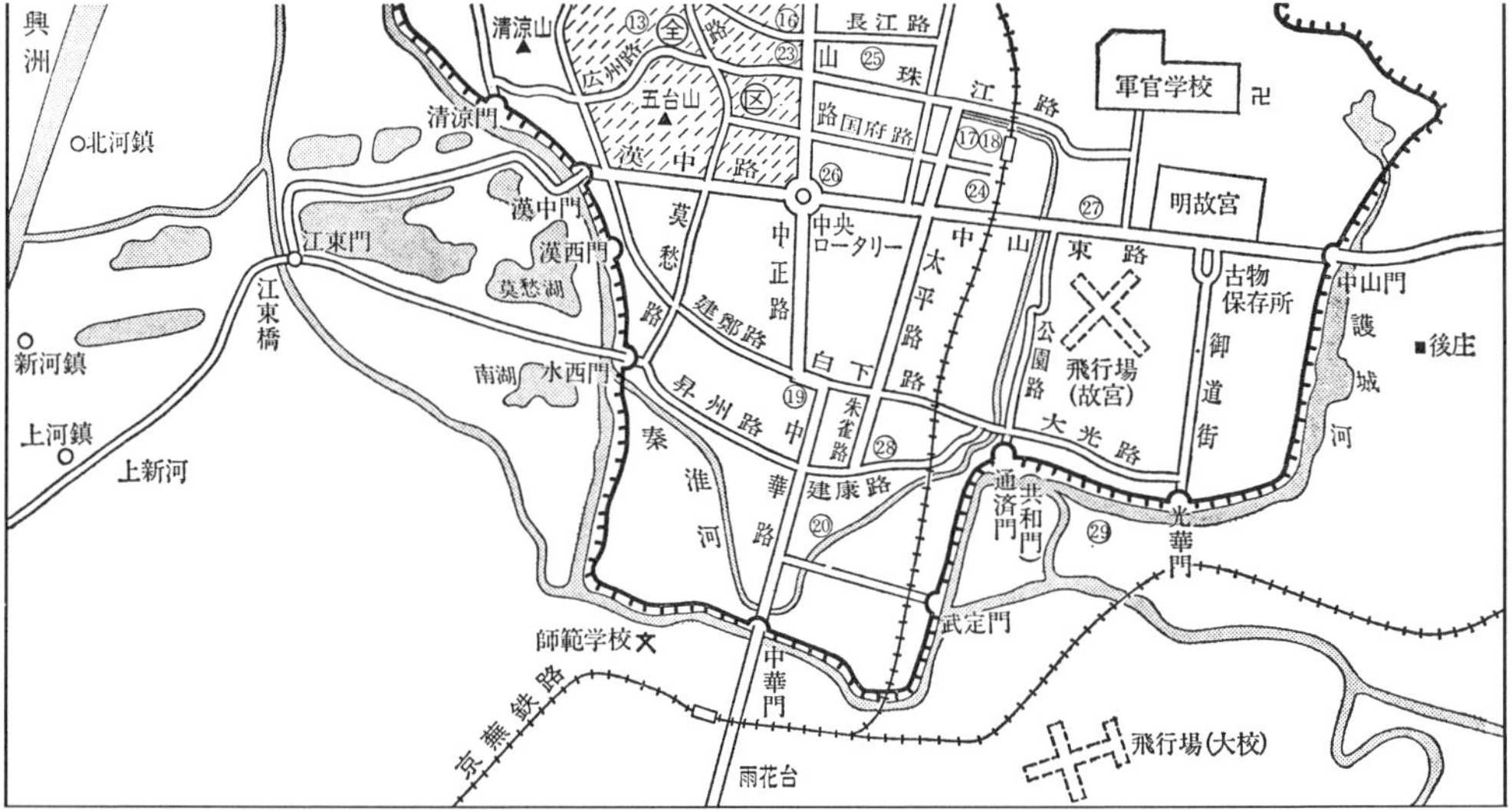

①海軍部　②英国領事館　③交通部　④軍政部　⑤中央大学農場　⑥米国領事館　⑦首都飯店(上海派遣軍司令部)
⑧中央党部　⑨最高法院(上海派遣軍経理部)　⑩外交部　⑪ソ連大使館　⑫日本領事館　⑬金陵女子文理学院
⑭金陵大学　⑮中央大学　⑯鼓楼病院　⑰参謀本部　⑱国民政府(16師団司令部)　⑲YMCA　⑳天子廟
㉑鉄道部(歩38本部)　㉒華僑招待所　㉓司法行政部　㉔中央飯店(16師団司令部宿舎)　㉕模範監獄
㉖交通銀行(特務機関)　㉗中央医院　㉘南京市政府(114師団司令部→歩33本部)　㉙防空学校(9師団司令部)

中国軍の南京防衛態勢

（『抗日戦史—淞滬会戦(3)』）

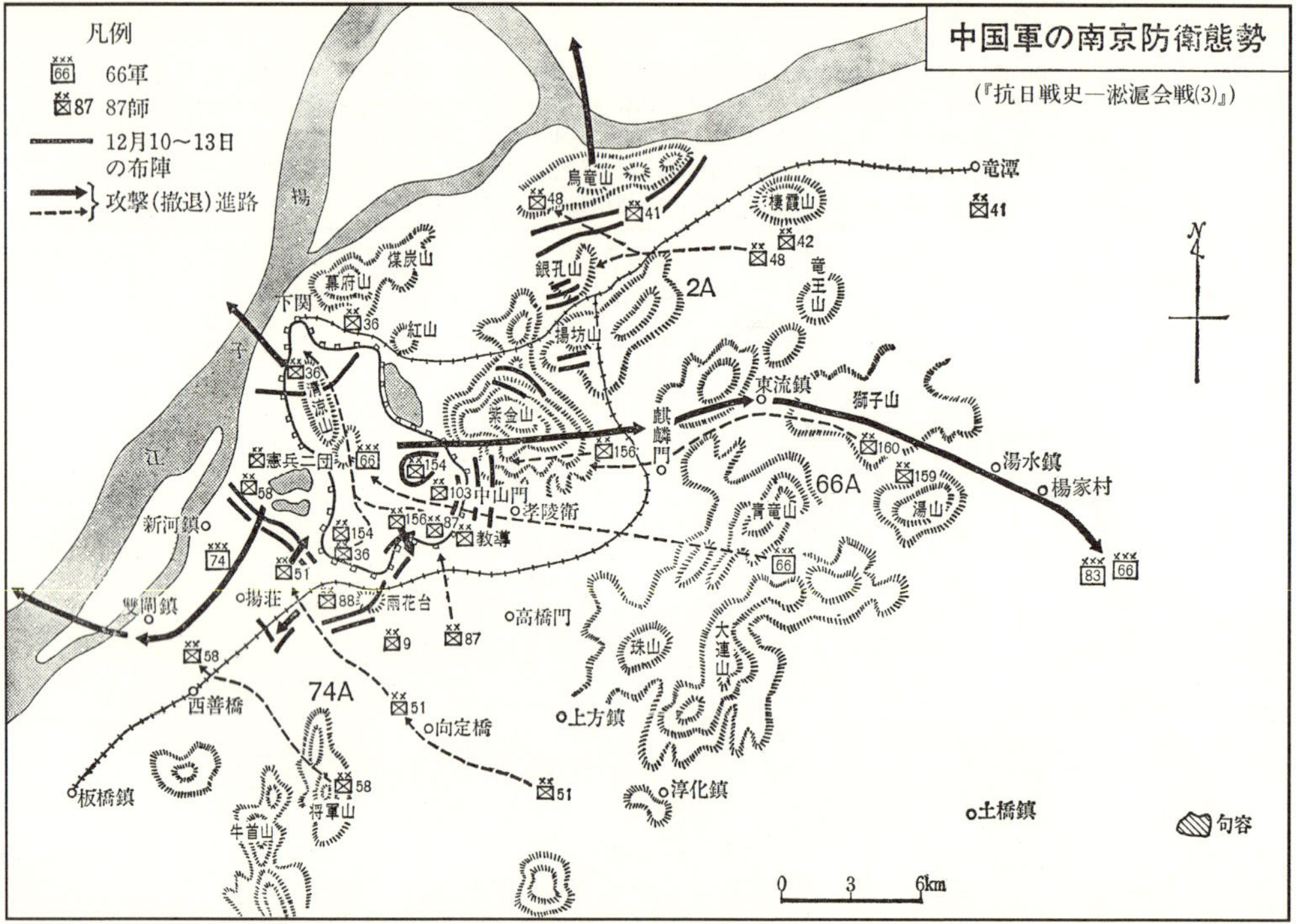

南京事件

第一章　ジャーナリストの見聞

ダーディン記者の第一報

「南京における大残虐行為と蛮行によって、日本軍は南京の中国市民および外国人から尊敬と信頼を受けるわずかな機会を失ってしまった……」

とニューヨーク・タイムスの若い記者ティルマン・ダーディン（F. Tillman Durdin）は上海沖の米砲艦オアフ号の士官室でタイプを叩きはじめた。

チャイナ・プレスの記者から引き抜かれたばかりのダーディンにとって、この記事はタイムスに送るほとんど最初の長文原稿であり、また南京アトローシティ（Nanking Atrocity）を世界に告げる第一報でもあった。

一九三七年（昭和十二年）十二月十日、南京城攻防戦が始まるに先だって、外国人ジャーナリストの多くは外交団とともに首都を去り、十一日夕方には残る数人が米砲艦パネー号で脱出したので、十三日の南京陥落を目撃したのは、ダーディンをふくむわずか五人だった。

残る四人はシカゴ・デイリー・ニューズのスチール、ロイター通信のスミス、AP通信のマクダニエル、パラマウント映画ニュースのメンケンであるが、十五日、日本軍の要請で南京を離れ（マクダニエルだけは翌十六日）、オアフ号に便乗して上海へ下ってきた。そして第一報は日本軍の検閲が始まっていた国際電報局を避け、十七日上海ウースン沖に停泊するオアフ号上から打電されたのである。

ダーディン記者のレポートをもう少し続けてみよう。

「中国政府機構の瓦解と中国軍の解体のため南京にいた多くの中国人は、日本軍の入城とともに確立されると思われた秩序と組織に、すぐにも応じる用意があった。日本軍が城内を制圧すると、これで恐ろしい爆撃が止み、中国軍から大被害を受けることもなくなったと考えて、中国人住民の間に大きな安堵の気持が広がった。歓呼の声で先頭の日本兵を迎えた住民もいた。

しかし日本軍が占領してから二日の間に事態の見通しは一変した。大規模な略奪、婦女暴行、一般市民の虐殺、自宅からの追い立て、捕虜の集団処刑、成年男子の強制連行が、南京を恐怖の町と化してしまった」

つづいて彼が目撃した恐怖の光景が、ジャーナリストらしく要領の良い、しかし冷静な筆致で映画フィルムのように生々しく描き出されている。

いくつかの実例を要約引用しておこう。

「一般市民の殺害が拡大された。警官と消防夫がとくに狙われた。犠牲者の多くは銃剣で刺殺された」

「日本軍の略奪は市全体の略奪といってもよいほどだった。建物はほとんど軒並みに日本兵に押し入られ、それもしばしば将校の見ている前でおこなわれていたし、日本兵はしばしば中国人に略奪品を運ぶことを強制した」

「多数の中国人が、妻や娘が誘拐されて強姦された、と外国人たちに報告した。これらの中国人は助けを求めたが、外国人は助けようにも無力であった」

「記者は上海行きの軍艦に乗船する直前、バンド（埠頭）で二百人の男子が処刑されるのを見た。殺害には十分間かかった。男たちは壁の前に一列に並ばされて銃殺された。これを見物する陸兵の大群は軍艦から水兵を呼んでこの見ものに大いに興じている様子だった」

「多数の捕虜が日本軍によって処刑された。安全区に収容された中国兵の大部分が集団銃殺された。肩に背嚢を背負ったあとがあったり、その他兵隊であったことを示すしるしのある男子を求めて、一軒一軒しらみつぶしの捜索がおこなわれ、集められて処刑された」

安全区の外国人たち

　このダーディンの報道記事は二日半の見聞に限られた速報ながら、南京アトローシティにおける蛮行のほぼ全類型を網羅していた。三週間後に出た詳しい続報（翌年一月九日付『ニューヨーク・タイムス』第三八面の全ページをつぶして掲載）を待たずとも、世界中にセンセーションを巻きおこしてもふしぎはないスクープであり、少し前に起きたゲルニカ爆撃に匹敵する衝撃波を送り出した。ゲルニカ爆撃とは同じ年の四月二十六日、スペイン・バスク地方の古都ゲルニカが、フランコ将軍派に肩入れしたドイツ空軍機の無差別爆撃で壊滅、一六五〇人の死者を出した事件である。

　ところが、南京事件がゲルニカほど大きな反響を呼んだ形跡はない。欧米人にとっては一般に関心の薄いアジアの一角で起きたのも一因であろうが、何といっても、別の大事件であるパネー号爆沈とタイミングが重なったせいかと思われる。パネー号が日本海軍爆撃機の誤爆により、南京から五〇キロ上流の揚子江上で沈んだのは十二月十二日午後のことで、日本政府の手早い陳謝と善後処置により、意図的攻撃ではないか、と激高したアメリカの世論は間もな

U. S. NAVAL DISPLAY REPORTED LIKELY UNLESS JAPAN GUARANTEES OUR RIGHTS; BUTCHERY MARKED CAPTURE OF NANKING

ALL CAPTIVES SLAIN

Civilians Also Killed as the Japanese Spread Terror in Nanking

U. S. EMBASSY IS RAIDED

Capital's Fall Laid to Poor Tactics of Chiang Kai-shek and Leaders' Flight

Writer Tells of Machine Gunning By Japanese Planes and Launch

Aircraft Attacked Boatload of Wounded Fleeing Sinking Panay—Survivors Trekked Miles to Find Refuge and Aid for Injured

ROOSEVELT ACTIVE

Consults Admiral Leahy on Condition of Fleet and Meets Cabinet

SITUATION IS 'VERY TENSE'

But Naval Operations Chief Sees No Need for Sending More Warships Now

南京での日本軍の暴行を報道した『ニューヨーク・タイムス』（1937年12月18日付）

く鎮静したが、米本土の新聞は連日パネー号の記事で埋まった。

ダーディンの第一報が掲載された十二月十八日の紙面にも、パネー号の生存者でオアフ号に救助されて帰ってきたノーマン・スーン（カメラマン）の体験手記が並んでいた。しかも、パネー号事件の報道は、それから連日のようにつづくが、南京事件のホットな報道は、しばらくとだえる。十六日にAPのマクダニエル記者が去ってから、南京に外人ジャーナリストが一人もいないという状況が数か月つづいたせいでもある。日本軍に拒まれて南京帰還をあきらめたダーディンたちは新首都の漢口に移るが、その後の南京を目撃した証人がまったくいなかったわけではない。

正確に言うと、ジャーナリストたちが引きあげたのちも、南京にふみとどまり、日本軍とともに正月を迎えた外国人は二二人を数える。主力はドイツ人とアメリカ人で、難民区または国際安全区（Nanking Safety Zone）と呼ばれた南北三キロ、東西二キロの一画に集まった一〇万人近くの中国人難民を世話しよう、と危険を覚悟で残留した篤志家たちだった。

国際安全区委員長のラーベ（シーメンス洋行代表）、同幹事でYMCA書記長のフィッチ、国際赤十字委員長のマギー牧師、金陵大学教授のスマイス博士、ベーツ博士、それにウイルソンなど何人かの医師たちが主だったメンバーである。上海や故国の友人たちは、一時消息のとだえた彼らの運命を気づかったが、年が明けると、一時避難していた各国の外交官が南京復帰を許され、その連絡で全員が健在だったことが判った。そして二月頃から残留者の一部に南京から出ることが許され、彼らの生々しい証言が伝わり、情報の空白が埋められることになる。その一人であるフィッチ（George A. Fitch）は、牧師の息子として蘇州に生れ、コロンビア大学を卒業したのち中国に戻り、三十年近くをYMCAの宗教、教育活動に捧げたアメリカ人であった。彼は二月末に上海を経て香港へ脱出、米本土へ向かう前に、「南京に残留した米人の目撃談」として三月十六日付の『サウス・チャイナ・モーニング・ポスト』紙上で、次のように報告した。*

* フィッチの回想録によると、彼は南京の残虐シーンを収録した十六ミリフィルムを持って帰国、米上院外交委員会などで紹介している。

フィッチの見聞

「九週間の間、昼も夜も日本軍の暴行はつづいた。とくに最初の二週間がひどかった。恐怖の九週間がすぎた二月十七日、それまで街頭に出るのをためらっていた十四台の人力車が初めて現れた」

とフィッチは述べている。

やっと南京の治安が回復して、市民も安心して暮せるようになったことを示唆しているが、同じ頃、街頭のあちこちに奇妙なポスターがはられた。子供を抱いたキリストの両脇で男女が祈っているありふれた構図を模写したものらしく、キリストの代りに、中国人の子供を抱き、パンをぶらさげた日本兵がおさまり、両側の父親と母親がひざまずいて感謝している。下には「皆さんを守る日本兵を信じなさい」と書かれていた。しかし、それまでの九週間、安全区の役員として、フィッチは日本軍の便衣狩り、姑娘《クーニャン》狩り、放火略奪に立ち向かう悪戦苦闘の日々をすごした。

便衣狩りは十二月十四日、日本軍の大佐が来訪して、六千人の便衣兵を差し出せと要求したことに始まる。断わったが日本兵は勝手に捜索して千三百人をより出し、ジュズつなぎにして揚子江岸へつれ出し処刑したという。十六日にも警察官五〇人をふくむ千人が拉致され、二十四日には、元兵士でも名乗り出れば助命するといつわって、つれ出した二四〇人を処刑。中国語の自由なフィッチは、処刑現場から傷を負って逃げ帰った何人かの市民から処刑のようすを聞きとっている。強姦は十二月十五日頃から一日千件の割で続発し、被害者の年齢は十歳から七十歳にわたり、そのあと殺された者も少なくなかった。千人の女性を収容していた金陵女子大学では、役員が入口で眠り、日本兵の侵入を何とか防いだ。

放火と略奪は、フィッチによれば、十二月十九日から大規模に始まり、彼が働くＹＭＣＡの建物も焼かれ、商店の八割、住宅の五割が略奪され、焼き払われたという。

難民区の委員たちは、こうした日本軍の暴行を傍観していたわけではない。日本大使館へ日参して、実情を告げ、取締りを要請したが、外交官たちは無力で、「兵隊たちは手に余る。誰も上官の命令に従わないんだから」と投げやりに答えるだけで、のちには米・英大使館を通じて抗議したが、効果はなかった。

フィッチはしかし、兵士たちを叱りつける指揮官もいたことを回想している。

「あるとき日本兵が建物に押し入り、略奪している現場へ、たまたま日本軍の部隊長が通りかかった。難民区委員の抗議を聞くと、部隊長は兵士たちに平手打ちを食わせ、向うずねを足でけりとばした」

フィッチが、この部隊長か兵士に報復されなかったのは、幸運というべきだったかも知れない。同じ委員で金陵大学付属病院にいたマッカラム牧師の日記（東京裁判での口供書）によると、委員たちに発砲したり、平手打ちしたりする〝残忍〟な日本兵が多数いたからである。

たとえ外国人であっても、南京で目撃したり体験した事実をストレートに外界へ伝えるのは、さまざまな制約や危険があった。しかし所詮は人の口に戸は立てられず、真実は滲《にじ》み出る水のように広がって行くものである。やがてこま切れの断片情報はティンパーリーというオーストラリア人記者の精力的な活動によって集成され、南京アトローシティの全体像を伝える最初の著作として刊行された。

ティンパーリーと『戦争とはなにか』

ティンパーリー（Harold J. Timperley）が、イギリスの大新聞『マンチェスター・ガーディアン』の中国特派員として活動を始めたのは、彼が三十歳の時の一九二八年からで、北京駐在から上海へ移ったところで日中戦争にぶつかる。一九三八年春、上海を離れたが、翌年蔣介石政権の情報部に勤務、四三年からアンラ（連合国救済復興機関）、ユネスコに移って、五一年までアジア各地で働いた。『豪州人の豪州』(*Australia under Australians*, 1942)などの著作もあるが、ジャーナリストとしての名声を彼が確立したのは、一九三八年に刊行した『戦争とはなにか――中国における日本軍の暴虐』(*What War Means; the Japanese Terror in China: a Documentary Record*)であろう。この本には、知られているだけで、ロンドン、ニューヨーク、パリ、カルカッタ、漢口版があり、かなり広く読まれたことがわかるが、もっとも早いロンドン版が出たのは、南京事件から半年ばかりのちの一九三八年七月で、同じ月に、漢口の国民出版社から楊名訳『外人目睹中之日軍暴行』と題した中国語訳も出た。洞富雄氏の考証では、後者は編者の原稿写から訳出したものだろうという。

英語版の編者序文が三月二十三日、中国語訳に付された郭沫若の序文が六月二十三日となっており、ティンパーリー自身が四月に中国を離れていることから見て、洞氏のこの推理は正しく、また刊行が細心周到な配慮のもとに進められたことが推察できる。前年末からティンパーリーは憲兵隊や特務機関に目をつけられてきびしい監視下におかれ、彼が本社へ送る電報記事は上海国際電報局の日本人検閲官に妨害された。送稿はズタズタに切られ、とくに一月十七日と二十日に送ろうとした南京事件に関する記事は全面的に差し止められていた。不用意に行動していたら、この本の原稿も陽の目を見ないままに葬られていたかも知れなかった。

しかし彼は、結婚のためという理由で中国を離れる直前に、松本重治同盟通信上海支局長を訪ねて刊行計画を打ち明け、「よき日本人に対しては、まことに済まぬことながら」と前置きして、「戦争が人間というものを変えてしまうという、悲しむべく、また憎むべきことを世界に周知せしめたいのです。……これは、お二人の好意に対し悪意をもって酬ゆるようなことになるもので、自分にとっても心苦しい限りである」と語っている。

二人の「よき日本人」とは、松本と外務省の日高信六郎上海駐在参事官を指していた。二人は上海戦の末期にフランス人神父のジャキノ師が、難民のため南市地区に南京と類似の国際安全区を開設したとき、ティンパーリーに頼まれて日本軍に公認させるよう尽力し、それを成功させた間柄にあった。

松本は陥落直後の南京を見聞し、大体のようすを知っていたから、「南京の暴行、虐殺は、全く恥かしいことだと思っている。貴著が一時は、反日的宣伝効果をもつだろうが、致し方ない。……君の本をわれわれの反省の糧としたいものだ」（松本重治『上海時代』下　中公新書）と挨拶した。

ところでティンパーリーの編書には実名を伏せているが、フィッチ、ベーツなど問題の時期を南京ですごした外国人残留者たちの日記、手記と、南京国際安全区委員会から南京の日本当局に抗議のため提出された一三〇件、英・米・独大使館に陳情のため送った三四件の日本軍による暴行事例の公信記録などが収録されている。それは全体の件数（五一〇件）の約三分の一にすぎないが、おそらくページ数の関係で抜粋にとどめたのであろうか。

ティンパーリー自身は南京を見ていないが、序文によると、南京から姉妹機関の上海国際安全区委員会へ送られてきた前記の公信写を入手し、利用を許されたという。したがって、伝聞事項のなかに多少の誤認や誇張はあろうが、多くは直接の目撃や聴取に依存し、日付や場所もしっかりした信頼性のある準公文書であることは、目を通せばすぐわかる。

恐怖の事例

そこで通し番号で整理されている暴行事例のなかから、初期の事例をいくつか紹介してみよう。

▨第一号　十二月十五日、安全区の道路掃除人六名は、鼓楼の住居で日本兵に殺され、一名は銃剣で重傷を負った。

▨第一五号　十二月十五日、漢口路の中国人住宅に押し入った日本兵は若妻一名を強姦、さらに三名の婦女を拉致した。そのうちの二人の夫が日本兵を追いかけたが、二人とも射殺された。

▨第五八号　十二月十七日、日本兵約一五名が小桃源にあるラーベ氏の自宅に侵入、銃剣をかざして現金などを強奪した。強奪された物品のリストはY・ナガイ少佐（注：第十六師団経理部の長井弥一主計少佐か）に手渡され、少佐は立入禁止の貼紙を書いた。それをナチス旗とともに掲げたのに、夕方二人の日本兵が侵入、一人は娘を強姦しようとした。一人は「ありがたく頂戴する。日本軍、K・佐藤」という受領証を置き、自動車を強奪した。（十九日にも日本兵が侵入）（証人　ラーベ）

南京城外の中国兵のさらし首：12月14日（『ライフ』1938年1月10日号　AP通信提供）

▨第五九号　十二月十八日、ナガイ少佐がラーベ氏宅に来訪中、向かいの家に四人の日本兵が侵入、犯されようとした婦人が大声で助けを求め、少佐がその兵を捕え、平手打ちを加えて追い出した。（ラーベ）

▨第七五号　十二月十九日夕方、四時四十五分頃ベーツ博士が平倉巷一六号の住宅に呼ばれて行くと、略奪を終えた日本兵が四階に放火しはじめた。ベーツは消火に努めたが、時すでに遅く、家は全焼してしまった。（ベーツ）

▨第九八号　十二月二十日、午後七時半、妊娠

九か月の一七歳の幼妻が二人の日本兵に輪姦され、そのショックで午前零時に出産した。
（ウイルソン）

板倉由明氏の分類によると暴行の内訳は、殺人四九人、傷害四四人、連行三九〇人、強姦三五九人、略奪その他一七九件となり、全体を通じて読みとれる共通の傾向は、
(1)強姦ないし強姦殺傷が主体。
(2)数名単位の日本兵グループによる犯行が多いが、なかには将校もいた。
(3)同一家屋への数度にわたる侵入が珍しくない。
(4)上級将校や憲兵は兵の犯行を見つけると制止したが、概して効果は乏しかった。
(5)外国人に対しては、多少の遠慮を示した。
などである。どうやら南京の日本軍は統制力と自制心を失っており、放火や飲料水用の池を汚すなど自損的行為さえ辞さなかったことがわかる。ともあれ、ティンパーリーに引用された安全区委員会報告を信じれば、日本軍占領直後の南京は数週間にわたり夜盗集団が百鬼夜行する恐怖と無秩序の街と化したのである。

慶祝ムードの日本新聞

さて、ティンパーリーが列挙したような南京における日本軍の蛮行は、当時の日本国民にどの程度伝わったのだろうか。南京攻略戦に従軍した日本人ジャーナリストは、最大規模の同盟通信社だけで三三人、カメラマンや地方新聞の特派員まで加えると、各社あわせて百人を越えていた。ほかに山本実彦（改造社社長）、西条八十（詩人）、杉山平助、中村正常、北村小松、大宅壮一、石川達三のような著名人が新聞・雑誌の特派という形で加わっていた。報道の自由さえあれば、目撃証人としてまずは不足のない布陣である。

たしかに新聞の紙面は彼らが送りこんだ戦争報道記事と写真で埋まっていた。しかし、多くは軍当局が発表した戦況報告や、華々しい武勇伝や戦場美談のたぐいで、日本軍の恥部に触れた記事はほとんど見られない。

南京陥落前後における『東京朝日新聞』の見出しを追うと、

「南京城内潰滅を決意、残敵拠点に砲火集中、前線部隊に進撃下命」
「紫金山上に万歳」
「歓喜の陽光の真只中、帝都の顔は紅潮、宮城前徹宵の黙禱」
「南京陥落そば、祝賀一色のプロ」
「祝陥落の二大催し、主催東京朝日新聞社」

（以上、十二月十二日）

「空のサーカス団乱舞、天地祝勝に揺ぐ、街には千人音楽行進」（十二月十三日）
「南京を完全占領、両三日後歴史的入城式」
「皇軍の精強宣揚、総長宮御祝電」
（以上、十二月十四日）

と浮きたつような慶祝ムード一色である。

浮かれすぎて早とちり、南京完全占領の公電が入ったのは十三日深夜なのに、その二日前から陥落祝いの行事が次々に始まっていた。十二日付の紙面には「南京陥落す」の題で、

「わが皇軍南京に入城す国つ歴史に金色の文字もて書くべし此の日」

という佐佐木信綱の歌や、「南京陥落に寄す」と銘打った吉川英治のエッセーものっていた。

また東京市中を埋めた旗行列の組み写真のなかには、日の丸を持って歩く「親日英人」夫妻の写真も入っていた。森羅万象のすべてを南京陥落の慶祝に巻きこもうとする新聞のたくましい時局便乗主義だが、こうなると、新聞が民衆を煽ったのか、世論が新聞を突きあげたのか、と詮索するのも空しい気がする。

こうした基調は、その後もつづく。十四日には「大局を忘れて似て非な愛国心を煽った支那の当局者」を責める社説があり、十八日付夕刊には「嗚呼《ああ》感激のこの日、雄渾壮麗な大入城式」という「南京・今井特派員発」の記事が目に入る。元旦の紙面トップを松井中支那方面軍司令官の

「皇軍の仁威は既に諸外国のみならず心ある支那軍民大衆の一様に認識悦服してゐるところである」との祝酒風談話が飾る。

それでも注意深く探して行くと、南京事件に関わる断片的記事が見つからないわけではない。十二月十六日付には、中村正吾特派員が十四日に南京の街頭で、ダーディンをふくむ数人の外人記者に出会って語りあう風景を報じているが、肝心の体験談は、「いやどうも恐ろしかったね」という感想だけに終っている。それと並んで、「江岸で一万五千捕虜」という両角《もろずみ》部隊の戦果を報じる横田特派員発の記事もあるが、この捕虜をどう始末したかの続報は出てこない。

今となってみれば、「なほ潜伏二万五千、敗残兵狩り続く……掠奪のあと」の見出しは意味深長にひびくが、この程度の記事に想像力を働かせた読者が果していたものか。

リベラルな傾向のゆえに、陸軍の反感を買い、二・二六事件で輪転機に砂を投げこまれた『朝日新聞』ですらこうだから、ほかは推して知るべしで、小俣行男記者（読売新聞）がいうように、「書いたところで記事にならないうえ、処分されるに決っていたから、もっぱら〝皇軍の勇戦ぶり〟」（『侵掠』）しか書けなかったろう。

従軍記者のレポートは、まず出先陸軍報道部の検閲を受け、本社のデスクでチェックされる仕組みになっていた。たとえ紙面にのせてみても、内務省図書課（憲兵が常駐）の検閲にひっかかれば、報道禁止、責任者の処分となるのは目に見えていた。

とくに満州事変いらいとみに強化された検閲の実態を知っていれば、前線記者たちが、最初から自己規制してボツにされるのが明らかな原稿を送らなかったことを責めるのは酷かも知れない。

それにしても、あえてこのタブーに挑戦する記者が一人もいなかったのは淋しい気もするが、前記の入城式記事を送った今井正剛記者は、朝日新聞南京支局横の広場や夜の下関《シャーカン》波止場での機関銃による大量処刑を目撃しながら筆にできなかった辛い心情を、次のように回想している。

「書きたいなあ」

「いつの日にかね。まあ当分は書けないさ。でもオレたちは見たんだからな」

「いや、もう一度見ようや。この目で」

そういって二人は腰をあげた。いつの間にか、機銃音が断えていたからだ。

(『特集・文藝春秋―私はそこにいた』昭和三十一年)

彼らのうち何人かは、戦後になってから、書くに書けなかった事実の証言記録を残した。その一人である鈴木二郎記者(東京日日新聞)は、「いまにして(戦後二十六年)ようやくこの一片の証言を書く勇気を持った」と述べているが、その前に南京の惨劇は東京裁判で明るみに出ていた。新聞人が旧聞になってしまった事件を追いかけて書き直すことには、ためらいがあったにちがいない。百人を越える記者たちのレポートが意外に少ないのはそのためかと思われる。

石川達三の抵抗

このように、見て見ぬふりで通した新聞特派員たちに比べると、フリーの作家・評論家のなかには、創作という形式を借りて、すれすれの線で「皇軍」のタブーに挑戦した人々がいた。火野葦平、杉山平助、石川達三たちだが、なかでも石川達三の剛直な抵抗姿勢が光る。

第一回芥川賞の受賞者で、新婚まもない石川が、『中央公論』の特派員として南京の土を踏んだのは一月四日頃であった。八日間の滞在中に、彼は第十六師団歩兵第三十三連隊の兵士たちを中心に取材したのち、帰国して一気に書きあげたのが「生きている兵隊」で、『中央公論』の昭和十三年三月号の創作欄に掲載された。三三〇枚のうち、八〇枚は編集部で配慮して伏字にしたり削除したというが、二月十八日発売と同時に内務省から頒布禁止処分の通告が来た。

若き日の石川達三

『中央公論社七十年史』によると、社員が手分けして書店をまわり、創作欄だけを破って歩いたというが、それだけではすまなかった。石川と雨宮編集長は警視庁に連行され、八月四日起訴された。九月五日、東京区裁から禁錮四か月、執行猶予三年の判決が下り、雨宮は退社し、昭和十四年五月より国民学術協会主事となった。小俣記者が予感したとおりの災難が作家と出版社の双方にふりかかったのである。

この作品は、ある小隊の数人の兵を登場させるフィクションの体裁をとっているが、第十六師団の行動記録に照合してみると、一致点が多く、実質的にはノンフィクションと言ってよい。作者もそれを自認してか、執筆の動機は、「戦争というものの真実を国民に知らせること」にあったと法廷で述べ、判事から、「日本軍人に対する信頼を傷つける結果にならぬか」とただされると、「それを傷つけようと思ったのです」と答えている。

こうした発言自体が、卑屈なまでに時流迎合的態度をとっていたジャーナリストたちへの痛烈な皮肉になっているが、なぜか陸軍は石川に対して寛容だった。また保釈中に、石川が武漢作戦への従軍を願い出ると、陸軍省報道部はあっさり許可を出し、その成果である「武漢作戦」は、同じ『中央公論』の十四年一月号に掲載された。

作者の執筆動機が反軍や反戦ではなく、純粋な文学的衝動に発したと感得したのか、中国大陸での現実に比較すれば、まだ生ぬるいと安心したのか、判じかねるが、この時期における内務省と陸軍の間に、報道政策をめぐって多少のずれがあったことを思わせる。

「生きている兵隊」は題名どおり、戦場における兵士たちの行動と心理を虚飾なしに描き出している。母親の死体を抱いて泣き叫ぶ娘を「うるさい」と刺し殺した元校正係の平尾一等兵、それを「勿体ねえことをしやがるなあ、ほんとに」とからかい、捕虜の試し斬りに熱中する農村青年の笠原伍長、ジュズを巻いた手でシャベルをふるい敗残兵をなぐり殺す片山従軍僧、女を射って憲兵に捕まるが、釈放される医学士の近藤一等兵……いずれも、歴戦の勇者であり、生き残りである。そして平常心を取り戻せば、平凡な市井の青年たちにすぎない、と作者は暗示していた。

その彼らを一様に略奪、強姦、放火、殺傷にかり立てた契機が何であったかについて、作者は直接には答えていないが、十分な補給と納得の行く大義名分を与えられずに転戦苦闘すれば、兵士たちの心情が野盗なみのレベルまで荒廃して行くものだ、と訴えているようにもとれる。

また勇敢、温情の西沢連隊長が、「数千の捕虜をみなごろしにするだけの決断を持っていた」とか、南京城内の掃蕩戦で「本当の兵隊だけを処分することは次第に困難になって来た」とか、さりげない表現ながら、兵士たちの暴行が、軍上層の黙認ないし奨励のもとに成りたっていたことを示唆している。これだけの目配りを利かせた第一級の作品が、軍隊とは無縁だった若い作家によって、しかもわずか一週間の見聞で完成したことに驚歎するが、「生きている兵隊」を闇に葬った内務省警保局は、日本軍の非行を国民の目と耳から封じようと、きびしい監視の目を光らせていた。

情報〝国民〟に達せず

検閲行政の総本山である内務省は、新聞紙法、出版法の規定に基づき、「安寧秩序ヲ紊《みだ》シ又ハ風俗ヲ害スル」出版物の発行や販売を差しとめる権限を持っていた。この漠然とした表現は、どうにでも拡張解釈できる余地があったから、マスコミに対する生殺与奪の宝刀だったと言ってよい。

新聞、雑誌の場合は事前検閲方式をとらず、発行と同時に納本すれば良いようになっていたが、実際には警告とか懇談の名目で掲載前の介入がまかり通っていた。とくに日中戦争突入後は、外務省、陸海軍、税関と連係して水も洩らさぬ警戒網が布かれていた。この網にひっかかった大口は、海外からの輸入刊行物で、内務省警保局図書課が作成した「出版警察報」によると、昭和十三年一月に、「我軍ガ無辜ノ人民ニ惨虐ナル行為ヲ為セル如ク曲説スルモノ」、あるいは「我軍ガ国際公法違反ノ戦闘手段ヲ行使セル如ク曲説スルモノ」として、輸入禁止処分を受けたものは二五件あったが、二月には一〇九件へ急増、三月には七九件に減っている。

このなかには、「南京入城後殺人鬼と化せる日本軍」(『シャンハイ・イブニング・ポスト』一九三七年十二月二十五日)とか、「南京で殺害されたる支那人一万人以上、姦淫されたる婦女数八千〜二万人」(広東の『中山日報』一九三八年一月二十三日)とか、「南京虐殺の元兇は橋本欣五郎大佐」(ニューヨークの雑誌『アメラシア』同二月号)、それに残虐シーンの写真が入った『ライフ』(同一月十日号)のような南京事件関連の報道が多数ふくまれていた。

ティンパーリーの著書も当然のことながら輸入禁止にされていたが、知人の宇都宮直賢陸軍少佐には著者からサイン入りの贈呈本が届き（宇都宮回想）、ほかにも軍人や外交官で当時目を通した人がいないわけではなかった。おそらく上海で入手して持ちこんだものか、と想像する。

国内の刊行物で発禁にされたものとしては、「日本軍に対し行動疑惑ある部落の如きは之を攻め妻女の前にて夫を斬り子の前で親を撃ち家に火を放ち之を掃蕩する事もあります」という「戦地だより」を掲載した『日本武道新聞』第五五号（昭和十三年一月十七日）などがある。

皮肉な話だが、戦時下の日本で最大限に言論の自由を享受していたのは軍人であった。学生だとマルクスの翻訳本を一冊所持していても警察に連行されたが、軍艦の士官室や兵営の将校個室ではこの種の危険出版物がおおっぴらに読めたという。こうしたルートから移入されたものか、中国語訳から重訳されたティンパーリーの本も、エドガー・スノーの『アジアの戦争』（*War for Asia*, 1941）の翻訳も、少部数ながら内部印刷されて関係当局の間に配布されていた。

新聞社や通信社の海外特派員も欧米新聞の報道を転載紹介する形で、大量の南京関係情報を本社へ送稿していたが、朝日新聞のニューヨーク特派員だった森恭三が、「当然これを詳細に打電しました。ところが東京から郵送されてきた新聞を見ると一行もそれが出て来ない」（『私の朝日新聞社史』）と回想するように、このルートもやはり塞がれていた。

そうなると残るルートは出征兵士たちの家郷への通信と帰還兵たちの口コミだけということになるが、前者のほとんどは所属部隊と野戦郵便局の厳重なチェック網にひっかかったと思われる。

昭和十三年夏、前線の岡村第十一軍司令官を訪ねた中村陸軍省軍務局長が、「戦地から惨虐行為の写真を家郷に送付する者少なからず、没収すでに数百枚」（『岡村寧次大将資料』）と語っているのが、裏付けになる。

帰還兵たちの略奪品の持ち帰りを防ぐために、憲兵が乗船場で荷物検査をやる慣例になっていたが、すべてを押えるのは不可能だったろうし、武勇談にかこつけた体験談まで押える手段はなかった。小学校の下級生だった筆者も、この種の体験談を聞いた記憶があるし、同じ経験を持つ同世代の少年たちを何人か知っている。

そのせいか、陸軍省は十四年二月に「支那事変地ヨリ帰還スル軍隊及軍人ノ言動指導取締ニ関シテ」（東京裁判法廷証三三〇四）と題する極秘通牒を発して、「軍紀風紀上注意ヲ要スル言辞」を押えることに躍起となった。

しかし、そのうち主戦場が中国から対米戦の南方に移り、あいつぐ玉砕戦と敗北への道程で、南京事件の残響は遠のいて行く。その全貌を国民が知るのは、敗戦直後の昭和二十一年五月三日から開かれた極東国際軍事裁判を通じてであった。

第二章　東京裁判

知的マゾヒズムの潮流

一般に東京裁判の名で知られる極東国際軍事裁判は、昭和二十一年（一九四六）五月三日に開廷され、二年半後の二十三年十一月十二日、東条英機元首相以下二五人のA級戦犯被告全員に有罪（うち七人は死刑）の判決をくだし閉廷した。

二年余の審理で、法廷には計四一九人の証人が登場し、七七九通の供述書をふくむ四三三六通、約九〇〇万語、四八四一二ページにおよぶ書証が受理されたというから、規模だけで言えば、史上最大の裁判と呼んでも誇大ではあるまい。

では、この法廷で何が裁かれたのか。朝日新聞法廷記者団著の『東京裁判』シリーズは、第一巻の「はしがき」で、「審判するものは東洋の三国をふくむ戦勝連合国十一か国、被告として擬せられたものは二十八人の個人とはいえ、日本の行動の名の故にあることを思えば、審判台に立つものはまぎれもなく日本帝国そのものである」と書いた。

キーナン首席検事が読みあげた起訴状は、対象の時期を「昭和三年一月一日より昭和二十年まで」と限定したうえ、日本は「侵略戦争を計画し準備し開始しかつこれを実行した」と断じた。この時期の日本が、「犯罪的軍閥によって支配されまた指導された」と認識されたためか、A級被告の大多数は軍人だった。

共同謀議による侵略戦争の遂行という基本的な史観は、判決でもほぼそのまま踏襲された。被告と弁護人たちは、共同謀議の存在を否認し、自衛戦争であったゆえんを説き、「平和への罪」という事後法で裁くのは国際法違反である、と主張したが退けられている。

しかし法理的な論争は別として、東京裁判は昭和期前半の歴史過程の解釈に巨大な影響を与えた。「東京裁判史観」という新語が生れたほどで、何よりも提供された情報量の豊かさは圧倒的だった。軍閥支配時代に情報を遮断され、「勝った、勝った」の一方的な大本営発表しか聞かされていなかった国民は、張作霖爆殺に始まる昭和史の実相を知らされて、衝撃を受けた。米占領軍も、「真相はこうだ」というラジオ番組を特設して、真相暴露路線を推進した。

なかでも南京アトローシティは最大級の衝撃効果をもたらした。法廷ではほかにも日本軍のひき起した残虐事件が数多く紹介されたが、対象に多数の一般市民がふくまれていたうえ、被害者が二十万、三十万人という桁ちがいのスケールだったからである。次々に登場する証人と書証の洪水のなかで、被告や弁護人の抗弁は空しくかき消されてしまう。多少の事情を知る関係者の多くは、戦犯容疑がわが身にふりかかるのを恐れ、沈黙を守った。

敗戦の日まで、国策に沿った報道しかやってこなかったマスコミは、今度は占領政策伝達のための拡声器に早変りする。用紙不足で粗悪な紙質の二ページ建てがやっとだった新聞は、GHQの指示で貴重な紙面の半ば近くを東京裁判の報道に費していた。知的飢餓感を満すのに忙しかった国民は、それが政治裁判のために設定されたキャンペーンであることに、さして注意を払わなかった。天皇制の下で軍閥を核として財閥・官僚・言論人・右翼が協力して侵略戦争を遂行したという構図は、「被害者」である国民に一種の免罪符を与えたからでもある。

戦前の日本には民主主義は育たず、軍国主義と封建主義が支配していたと説くE・H・ノーマンの訳書が爆発的に売れ、戦前期指導者の矮小性を鋭くついた丸山真男が学界のヒーローになった。日本の非軍事化と民主化を占領目的としたアメリカにとって、こうした知的マゾヒズムの潮流は好ましい傾向であったろう。

以上のような環境条件のなかで、南京アトローシティがいかに裁かれたか、概略の経過をたどってみよう。

怪物田中隆吉の告発

往年、シカゴのギャング退治で勇名をはせた東京裁判の首席検事ジョセフ・キーナンが、三八人の米検事団一行をひきつれて羽田空港に到着したのは、終戦の年もおしつまった昭和二十年十二月六日のことである。

ナチスの戦争指導者たちを裁くニュルンベルク裁判はすでにスタートしていたが、東京裁判を主宰する連合国最高司令官（GHQ／SCAP）マッカーサー元帥と担当の検事局の準備は大幅におくれていた。GHQはとりあえず九月から、東条内閣の閣僚クラス数十名を逮捕して巣鴨拘置所に収容、そのなかには南京事件の最高責任者と目された松井石根《いわね》大将もふくまれていた。

だが、日系二世の下級スタッフを除くと、日本語の文書を読みこなせる担当官はきわめて少なく、まして戦前期日本に特有の国家体制や複雑な人脈に通暁した専門家は、皆無に近いといってよかった。加えて、日本軍部は終戦と同時に戦時中の公文書を大量に焼却処分してしまったため、訴追に必要な文書証拠は裁判所側の手で収集せねばならなかった。

このような悪条件を考慮して、キーナン検事は、本人を免責する代りに協力者に仕立て、仲間の悪事を告白させる、いわゆるFBI方式を採用するが、折からこの役割を果すにふさわしい人物が現れた。元陸軍省兵務局長田中隆吉少将である。

田中は陸軍有数の謀略家で、昭和七年の第一次上海事変で駐在武官として火つけ役をやり、十年から十二年にかけては関東軍参謀として内蒙工作や冀東密輸による中国経済の擾乱を手がけた。武藤軍務局長と並んで初期東条政権を支えた政治軍人でもあり、額面どおり査定すれば、A級戦犯に指名されてもおかしくない大物であった。

検事団が田中に着目したのは、『東京新聞』に発表した「敗北の序章」という連載手記がきっかけだったようで、二十一年二月十八日国際検察局に田中を呼び出して、翌日から尋問が始まる。六月まで二二回、三〇〇ページにのぼる尋問調書は米国立公文書館（ナショナル・アーカイブス）に保管され、最近、ほかの国際検察局文書（IPS Records RG 331）もろとも粟屋憲太郎氏によって要点が紹介された（「東京裁判への道」『朝日ジャーナル』連載、昭和五十九年十月十二日号より）。

検事団は、南京事件については、見聞した外人記者の報道や国際安全区委員会の記録を入手し、来日した向哲濬中国政府検事から南京地方法院検察処が、前年十一月から組織的に収集した「敵人罪行調査報告」を受けとっていた。しかし、いずれも被害者側の個別体験を集約したものに限られ、加害者である日本軍の実情に触れるものではなかった。被害者がいくらそろっても、加害者やその責任者が特定できないと公判の維持は困難である。

告発者となった田中隆吉

米軍はレイテ戦で全滅した第十六師団の日本兵捕虜にまで当って、生き証人を探したが、はかばかしい成果を得られず、焦っていたところだったから、免責と引きかえに提供された田中隆吉の内部告発は貴重な材料となった。

次に三月二十二日と五月二十四日の尋問調書から、南京事件に触れた田中の陳述を抜き出してみよう。

問　南京残虐事件《レープ・オブ・ナンキン》に松井大将は関係があるか。

答　松井大将が命じたものではないが、彼の部下が史上最悪の残虐行為をやったのである。

問　松井はそれを知ってやめさせる命令を出したと思うか。

答　あとで松井はわたしに、やめさせるため全力をつくしたが、力が足りなかった、責任を感じると話した。

問　松井は責任者を処罰したか。

答　イエス。しかし処罰は軽いもので、マネゴト程度にすぎなかった。松井は南京占領と同時に講和しようと考えていたが、この事件でだめになってしまったと語った。

問　松井は責任者の名前を言ったか。

答　中島（今朝吾）第十六師団長の名をあげ、この部隊は上海の日本商店すら掠奪した、と怒っていた。

問　他にもいるか。

答　谷寿夫中将、佐々木到一中将である。とくに佐々木が悪かった。

問　陸軍は事件の調査をやったことがあるか。

答　イエス。憲兵隊が実施し、わたしはその報告書を読んだ。
問　それによって軍法会議が開かれたか。
答　十四年春、我々は松井大将、中島師団長を軍法会議にかけるよう主張したが、中島（鉄蔵）参謀次長の猛反対で実現しなかった。
問　この件で松井と会ったか。
答　彼は兵務課長だったわたしを二度訪ねてきた。彼は大アジア主義者で米英との開戦を主張していた。
問　あなたが事件のことを初めて知ったのはいつか。
答　十三年三月頃だ。わたしは朝鮮で連隊長をしていたが、松井軍の参謀から同じ師団の連隊長へ移ってきた長《ちょう》勇《いさむ》大佐から聞いた。
問　彼は何と言ったのか。
答　南京東方の鎮江付近で多数の捕虜を殺したこと、兵士たちの強姦があまりひどいので慰安所を開設した、と述べた。
問　ティンパーリーの著書、石川という小説家の作品を知っているか。
答　聞いたことがある。石川が書いたのは真実だと思う。
田中は他にも、中島師団長が蔣介石の私財を内地に送りこんだのを憲兵に摘発させたエピソードなどを紹介しているが、彼のこうした率直すぎるほどの内部告発で、検事団は事件の責任関係について輪郭をつかみ、かねてからの心証を補強したと思われる。

ところが責任者として松井、中島、谷（第六師団長）、佐々木（中島の支隊長）、長という顔触れがそろったとはいえ、長は沖縄で戦死、中島は終戦直後に病死、佐々木はソ連抑留中で、残るは松井と谷の二人にすぎなかった。あえて加えれば、松井の下の軍司令官だった朝香宮鳩彦《やすひこ》王中将（上海派遣軍）と柳川平助中将（第十軍）の二人がいたが、柳川は病死し、朝香宮は天皇を戦犯にしないという最高方針が決ったことで対象圏外に去った。

三月二日から英国、中国などおくれて到着した各国検事も交え、検事会議でA級被告の選定審査が始まった。十一日の会議で、日中戦争を担当したモロー米検事は、「朝香宮を非難するのではないが、南京を掠奪したのは朝香宮が軍司令官だった部隊だった」という松井の陳述を紹介したのち、松井を被告に選定せよと主張した。

これに対し、根拠がやや弱いとの異論が出て結論は留保されたが、最終的に松井は二八人のA級被告に加えられ、谷はB・C級として中国軍事法廷へ引き渡すことで決着した。

哀声地に満ち……

五月三日から始まった東京裁判は、通例の法廷手続きに従い、(1)検察側立証、(2)弁護側反証・

一般段階（二十二年二月から）、(3)弁護側反証・個人段階（二十二年九月から）、(4)検察側反証（二十三年一月）、(5)検察側最終論告（二十三年二月）、(6)弁護側最終弁論（二十三年三月）の各段階を経て、判決に至った。

訴因は「平和に対する罪（訴因第一〜三六）、「殺人及殺人共同謀議の罪」（訴因第三七〜五二）、「通例の戦争犯罪及人道に対する罪」（訴因第五三〜五五）の三種に区分され、二八人の被告は多い者で五四項目、少ない者でも二五項目に該当するとされた。

「南京攻撃に依る中華民国の一般人及非武装軍隊の殺害」は訴因第四五に当り、松井大将以下一二名が名前を並べているが、実質は松井だけのために設定された訴因と見てよい。

検察側立証段階における南京事件の証人出廷は二十一年七月二十五日、当時金陵大学付属鼓楼医院に勤務していたウイルソン医師を先頭に、八月末まで一か月以上にわたってつづいた。

証拠は大別して二つのカテゴリーになる。一つは事件当時南京にいた国際安全区委員会の外国人たちで、本人が出頭して証言したのはウイルソン、ベーツ、マギー、スマイス、口供書だけを提出したのが、フィッチ、マッカラム牧師、ダーディン記者（検察側不提出）だった。また全部は朗読されなかったが、委員会が日本の官憲に提出した抗議文書を集録した「南京安全区檔案」（一九三九年　徐淑希編）、スマイス博士（Lewis S. C. Smythe）が編集した「南京地区における戦争被害」（"War Damage in the Nanking area," December 1937 to March 1938. Shanghai 1938）、崇善堂、紅卍会など慈善団体の死体埋葬記録や、アメリカ、ドイツの外交出先機関から本国にあてた関連の公電など、多量の文書書証も一緒に受理されている。

もう一つは、南京地方法院が探しだした中国人被害者自身の証言で、尚徳義（雑貨商）、伍長徳（警官）、陳福宝（少年）、許伝音（国際安全区委員会勤務）、梁廷芳（軍医大尉）の五人が出廷、別に十数人の宣誓口供書が朗読された。

証言内容は、すでに第一章で紹介したものと重複する部分が多いので省略するが、「哀声地に満ち、屍山を築き、流血膝を没し、さながらの生地獄を現出したといわれる惨たる四週間」（朝日新聞法廷記者団）を聞かされて気分が悪くなり、退出する傍聴人もいたという。

これだけ多量の証拠を突きつけられては、弁護側も手の打ちようがなかったのだろう。翌年五月の反証段階（一般）では、日高信六郎（大使館参事官）、塚本浩次（上海派遣軍法務部長）、中山寧人（同参謀）の三人を証人に出しただけで迫力を欠いた。なかでも塚本は、掠奪、強姦など「散発的不詳事」はあったが、「厳重に之を処断」したと述べ、検察側の具体的追及に対しては、「知らぬ存ぜぬ」で押し通した。

松井被告担当の伊藤清弁護人は、「真相は別とし、検察側の証拠は圧倒的であり、世界中にあまりにも悪評が高かった事件でもあり、松井被告には少々気の毒とは思ったが、事実そのものの認否の事は一応に止め、方面軍司令官としてこのような不法行為の防止に出来るだけの努力をはらったこと、その部下に直接的責任の地位に在った軍司令官や師団長がいること、ゆえに松井被告に刑事責任まで負わせるべきではない、との方針」（児島襄『東京裁判』下）をとり、せめて松井の極刑を防ごうとしたようだ。

それでも個人弁論段階に入ると、飯沼守上海派遣軍参謀長、中沢三夫第十六師団参謀長、脇坂次郎歩兵第三十六連隊長や第一線の大隊長、小隊長クラスまで十人近くを証人に出す熱意を見せたが、当りさわりのない人格証言が主となり、有力な反証は出せなかった。

それどころか、石射猪太郎（外務省東亜局長）のごときは、現地の領事から「南京アトロシテーズ」に関する報告を受け、陸軍に厳重措置するよう申し入れ、下火になったと述べ、弁護人から「アトロシテーズ」の内容をただされると、「それは南京に入城したわが軍による強姦・放火・掠奪」だと率直に答え、検事側を利するような証言をさせる失敗をやっている。

わずかにブルックス弁護人が、マギー証人に、「それでは、只今の御話になった不法行為若しくは殺人行為と言うものの現行犯を、あなた御自身幾ら位御覧になりましたか」と問いつめた。そして「一人の事件だけは自分で目撃致しました」という答えを引き出し、証人が二日間にわたって証言した百件以上もの日本軍による虐殺、暴行、掠奪、強姦等の数々は、ほとんど伝聞に属すと印象づけたのが、唯一の有効な〝反撃〟となった。

ほかにも誤聞や誇張と疑われる証言は少なくなかったが、事件の日からすでに十年近い歳月が流れていた。意図的ではなくても記憶が薄れ、乱れてもふしぎはない。とくに裁判へ間に合わせるため拙速で情報をかき集めた中国側のデータに、こうした欠陥が目立つのは無理もなかった。

可愛さ余っての打擲

個人弁護の最終段階で、注目の松井大将自身も証人台に立った。昭和二十二年十一月二十四日である。松井は六十九歳、法廷記者はその姿を、「枯木のようにやせた胸、大きく凹んだ目の老将軍」と伝えている。マタイス弁護人が読みあげた宣誓口供書は、中国問題に関わった軍歴の概要と軍司令官起用の事情から説きおこしていた。

「予は、四十余年の陸軍在職中、参謀本部部員・同第二部長・第十一師団長・台湾軍司令官等を歴任したり。此間、支那の南北に在任すること前後十二年に亙り、専《もっぱ》ら日支提携の事に尽力せるのみならず、予は青壮年時代より生涯を一貫して日支両国の親善提携、亜細亜《アジア》の復興に心血をそそぎ、陸軍在職中の大部分も亦、之に応ずるものなりき。

昭和十二年、上海事件勃発し、上海派遣軍の急派となり、予備役在郷中の予が其の司令官に擢用せられしは、全く予の右経歴に因《よ》るものなることは、当時の陸相よりも親しく話されたるところなり。

蓋《けだ》し当時に於《お》ける我が政府の対支政策は、速かに事件の局地的解決を遂ぐるにあり、彼我の武力的抗争を拡大せざることを主眼となしたればなり」

松井はたしかに本人が自負していたように、陸軍の「支那通」の長老格であり、二・二六事件で若返った当時の陸軍部内では、閑院宮参謀総長に次ぐ先任の大将でもあった。軍司令官としての貫禄は十分すぎるほどだったが、当時の日中関係とくに中国ナショナリズムに対する認識は、いささか時代がかっていた。

この認識は東京裁判まで持ち越され、松井は日中戦争の本質が、「一家内の兄が忍びに忍び抜いても猶且《なおか》つ乱暴を止めざる弟を打擲するに均しく……可愛さ余っての反省を促す手段」だったという、かねてからの信念を大まじめに法廷で開陳している。

空疎な理想主義は往々にして、冷酷なレアリズムよりも悪い結果を招く。もし松井が、当時も同じ姿勢で指揮統率に当っていたとしたら、部下はそれを〝盲信〟したのだろうか。それとも〝誤解〟したのだろうか。ともあれ松井は十二月七日、朝香宮の着任で上海派遣軍司令官の兼任を解かれ、中支那方面軍司令官の専任に変ったのちは、現地将兵に対する指揮監督関係は間接的になったと説明したのち、次のように弁明した。

「予の南京占領に関する周到なる配慮に係らず、占領当時の倥偬たる状勢に於ける一部若年将兵の間に、忌むべき暴行を行ひたる者ありたるならむ。これ予の甚だ遺憾とするところなり。

因《ちなみ》に南京陥落当時、予は南京を去る略百四十哩の蘇州に於て病臥中にて、予の命令に拘《かかわ》らず之等非行の行はれたることに就《つ》き之《こ》れを知らず、又、何等の報告に接せず。十七日、南京入城後、初めて憲兵隊長より之れを聞き、各部隊に命じて即時厳格なる調査と処罰を為さしめたり。（中略）

予は南京陥落後、昭和十三年（一九三八年）二月迄《まで》上海に在任せるが、其間、昭和十二年十二月下旬、南京に於て只若干の不法事件ありたりとの噂を聞知したるのみにて、何等斯《かか》る事実に就き公的報告を受けたる事なく、当法廷に於て検事側の主張するが如き大規模なる虐殺・暴行事件に関しては、一九四五年終戦後、東京に於ける米軍の放送により初めて之を聞知したるものなることを茲《ここ》に確言す」（傍線筆者）

さてこの口供書を読んだかぎりでは、松井は事件を知っていたようでもあり、知らなかったと主張しているようにもとれる。責任問題がからむので、ノラリクラリと逃げているようにも見え、前後が矛盾する陳述を平気で並べていると受けとった人もあろう。すでに検察側と弁護側から山のような材料が出たあとだから、口供書の不自然さはひときわ目立った。朗読のあとで検事側の鋭い反対尋問を浴びて松井は窮地に立つ。

偽証だらけの松井証言

英米法による法廷闘争は、検事側、弁護側があい対して判事団を説得するために秘術をつくして展開する演出劇である。論理を積みあげての正攻法が基本とはいえ、はったりやかけ引きも時に必要となる。

この点から見ると、松井口供書は先行した日本側の諸証言、とくに部下の証言でさえ、事前の整合をせずに書かれたらしく、検察官に切りこまれる隙を与えてしまった。弁護技術としては拙劣と言わざるをえない。

東京裁判法廷の松井石根被告

たとえば、占領直後の残虐行為を知ったルートについて、松井は「憲兵隊長から聞いた」と陳述しているが、ノーラン検察官は、すでに伊藤公使や日高参事官や福井南京領事が外務省に通報し、広田弘毅外相から杉山元陸相に注意が行ったことを知っていたから、黙ってはいない。

ノーラン　憲兵隊以外のほかの人から報告を受けたことがありますか。

松井　日本の領事館に行きましたときに、日本領事からもそういう話を聴きました。

ノーラン　なぜあなたはただいま言ったことを宣誓口供書に入れなかったのですか。

松井　それは公式に報告を受けたわけではなく、話を聴いたということでしたから書きませんでした。

口供書に記述しないと、故意に事実を隠そうとする意図とみなされる危険があった。しかも福井領事は、国際安全区委員会の苦情を受けつけていたのだから、松井がこの時点で事件のほぼ全貌を承知したと推定されてもやむをえないところだ。松井はどうやら致命的なポイントをとられてしまったわけだが、「公式」論にこだわった松井は、次に上海派遣軍憲兵隊との関係で説明に窮してしまう。

ノーラン　（憲兵隊長の）報告は、もちろんあなたのところに報告されたものですね。

松井　元来、軍紀・風紀の維持は師団長が最も重要な責任者で軍司令官はまたその上にこれを監督して……方面軍司令部は憲兵隊をもっておりませんから、事実を私の参考のために通報したというふうに、むしろ解釈した方が正しいと思います。

ノーラン　しかし第十軍及び上海派遣軍はあなたの指揮下にあったというのは事実ではありませんか。

松井　指揮下にあったことは事実です。

領事の話も憲兵隊長の報告も聞いただけで、権限がないと松井は逃げたが、憲兵は間接にせよ指揮下にあったことを確認させられ、松井はまたポイントをとられた形だ。しかも権限論は飛び火した。

ノーラン　あなたは宣誓口供書で「各部隊に命じて即時厳格なる調査と処罰を為さしめた」と言っておりますが、調査の結果をまたあなたに報告してきましたか。
松井　翌年二月、上海を離任するまでは何等の報告を受けておりません。
ノーラン　報告せよというふうに要請したことはありますか。
松井　ありました。
ノーラン　この答えに何と言ってきましたか。
松井　調査中。せっかく調査をしておりますから、調査の上で報告するということでありました。
ノーラン　報告を全然受けなかったというのですね。
松井　そうです。

軍司令官も憲兵隊も最高指揮官の命令（または要請）を、「調査中」と逃げて二か月以上も放置していたとすれば、調査も終らないのに厳罰に処した矛盾が出てくる。検事団はすでに予備尋問の段階で、「強姦で将校一人、兵三人を軍法会議にかけ、将校は死刑になったと日記に記入したが、日記は焼いた」という松井の証言を得ていた。

「（事件を聞くや）松井は憲兵へ直ちに逮捕せよと命じた」（武藤章中支那方面軍参謀副長）とか、「松井に報告され……犯罪者は処罰された」（飯沼守上海派遣軍参謀長）という部下の証言も出ていた。

松井は法廷を愚弄するのか、と思われたのだろう。ここで裁判長（代理）が介入して、「調査と処罰」の意味を松井にただす（二十二年十一月二十五日）。

松井　部下の軍司令官及び各部隊長を集めて、軍紀・風紀を維持すべき私の希望を伝えて、それぞれ適当なる手段をとることを命令したのであります。

裁判長代理　しかし私は、証人、あなたが昨日、証人自身としては命令を与える権限はなかったと証言したように記憶しておりますが。

松井　方面軍司令官たる私は、両軍の作戦を統一指揮すべき職権は与えられておるのであります。従って各部隊の軍紀・風紀を維持することについては、作戦上全然関係がないとは申されませんから自然、私がそれに容喙《ようかい》する権利があるとは思いますけれども、法律上私が軍紀・風紀の維持について具体的に各部隊に命令する権限はなかったものと私は当時考え、今もそれを主張するのであります。

つまり、松井は一方で部下の非行について権限も責任もないといいながら、他方で調査と処罰を命令したと主張する矛盾をつかれたのである。おそらくは致命的なポイントであり、松井は不誠実で嘘つきの男という印象を判事団へ与えたにちがいない。

絞首台に登った松井大将

松井だけにとどまらず、南京アトローシティに関する弁護側の法廷技術は拙劣をきわめた。証人の口供書や発言について口裏合わせや打ち合わせすらやらず、数だけはそろえて送り出した感が強い。

まして弁護側証人の陣営が、部分的容認派と全面否定派に分裂してしまっては、総崩れになってもやむをえまい。外交官の日高や松井の参謀副長だった武藤章（A級被告）は前者で、なかでも武藤はシベリア出兵以後、日本軍の質が悪化したと述べ、選抜二個大隊だけを南京城内に入れる手筈にしていたのに、各部隊が命令を守らず、どんどん入城したのが事件を誘発した原因だ、と率直に認めた。

一方、中山寧人参謀や小川関治郎法務官（第十軍法務部長）など旧部下の多くは、「見なかった」「聞いていない」と、全面否定をくり返し、とくに小川は、十二月十四日から十九日まで南京にいたが、「不法行為の噂を聞いたこともなく、起訴せられたこともなく……軍紀はすこぶる厳粛だった」と言い切った。

ところが肝心の松井がフラフラ動揺したすえに、問いつめられる恰好で、部分的容認へまわってしまったため、弁護側は大量の偽証者を並べた、と判事団に印象づけてしまう。松井が焼却したはずの日記を実は保管していたとか、小川が不軍紀行為の数々を記録した「第十軍法務部陣中日誌」を所持していたことが判ったのははるか後年の話になるが、南京事件に関する憲兵隊の調査報告書など一切の公文書を焼却したと称して提出しなかったことも、不自然な感じを与えた。

大筋はあっさり認めて、個別・具体的な反証を持ち出して争っていたら、のちに三十万、四十万という規模の〝大虐殺〟論争に発展することもなく、松井も死一等を減じられた可能性があるが、くり返すようになるが拙劣な法廷戦術が死命を制した。

検察側最終論告は、「弁護側提出の証拠は残虐行為が起ったことを否定してはいないが、これらは小規模にしか起らなかったと思わしめる」ものだが、検察側の証拠は、「何人も首肯するものであり、かつ圧倒的」と自信たっぷりに論じている。

かくて二十三年十一月四日と十二日の判決は、予想どおり検察側の主張をほぼ全面的に認め、「日本軍が占領してから最初の六週間に、南京とその周辺で殺害された一般人と捕虜の総数は、二十万以上であった」と結論し、松井について、「自分の軍隊を統制し、南京の不幸な市民を保護する義務をもっていたとともに、その権限をももっていた。この義務を怠ったことについて、かれは犯罪的責任がある」として絞首刑を宣告した。

判決に際し大幅に訴因を整理した際、訴因四五（南京事件）は除かれたので、松井は訴因五五（人道の罪）だけに該当するとされた。一つだけの訴因で有罪になった被告はほかに二人いたが、死刑は松井だけで、文字どおり彼は南京事件の責任を一人で負い、絞首台を登ったのである。

死刑執行はクリスマス・イブの二十四日、判決と同時に、死刑の七人は仲間から分離されたため、最後の表情を伝えられる人は、東京大学仏教学の教授で巣鴨拘置所の教誨師を兼ねていた花山信勝しかいない。

花山師はこの間に拘置所内の仏間で松井と何回か語りあっているが、松井が南京事件に触れた重要な証言を残したのは十二月九日のことである。もう覚悟は決っていたと見え、アメリカ大審院への上告に触れ、淡々とした表情で、「処刑にあうのは観音さまのご慈悲だと心得ているから、大審院で終身刑にでもなったら、まことに困る」。

「そうでしょうね。一度覚悟なさった以上は……」と会話を交わしたという。それから松井はやや興奮気味に語りはじめた。

「南京事件はお恥ずかしい限りです。……私は日露戦争の時、大尉として従軍したが、その当時の師団長と、今度の師団長などと比べてみると、問題にならんほど悪いですね。日露戦争のときは、シナ人に対してはもちろんだが、ロシア人に対しても俘虜の取り扱い、その他よくいっていた。今度はそうはいかなかった。

慰霊祭の直後、私は皆を集めて軍総司令官として泣いて怒った。そのときは朝香宮もおられ、柳川中将も軍司令官だったが、折角、皇威を輝かしたのに、あの兵の暴行によって一挙にしてそれを落してしまったと。ところが、このあとでみなが笑った。甚だしいのは、ある師団長の如きは『当り前ですよ』とさえ言った。

従って、私だけでもこういう結果になるということは、当時の軍人達に一人でも多く、深い反省を与えるという意味でたいへんに嬉しい。折角こうなったのだから、このまま往生したいと思っている」（花山信勝『平和の発見』、のち『永遠への道』にも同文を収録）

いくら達観しているように見えても、松井の心中には沸々とたぎるものがあったのだろう。法廷ではかろうじて抑えた松井も、服従しない部下の罪を代りに背負わされ、それを察知しながら監督責任を問う勝者の裁きに痛恨の情を洩らさずにはいられなかったのであろう。

辞世の句もどことなく暗示的である。

今更《さ》らに何を語らむ　世の中は
　　力すなわち正義とぞ知る

南京法廷で裁かれた四人

東京裁判に並行して南京の国防部軍事法廷でも、ＢＣ級被告として谷寿夫中将（事件当時の第六師団長）、田中軍吉大尉（第六師団中隊長）、向井敏明、野田毅両少尉（いずれも第十六師団歩兵第九連隊）の四人に対する軍事裁判が進行していた。

東京裁判に三か月先だって軍事法廷が起訴した戦犯は一五〇八人もいたのに、南京事件に対する起訴者がわずか四人にすぎなかったのは、いかにも不自然であるが、その理由はいくつか考えられる。

第一に、八年前の事件容疑者を探し出し、確認する技術的困難性である。彼らの多くは他戦場へ移動して戦死するか、故郷へ帰り、中国にひきつづき留まっていた者は稀であった。それに生き残りの被害者は見つかっても、加害者の氏名や所属部隊を特定するのはまず無理だった。名前が知れている指揮官クラスも死亡している者が多かった。

第二に、日本軍の降伏直後から中国では国民党政府と中国共産党の内戦が再開し、予定された中国軍の日本進駐も中止せざるをえないほどで、十分な捜査を進め追及するだけの余裕がなかった。

第六師団長 谷寿夫

第三に、日本占領に関わった連合国四か国（米・英・ソ・中）のなかで、中国の発言権はもっとも弱く、東京裁判はマッカーサー元帥と米検事団のペースで運営された。それに一九四六年三月から一か月にわたり現地へ出張した日中戦争担当のモロー米検事は、日本軍の毒ガス戦や細菌戦の資料収集に主眼を置き、南京事件の立証は既存のデータで十分と判断していたふしがある。

こうした諸事情で中国軍事法廷のBC級裁判は、容疑者が中国にいて、立証が比較的容易な戦争後期の小規模事件に重点を置いた。そして南京事件の被告は、米軍から引き渡しを受けた谷以下の四人に限定されることになった。

一九四六年十二月三十一日付の起訴状を見ると、谷は一九三七年十二月十三日から二十一日に至る不法殺人一二二件・被害者数三三四人、強姦例一五件・被害者四三人などに対する責任を追及されている。法廷は四百人以上の被害者・目撃者を出して証言させたが、多くは第六師団が城外の雨花台を経て南京城南側の中華門に突入、城内掃蕩戦に入った段階で起きたものとされた。

これに対し、谷中将は十二月十八日付の陳誠参謀総長あての陳述書と翌年一月十五日付の石美瑜廷長にあてた申弁書（いずれも五島広作編『南京作戦の真相』に収録）のなかで、「南京大虐殺は中華門付近に於ては、絶対に無かりしことを天地神明に誓い断言す」と記し、谷と第六師団の関わりはあくまで否認した。しかし事件の存在自体は認めて、「被告の聞知する所にては、南京大虐殺は、中島部隊の属せる南京攻略軍の主力方面の出来事」と述べ、さらに三月二十四日付の追加上申書では、「南京事件は世界的大問題なるに鑑《かんが》み、之を有耶無耶《うやむや》に放置し置くときは……中日両国の親善関係に一大暗影を残す」ので、中国軍事法廷を東京に移して精査すれば、「必ずや真犯人明瞭となるを得べし」と要望している。実質的には、中島第十六師団長こそ真犯人と名指ししたようなものだ。

第六師団が谷師団長のいうように濡《ぬ》れ衣《ぎぬ》を着せられたものかどうかは、あとで検討するが、この抗弁は通らず、谷は昭和二十二年四月二十六日、雨花台刑場で銃殺刑に処せられた。

それから九か月後の翌年一月二十八日には、同じ雨花台で田中、向井、野田が刑場の露と消えているが、この三人はマスコミの戦時宣伝による不運な犠牲者というべき特異例であろう。

中国軍事法廷が行った谷寿夫に対する公開裁判の様子（1947年２月６日）

田中は昭和十五年に刊行された『皇兵』（山中峯太郎編）という本のなかに、「三百人も斬った隊長（田中）の愛刀助広」の説明入りで紹介されたことから、「三百人斬り」の勇士として有名になった。南京戦の田中を知る鵜飼敏定中尉は、陥落当日の未明、田中中隊が新河鎮付近で中国兵の一団と激しい白兵戦を交え新聞に書き立てられたのは事実としても、中隊長が軍刀で斬りあう場面はなかったはずだと反論している（『月曜評論』昭和五十九年八月十三日号）が、別の戦場で田中が軍刀をふるって中国人を処刑している写真もあったことが傍証となり、有罪とされた。

向井、野田の二人もやはり『東京日日新聞』（昭和十二年十二月十三日付）で、「百人斬り〝超記録〟向井一〇六―一〇五野田、両少尉さらに延長戦」と書かれて英雄になり、ティンパーリーの著書に転載されたのが、標的にされた理由と思われる。二人は新聞記者が作りあげた武勇伝にすぎないと抗弁したが、法廷は「俘虜および非戦闘員を自分らの競争ゲームのために虐殺した」と認定した。*

* 鈴木明は『「南京大虐殺」のまぼろし』で、百人斬りが虚像にすぎなかったゆえんを論証したが、その後、捕虜を大量に斬ったのは本当だと証言する志々目彰稿（雑誌『中国』昭和四十六年十二月号）も出て、決着がつかないままに終っている。

いずれにせよ、この三人について、中国軍事法廷は〃犯行〃を特定しうる証人を見つけることはできず、彼らは知名度が高かったという理由で不特定多数の犯人を代表して裁かれたということになろうか。

ポスト東京裁判——その残響

「自らの残虐行為を赤裸々に」「犠牲者は三十余万人」「掃射→クシ刺し→焼く」「〃語り部〃記録映画に」「〃南京大虐殺〃はなかった」「作られた〃南京大虐殺〃の虚偽をあばく!!」と並べてみたのは、昭和五十九年夏から秋にかけて、あちこちのマス・メディアにおどった南京事件を報じる見出しの一部である。

戦後、何度目かのリバイバル現象とはいえ、半世紀に近い昔の歴史的事件なのに、きのうか今日起った事件かと錯覚しかねないホットな扱いに、いずれが虚か実か、判じかねて戸惑った人も少なくなかったと思われる。

東京裁判の終結から三十数年、この間に焦土から再出発したわが国は独立回復とともに西側陣営へ入り、日米安保体制に支えられながら、東西冷戦のはざまで経済大国への道を着実に歩みつづけた。こうした潮流のなかで、南京事件の占める座標軸は大きく変動した。

概して言えば、一九六〇年代末までは、マスコミも学界も東京裁判のデータと結論を無条件に受け入れ、再検討の対象にしようとする動きは見られなかった。まだ根強く残っていた教条的マルクス主義、マゾヒズム的な中国への「原罪」意識が、こうした動きを許さなかったともいえよう。

昭和四十七年（一九七二）の日中国交回復は、一つの分岐点となった。前年に中国を旅行して日本軍の戦争犯罪を広く取材した朝日新聞の本多勝一記者は、著書『中国の旅』で南京事件を改めて掘り起し、被害者の生々しい証言を伝えた。それは東京裁判の法廷で必ずしも十分に反映されなかった中国側の言い分を、ストレートに紹介する役割を果し、進行中の国交回復交渉に微妙な影響を与えた。

しかし、本多レポートは、たとえば被害者数が一挙に二〜三倍にふくらんだこともあって、各方面から不満と反発の声が噴出し、昭和四十七年には洞富雄の『南京事件』が、翌年には鈴木明の『「南京大虐殺」のまぼろし』が刊行された。後者は百人斬り伝説の考証を軸に、事件の虚像部分を公然と指摘した最初の作品で、著者の本意は別として、以後「まぼろし派」の象徴的役割を果すようになる。

洞は昭和五十七年に改訂版の『決定版・南京大虐殺』を刊行しているが、いずれも事件に関する内外の文献と証言を集成し、冷静に比較検討するアカデミックな手法をとっているにもかかわらず、一部から本多と並ぶ「大虐殺派」の代表とみなされてきた。事件が否応なしに政治化してしまったせいである。

こうして両派が混戦気味になったところへ、五十七年夏、教科書騒動が起きた。日本の新聞が、歴史教科書の検定にあたり、文部省が「侵略」を「進出」と書き直させた、と誤報したのをきっかけに、アジア諸国から教科書検定方針に対する非難の声が噴出したのである。なかでも中国は、家永教科書の南京事件に関する記述が修正させられた点を重視し、「中国人民に対する最大限の侮辱である」と論じ、予定された小川文相の訪中を拒否する強硬な態度をとった。

その結果、日本政府は外交交渉を通じて、検定方針の修正を約束し、政治決着で事態を収拾したが、中国政府が依然、南京事件に強くこだわっていることがはっきりした。しかし日本政府が、誤報に基づく「内政干渉」に屈伏したと印象づけたことは、ナショナリストの反発を招き、昭和五十八年から五十九年にかけて「まぼろし派」のキャンペーンはピークに達し、一時は主流の座を奪いかねぬ勢いとなる。

そこへ、五十九年度頃から下級兵士を主とする内部告発派が次々に登場し、中島師団長日記などの新資料が発掘されたこともあって、援軍を得た形の「大虐殺派」が盛り返し、お互い同罪派と全面否定派とを合体した「まぼろし派」と対抗中というのが、昭和六十年秋現在の形勢であった。その後、田中正明氏の松井大将日記改竄事件が新聞に報道されるなど情勢は少し変ったが、*いずれにせよ、このままだと、歴史的真実の究明はどこかに押しやられ、偏見や立場論が先走った泥試合になってしまうおそれがある。虚実とりまぜた情報の洪水を整理しつつ、まず南京周辺で何が起ったのか、事実関係を確認したのち、原因と責任の所在をふくめ、見直し作業をしたいというのが、本書を執筆した目的であるが、その前に南京戦に先だつ日中戦争初期の史実的経過を必要な範囲でたどっておくことにしたい。

* 板倉由明氏は、昭和六十年十一月に発表した『歴史と人物』60年冬号の論文で、田中正明編『松井石根大将の陣中日誌』（六十年五月刊）が、約九百か所にわたり、「南京事件の否定に向って」改竄されている事実を詳細に論証し、その要点は十一月二十四、二十五日付の『朝日新聞』に報道され、大きな反響を呼んだ。

中華民国（台湾）でも、ただちに『中央日報』や『台湾新生報』などの新聞が報道、国会議員から政府に調査要求が出たことを、筆者は昭和六十一年一月の台湾訪問時に知った。

第三章　盧溝橋から南京まで

華北の戦闘

「一九三七年の華北侵略は、大戦争になるという予想なしに行われたものであって、これは本調査団が行った多数の日本将校の訊問によって確証されるところである。当時、国策の遂行に責任のあった者たちは、中国政府がただちに日本の要求に屈して、日本の傀儡《かいらい》の地位にみずからを調整してゆくであろうと信じていた。

中国全土を占領することは必要とも、望ましいとも考えたことはなかった……交渉で、あるいは威嚇であとは万事、片がつくと考えていた」

これはアメリカ戦略爆撃調査団が一九四六年にまとめた報告書の一節である。いわゆる拡大派と不拡大派の対立に代表される政策決定の混乱が捨象されていることを除けば、日中戦争の発端、ひいては全体の性格を簡潔、的確に表現した説明だといえよう。

よく知られているように、日中戦争は昭和十二年七月七日、北京郊外の盧溝橋で夜間演習中の支那駐屯軍の小部隊が数発の銃弾を射ちこまれる、という偶発事件が発端となった。通常だと現地交渉ですぐに片づく程度の局地紛争にすぎなかったが、満州事変にひきつづく日本の華北進出をめぐって、悪化しつつあった日中関係は、すでに局地紛争が連鎖的に全面戦争へエスカレートして行くだけの危機的条件を成熟させていた。

すなわち、「一面抵抗、一面交渉」を標語に日本との衝突を回避しながら、念願の本土統一をほぼ達成した中国は、一九三六年頃から国共合作を軸とする抗日統一戦線を形成し、これ以上の対日譲歩を許さない姿勢に固まりつつあった。

しかし、日本政府も軍部も、こうした中国ナショナリズムの新しい潮流を認識せず、武力による威嚇か、悪くても一撃を加えるだけで中国は屈伏するだろうと楽観し、マスコミも世論も中国を軽侮しつづけてきた固定観念から、安易に「暴支膺懲《ようちょう》」を合唱した。

七月十一日、近衛内閣は五個師団の華北派遣を声明、七月末、北京、天津地区を占領した日本軍は、増援兵力の到着を待って南下作戦を開始した。八月三十一日には、北支那方面軍（司令官、寺内寿一大将）が編成され、指揮下の第一軍と第二軍は中部河北省の省都保定をめざして進撃、別に第五師団は山西省へ向かい、関東軍もチャハル省に出動する。

北支那方面軍の作戦は予定以上の速さで進み、九月二十四日保定を占領、なおも追撃を続行して十月十日石家荘を攻略した。一度サヤを払った軍刀は簡単には収まらないのが軍の論理である。

参謀本部が当初指示していた保定まで、という追撃制令線は早くも空文となった。

一方、山西省に向かった第五師団（板垣征四郎中将）は、天険を利用して果敢に抵抗する林彪らの中共第八路軍に阻止され苦戦した。とくに平型関と忻口鎮《きんこうちん》の戦闘では、精鋭で知られた第五師団も損害続出し、保定方面から第二十師団の救援を受けて、十一月九日、やっと省都太原を占領した。

こうして十二年末までに、北支那方面軍の占領地域は黄河北岸と山西省北半をふくむ広大な地域に広がっていた。日本が華北戦線に投入した兵力は、八個師団を基幹とする約三七万で、歩兵を主とし、戦車、飛行機などの近代兵器は少なかった。だが交戦相手の中国軍も、宋哲元軍などの地方雑軍が主で、華中方面に配置された中央軍に比べると、訓練、装備、士気ともに劣っていたから、日本軍は各戦場を通じて、ほぼ圧倒的な優勢を保つことができた。

戦術面では、日本軍は得意の迂回包囲による殲滅戦を狙ったが、中国軍は決戦を回避して早々に退却したので、つねに追撃戦の形態になった。

追撃戦は味方同士の先陣競争を招きやすい。「〇〇部隊、一番乗り」という派手な新聞報道も第一線の競争意識を煽った。参謀本部は何度も限界線を指示して、南下競争を押えようと試みたが、はやり立つ第一線部隊を押えるのは困難で、結局は既成事実を追認する形となり、作戦区域はいたずらに拡大した。

同様の弊害は、少しおくれて華中戦線でも再現し、南京事件を誘発する一因となる。

全面戦争へ拡大

華北の戦火は、列国権益の錯綜する華中第一の国際都市である上海に波及せずにはすまなかった。満州事変のときも、戦闘は数か月おくれて上海へ飛び火し、日本は居留民保護と海軍陸戦隊救援のため、陸軍二個師団余を派遣して、二か月近い激戦を交えた（第一次上海事変）。

その後、中国は上海北方のクリーク地帯に堅固な防御陣地網を建設、上海―南京の中間にも、ドイツ軍事顧問団の協力で、二線の要塞陣地帯を造る工事を進め、この方面の防備は格段に強化されていた。

蔣介石

蔣介石（中国国民政府主席）の伝記作者である董顕光によると、中国側から見た日中戦争の段階戦略は、㈠華北退却戦、㈡華中への誘引作戦、㈢奥地引きこみ戦略、の三段階に分れるというが、蔣自身も華北を席巻した日本軍が漢口まで南下して中国を東西に分断、上海―南京―南昌にかけて集中する中央軍主力を東支那海に向かって包囲圧迫するのを恐れた、と述べている（『蔣介石秘録』）。

この危険を避けるため、蔣介石は全面戦争を辞さない決意のもとに、中央軍の主力を上海地区に投入、主戦場を華北から華中へ転換しようとした。この誘引戦略は的中する。八月十一日、張治中の指揮する中央軍三個師団(約三万)に攻勢が下令され、上海市街を守る兵力四千の日本海軍陸戦隊との間に十三日から本格的戦闘が始まった。

同日、日本政府は海軍の要請を承認して、陸軍兵力の増援を決定、その後、中国軍の増勢に応じ華北から兵力を抜き、内地からも増援部隊を次々に投入した。それは日本が希望した即決戦略が崩れ、泥沼のような長期全面戦争に引きこまれることを意味した。

このような成り行きに、日本政府も軍部もとまどい、戦争指導は混乱した。十一月に大本営を設置したものの、交戦国への武器輸出を禁じるアメリカの中立法適用を避けるために、宣戦布告はせず、「北支事変」、ついで「支那事変」の呼称で押し通す。

上海に出兵したものの、拡大への不安から兵力を出し惜しみ、苦戦するとそのつど追加投入して、さらに損害を増すという拙劣な対応を重ねた。一方で、戦線を拡大しながら和平工作を進めるが、条件の寛厳で内部対立をひき起すというぐあいであった。

全面戦争に対する物的・心理的準備が欠けていた点は、中国側の内情もあまり変らなかった。中国は一九三六年からドイツ式の近代装備を持つ六〇個師団を編成する三か年計画に着手していた途上であり、対日戦はいずれ不可避だとしても、もう少し先に延ばしたいと判断していた。それでも、紙上では中国陸軍の総兵力は一九一個師、五〇個旅（実働は約半分）、約二百万人を数え、平時兵力一七個師団、二五万（戦時兵力は約二倍）の日本陸軍をはるかに上まわっていたが、中国公刊戦史が自認するように、「重火器、戦車、トラック、通信器材、弾薬はきわめて劣弱で、海軍、空軍は問題にならないほどの格差」があった。

また陸軍兵力の過半は、地方軍閥がかかえた編制装備が不統一な雑軍であり、軍閥の頭領たちは、蔣介石が直系の中央軍を温存し、対日戦を利用して雑軍の整理をはかるのではないかと猜疑していた。

このような弱点をかかえながら、中国は対日決戦に踏み切ったのであるが、国府内部には、全面戦は中国共産党を利するだけだから、適当な条件で停戦すべきだ、と唱える有力な意見もあった。とくに期待した国際連盟、九か国条約加盟国による対日制裁が見こみ薄となり、米、英、ドイツなどの利害関係国も「同情はしても傍観するだけ」で、細々ながら軍事援助を約束したのはソ連だけ、という国際状況がわかってくると、蔣介石も少なからず動揺した。

そこへ、中国駐在のトラウトマン独大使を仲介者とする和平工作が生れた。日本側は「渡りに舟」と飛びつき、当初は比較的寛大な条件を提示し、中国の将領会議も一時は受諾しようとする空気が強かったが、最終態度を決めかねているうちに、日本軍は首都南京を攻め落してしまう。

そうなると、日本側内部にはそれに見合う条件でないと和平には応じられないとする主張が強まり、トラウトマン工作は流れた。近衛内閣は「蔣介石を対手《あいて》とせず」（十三年一月十六日）との声明を発し、傀儡政権を立てて収拾する方向へ転換した。国府から離脱した汪兆銘を首班とする政権を育成し、蔣政権を枯死させようと狙ったのである。

しかし、蔣政権は、首都を奥地の漢口、ついで重慶に移し、徹底抗戦の構えを崩さない。汪政権が民心を得られないことに気づいた日本は、改めて蔣政権との間で戦争を収拾しようと焦慮して、かずかずの和平工作を試みたが、いずれも成功せず、日中戦争は八年にわたる長期戦へ移行した。

上海派遣軍の出征

ここで上海戦が首都南京の攻略戦へ転移した経過をたどっておこう。

海軍陸戦隊を救援する目的で八月十五日に編成された上海派遣軍（第三、十一師団基幹）の松井軍司令官に与えられた作戦任務は、「海軍ト協力シテ上海付近ノ敵ヲ掃滅シ上海並其北方地区ノ要線ヲ占領シ帝国臣民ヲ保護スベシ」（臨参命七三号）と示されていた。

戦場指揮官は、作戦目的が明確であることを望む一方、行動の自由を過度に縛られるのを嫌うものである。ところが、この臨参命は目的を居留民保護にしぼり、行動範囲を上海地区に限定している。軍司令官の裁量権はかなり狭い。しかも与えられた兵力が少ない（実質は一個師団半）うえ、臨時派遣の色彩が濃い。全面戦争を示唆する八月十五日の帝国政府声明の主旨に照らして消極的にすぎる、と松井は不満を覚えたようだ。

それに松井は当初から戦場を上海に局限するのは無理で、もう少し大兵力を投じて中国野戦軍主力を撃破し、首都南京に迫らないと、与えられた任務は達成できないだろう、と判断していた。出征に際しての拝謁で、天皇の御下問に対しては型どおりの奉答ですませたが、十八日、陸軍三長官の招宴で挨拶に立った松井は、軍の任務について不満を洩らし、ひきつづく参謀本部首脳との懇談では、次のように述べている。

「局地解決、不拡大案を放棄されたるにつき作戦をこれに転換順応すべきものと思ふ。国民政府の存在する限り解決できず、従来どおりの姑息にては不可との政府の声明なり。蔣下野、国民政府没落せざるべからず……なるべく少数兵力にて作戦するは勿論なるも、某程度断乎たる兵力を用ひ、伝統的精神たる速戦速決を図る。北支に主力を用ふるよりも南京に主力を用ふるを必要とす。終末をどこにすべきやの議論あるも、大体南京を目標とし、この際断乎として遂行すべし。その方法は、大体五、六個師団とし宣戦布告し置くを可とす」

（飯沼守日記）

臨参命の主旨とは正反対に近いから、参謀本部側もこの松井発言には困惑したようで、石原莞爾作戦部長は、「資料なく、（南京攻略は）不可能と考へてゐる。長引けば、全体の形勢危うしと考えあり」と答えたが、それでは愛想がなさすぎると思ったのか、「今の作戦目的を達せられたのち、南京を幾何の兵力にて幾何月にて攻略し得るか研究したし」と付け加えた。

不拡大論者の石原は、上海戦を早く切りあげ、陸軍の主敵であるソ連の脅威に備えようと考えており、その三日前に飯沼上海派遣軍参謀長へ「某時期に上海方面には第三師団のみを残置し、他を北方に転用し……対ソ開戦の急」に備えるつもりだと内心を打ち明けていた。

松井と石原が問答した十八日に閑院宮参謀総長と伏見宮軍令部総長は、天皇から「諸方に兵を用ふとも戦局は永引くのみなり。重点に兵を集め大打撃を加へたる上にて、我の公明なる態度を以て和平に導き、速《すみやか》に時局を収拾するの方策なきや」と聞かれた。石原は、華北の要点だけを占領して迎撃態勢に移り、海軍航空隊の南京爆撃に期待して講和の機会を待つという案を作ったが、天皇は華中で戦うのは愚策であり、中国側の術策におちいるのではないか、と心配したのである。

しかし、南京まで行くべきだという松井の信念は変らないどころか、執念にまで高まったようだ。近衛手記によると、東京駅へ見送りにきた杉山陸相へ、松井は「南京まで行くように陸軍をまとめてくれ」と訴え、近衛にも「どうしても自分は南京まで行くから、総理もこの点諒解していて頂きたい」と述べている。

近衛は不吉な予感を覚えたというが、外征軍の司令官が、出発の前から与えられた基本任務の変更を迫るのは異様というほかはなく、のちに起きた松井軍の軍紀崩壊の遠因は、ここに発したと見ることもできよう。

第十軍の杭州湾上陸

応急動員のまま軍艦で輸送された第十一師団と第三師団は、八月二十三日から上海北方地区で戦闘に加入したが、網の目状に広がるクリークを利用した堅固な防御陣地に拠る中国軍の激しい抵抗に会い、攻撃は停頓し、兵員の損害も急増した。

そこで陸軍中央部は、九月七日に重藤支隊を台湾から、十日に第九、第十三、第百一各師団と野戦重砲兵第五旅団などを内地から派遣することに決し、これらの増援部隊は二十二日から十月一日にかけ上海へ到着、総兵力は一九万に達した。一方、中国軍も第三戦区司令長官を兼任した蔣介石の直接指揮下に第十五、第八集団軍などの増援軍を次々に投入、総兵力は三〇万を越えた。

上海地区の激戦は十月末まで二か月余にわたってつづく。予想を上まわる中国軍の豊富な火力と果敢な抵抗に苦しんだ日本軍は、損害をかえりみぬ肉弾突撃をくり返しながら前進をつづけ、十月二十日頃にようやく最後の堅陣である大場鎮の線に迫った。正面からの力攻めだけでは戦局は打開しないと判断した参謀本部は、華北から一部の兵力を抜いて新たに第十軍（司令官柳川平助中将）を編成、杭州湾北岸に、第十六師団を揚子江上流の白茆口に上陸させ、上海派遣軍の危急を救うとともに、三方向から包囲挟撃して七十数個師と推定される中国野戦軍主力を上海西方地区で撃滅する構想を立案した。

それは主戦場を華北から華中に転換するものであったが、居留民保護という従来からの任務に変更はなかった。十月二十日、第十軍司令官に与えられた任務も、「上海派遣軍ノ任務達成ヲ容易ナラシム」と示されていた。積極派の若手参謀のなかには、南京までの追撃を唱える声もあったが、陸軍中央部としては、作戦を上海地区に限定する方針であったし、それに応じるだけの補給計画しか準備していなかった。

第十軍（第六、十八、百十四各師団と国崎支隊基幹）の杭州湾上陸は、十一月五日に決行された。上陸点の金山衛付近は潮の干満が激しく、海岸から少し入ると湿地帯で道路も貧弱だったため、大規模な上陸作戦は困難と予想したせいか、この方面の防備は手薄だった。虚をついた第十軍は最精鋭の第六師団を先頭に、無人の広野を行く勢いで北方へ急進、早くも八日には黄浦江北岸へ進出した。

それに先だって、上海方面の戦局も急速に動きはじめていた。十月二十六日大場鎮が落ちたあと、中国軍の防衛体制は崩れ落ち、十一月九日、日本軍は大上海全域の占領を発表したが、第十軍の上陸北上を知ると、側背から包囲されるのを恐れた中国統帥部は西方への全面退却を下令する。

すでに浮き足だっていた中国軍の逃げ足は早く、上海西方地区での包囲殲滅戦は夢に終ったが、それは陸軍中央部が予定していなかった南京追撃を誘発することになる。

旅順攻めに迫る損害

二か月半にわたる上海攻防戦における日本軍の損害は、予想をはるかに上まわる甚大なものとなった。戦死九一一五、戦傷三万一二五七、計約四万という数字*（戦史叢書）は、惨烈無比と言われた日露戦争の旅順攻防戦（死傷約六万）に迫るものであった。

*「松井大将日記」（昭和十三年二月十四日）は上海、南京戦を主とする中支那方面軍の十三年二月までの戦死（病）者を二万四千余と記している。この数字が正しいとすれば、上海戦の損害はもっと多いはずで、戦死は一万五千を越えるのではないかと思われる。

とくに最初から上海戦に投入された部隊は、定員数を上まわる損害を出し、十回以上兵員を補充した部隊も珍しくなかった。なかでも二十代の独身の若者を主力とする現役師団とちがい、妻も子もある三十代の召集兵を主体とした特設師団の場合は衝撃が大きかった。東京下町の召集兵をふくむ第百一師団がその好例で、上海占領後の警備を担任するという触れこみで現地へつくと、いきなり最激戦場のウースン・クリークへ投入され、泥と水のなかで加納連隊長、友田恭助伍長（新劇俳優）らが戦死した。

『東京兵団』の著者畠山清行によると、東京の下町では軒並みに舞いこむ戦死公報に遺家族が殺気立ち、報復を恐れて加納連隊長の留守宅に憲兵が警戒に立ち、静岡ではあまりの死傷者の多さにたえかねた田上連隊長の夫人が自殺する事件も起きている。

日本軍が苦戦した原因は、戦場が平坦なクリーク地帯だったという地形上の特性もさることながら、基本的には、過去の軍閥内戦や匪賊討伐の経験にとらわれ、民族意識に目ざめた中国兵士たちの強烈な抵抗精神を軽視したことにあった。また満州事変以後、近代化を進めてきた中国軍の近接戦闘兵器の火力は日本軍をしのぐ例も少なくなかった。第九師団に従軍した一兵士は、戦陣日記に次のように書いている。

「一弾は自分より二人前の中隊長殿の右大腿部を貫通、他の三名もやられた……地形に精しい敵は暗夜の逆襲を常套手段としているが、私は一発も盲射せず着剣して待ち構えたが、到頭壕の中までは突撃して来なかった。しかし敵弾は凄じく、壕の上面を掠りはぎ、文字通りの雨霰で、誰かが素早く銃を挙げて射とうとした瞬間に指を射抜かれたり、銃口に命中弾を受けたのを自分は目撃したが、横なぐりの弾幕その無益な物量に驚くばかりである」

（平本渥『陣中日誌・命脈』十月八日の項）

二十四歳の平本上等兵が歎いたのも当然であった。日本軍の砲兵は砲弾の供給が少なく、一日の使用量を〇・二基数に押えられていた。近接戦に不可欠の手榴弾は軟弱地では発火せず、逆に投げ返される被害が続出した。

上海戦跡を視察する秩父宮

それでも何とか上海の堅陣を破れたのは、日本軍が戦車、飛行機、軍艦など中国軍に乏しい近代兵器をつぎこんで、地上火力の不足を補ったせいであった。この戦訓は十分に検討されることなく、ノモンハン、太平洋戦争で、日本軍はますます肉弾万能へ傾斜して行く。ともあれ、上海戦の惨烈な体験が、生き残りの兵士たちの間に強烈な復讐感情を植えつけ、幹部をふくむ人員交代による団結力の低下もあって、のちに南京アトローシティを誘発する一因になったことは否定できない。

上海戦とひきつづく追撃戦段階における日本軍の非行は、具体的資料が乏しく今後の検討課題に属すが、目に触れた範囲での情報を拾っておく。

上海戦の捕虜処分

まず上海派遣軍正面では、捕虜（俘虜）の処刑を記載した戦闘詳報が二つ見つかっている。一つは第三師団の歩兵第三十四連隊で、大場鎮の戦闘での「鹵獲表」に、俘虜一二三名とかかげ、「俘虜ノ大部ハ師団ニ送致セルモ、一部ハ戦場ニ於テ処分セリ」（歩兵第三十四連隊「自昭和十二年十月十六日至昭和十二年十月二十七日大場鎮付近戦闘詳報」）と注記している。

もう一つは第十三師団の歩兵第百十六連隊の戦闘詳報で、「俘虜准士官下士官兵二九」として、「俘虜ハ全部戦闘中ナルヲ以テ之ヲ射殺セリ」（歩兵第百十六連隊「自昭和十二年十月二十一日至昭和十二年十一月一日劉家行西方地区ニ於ケル戦闘詳報」）とある。

戦闘詳報は後世に残る公文書であり、作成に当っては都合の悪い部分は適当に加除して体裁を整えるのが慣行になっていた。不名誉な死亡事故を「壮烈な戦死」に修飾するぐらいは珍しくなかったが、その戦闘詳報に国際法違反の行為を堂々と記載したのは、すでに捕虜殺害は当然という気分が全軍に行きわたっていたことを物語る。

それでも、捕虜の取り扱いについては一応の基準らしいものはあったようだ。第十三師団司令部が十二年十月九日付で通達した「戦闘ニ関スル教示」は、「11、俘虜ノ取扱ニ就《つい》テ」で次のように指示している。

「多数ノ俘虜アリタルトキハ之ヲ射殺スルコトナク武装解除ノ上、一地ニ集結監視シ師団司令部ニ報告スルヲ要ス。又俘虜中将校ハ……師団司令部ニ護送スルヲ要ス。此等ハ軍ニ於テ情報収集ノミナラズ宣伝ニ利用スル……但シ少数人員ノ俘虜ハ所要ノ尋問ヲ為シタル上適宜処置スルモノトス」（「第十三師団戦闘詳報」）

どうやら小人数のしかも下級兵士は、その場で処刑してかまわないという方針だったようで、その一例を第三師団兵士の手記から引用しよう。

「占領した敵陣地のトーチカ内に敵兵が三人潜んでいた。満州事変に従軍して匪賊の首を斬ったことのあるという柴田上等兵が、斬首処分にしようと言いだした。（中略）斬首に決まると柴田上等兵は要領よく兵隊を指図して、三人の敵兵をクリークの土堤に並べて正坐をさせ……私は仕度をととのえて、借物の軍刀を構えて敵兵の背後に立った」

（曾根一夫『私記南京虐殺』）

山川草木すべて敵なり

表1は、本多勝一氏が、昭和五十九年、現地調査によって収集したもので、第十軍正面のD2、D3を除き、あとは上海派遣軍の南京へ向かう追撃過程で生じた住民に対する殺害・略奪・放火事件の要約である。誇大と思われる数字もあるが、本多氏によると農村地区の被害は、大都市よ

りも人定が容易なので、かなり正確だという。

この表で第十軍正面が二件しかないのは、杭州湾—南京の追撃戦における本多氏の調査結果が未発表のためで、非行の規模・態様は上海派遣軍正面と大差はなく、より苛烈ではなかったかと思わせるふしもある。

松本重治氏は、柳川第十軍の進撃が早いのは、「将兵のあいだに『掠奪・強姦勝手放題』という暗黙の諒解があるからだ」（『上海時代』下）との風聞が現地記者の間に流れていた、と書いているが、この風聞は根拠のないものではなかった。

平松鷹史『郷土部隊奮戦史』に、一時、上海派遣軍へ編入され崑山へ進撃中の第六師団司令部へ、「女、こどもにかかわらずシナ人はみな殺せ。家は全部焼け」という命令が届き、「こんなバカな命令があるか」と平岡副官が握り潰した話が出てくる。*

＊従軍カメラマンの河野公輝氏の回想もある。『証言記録・三光作戦』四六～四七ページを参照。筆者も当時第六師団歩四十五連隊長だった竹下義晴氏から、火の始末を注意したところ、部下の大隊長から「中支を全部焼き払えと軍司令官が言っているのを新連隊長は知らないのですか」と反問された話を聞いたことがある（昭和二十八年十一月二十八日　竹下談）。

また国崎支隊の歩四十一連隊に従軍した宮下光盛一等兵は、杭州湾上陸時に、「我が柳川兵団は上陸後　(1)民家を発見したら全部焼却すること、(2)老若男女をとわず人間を見たら射殺せよ」（宮下手記『徒桜《あだざくら》』）との命令を受けたという。

番号	場　　所	日　　付	住民殺害数	焼失家屋	証言者
D1	宝山県羅涇地区	12.9.4	2,244	10,908室	顧蘆禎
D2	金　山　衛	12.11.5～11.7	1,015	3,059	陳福興
D3	山　　陽	〃	351	4,269	何福明
D4	安鎮郷(無錫郊外)	12.11.22	37	あり	張炳南
D5	許　巷(同　上)	12.11.24	222		許泉初
D6	常　　州	12.11.29	4,000	多数	
D7	白兎鎮(句容郊外)	12.12.4	80		兒年科
D8	光里郷(同　上)	12.12.5	43	あり	張才礼
D9	鎮　　江	12.12.8	約1万		王　驤
D10	黄梅郷(句容郊外)	12.12.14	55	多数	羅大興

注(1)　本多勝一氏の聴取調査(「南京への道」『朝日ジャーナル』1984年4月13日号～10月5日号)より要約
(2)　ほとんどすべての例に略奪，強姦が伴っている
(3)　数字はほとんどすべて現地の人民公社より本多氏が入手したもの

表1　中国側申し立ての主要な虐殺事件

第十軍の命令綴にはこの種の資料は欠けているが、「山川草木すべて敵なり」と異常なまでの敵愾心を燃やしていた柳川平助軍司令官のことだから、類似の訓示や督励があったのかも知れない。*

* 杭州湾上陸前に交付された第十軍の「軍参謀長注意事項」(池谷資料)には、軍紀の厳守、不必要な家屋焼却の禁止、弾薬の節約、生水飲用の禁止などと並んで、「七、支那住民ニ対スル注意」という項目があり、住民には老人、女、子供といえど危険なことがあるから注意せよ、と戒め、「斯《かく》ノ如キ行為ヲ認メシ場合ニ於テハ些モ仮借《かしゃく》スルコトナク断乎タル処置ヲ執ルベシ」としている。誤解を招きやすい表現であり、末端に伝達されるときには、宮下証言のような主旨で伝わった可能性がある。

ところが民家を焼いて行く悪習は味方の後方部隊を苦しめることになったので、あわてた軍司令部は禁令を出した。たとえば歩兵第九旅団(国崎支隊)の陣中日誌に、「会報ヲ開キ各隊ニ注意ス、

1、何等ノ目的ナク故意ニ家屋ヲ焼却スルモノアルモ……十分取締ラレ度」(十二月三日)とある。命令の有無はともかく、住民の無差別殺害は現実に横行した。第十軍に従軍した前記の河野カメラマンは、「川沿いに、女たちが首だけ出して隠れているのを引き揚げてはぶっ殺し、陰部に竹を突きさしたりした。杭州湾から崑山まで道端に延々とそういう死体がころがっていた」(『証言記録・三光作戦』四六〜四七ページ)という見聞を書きとどめている。

敗残兵や捕虜の処刑も当然のように続発した。第十八師団に下士官で従軍した作家火野葦平の『土と兵隊』にもいくつかの処刑場面が描かれているが、同じ師団の村田和志郎伍長(歩百二十四連隊)が書いた『日中戦争日記』には、小人数の女性殺害、捕虜斬殺が数件あるほか、十一月二十四日湖州城外で、三百人の捕虜が刺殺、焼殺された惨劇のあとを記している。

村田は第六師団の仕業か? と見当をつけているが、崑山占領後反転して追及中の第六師団は、はるか後方にあり、下手人は前日に湖州へ突入した国崎支隊だったと思われる。

歩四十一連隊第三大隊の戦闘詳報には、次のような記述がある。

「十一月二十二日 一五〇〇、計家湾ニ到着、コノ時敗残兵約二百白旗ヲ樹テ数家屋ニ集結シアルヲ以テ捕虜トスベク努メタルモ、至近距離ニ達スルヤ、ピストル、手榴弾ヲ持テ抵抗セルニヨリ全部之ヲ刺殺又ハ射殺ス。一六二〇、八里店東方ニ達スルヤ……敵約五、六百ハ全ク退路ヲ失ヒ俘虜トシ敵ヲ殲滅ス」

ついでに紹介するが、国崎支隊の戦闘詳報によると、松江で五二八六人（十一月九〜十日）、北橋鎮で七三三人（十一月十二日）、湖州地区で六五〇人（十一月十九〜二十四日）、浦口で六二五人（十二月十二〜十三日）、揚子江中の江興洲で二三五〇人（十二月十四日）の捕虜獲得が記載されている。その行方は不明だが、処刑された例が少なくない、と思われる。

第十軍の独断追撃

上海戦が一段落した十一月七日、上海派遣軍と第十軍をもって、中支那方面軍が編合された。それまで同格だった両軍をとりあえず統一指揮するためで、かなり変則的な編成をとった。すなわち方面軍の司令官は先任の松井上海派遣軍司令官が兼ね、塚田攻《おさむ》参謀長、武藤参謀副長のほか、六人の参謀本部員が出張の形式で方面軍参謀に派遣され、上海派遣軍の参謀五〜六人が方面軍参謀の兼務を命じられた。

この構成は南京総攻撃を控えた十二月二日に、朝香宮鳩彦《やすひこ》王が上海派遣軍司令官に発令（七日着任）、松井が方面軍司令官専任に移った以外は変化がなかった。人員は参謀部の副官や当番兵、通訳など二十人ばかりにすぎず、司令部機構につきものの兵器部、経理部、軍医部、法務部（軍法会議）などの各部はなく、直轄部隊もいなかった。

司令官の指揮権限も、

一、全般的作戦指導
二、兵站業務の統制
三、宣伝謀略ならびに一般諜報

の範囲に制限されていた。

手足を持たぬ指揮機構は肩身が狭く、指揮下部隊に押しが利きにくい。手持ちの予備兵力や補給物資を持たぬからである。まして指揮権の範囲を制限されているとあれば、なおさらだろう。方面軍参謀の中山寧人少佐が東京裁判で、方面軍の権限について、「両軍の協同作戦を調整することを主任務とするもので、実際上の兵力の運用指揮は上海派遣軍及び第十軍の司令官が夫々《それぞれ》専管することになっていました」と説明したのは、決して正当な解釈とは言えぬが、両軍が方面軍の指揮・指導を軽んじて調整程度にしか尊重しなかったのは事実に近かったろう。

こうした下克上的な風潮は、現地軍の内部だけでなく、現地軍と軍中央部との間でも見られた。とくに、「中国軍強シトノ妄想ヲ根底的ニ打破」し、「我一人ヲ以テ克《よ》ク支那軍十人以上ヲ倒スニアラザレバ……」（十月二十日付「丁集団戦闘教令」、丁集団は第十軍の秘匿符号）の意気ごみでかけつけた第十軍は、決戦の機会を逸したうえ、中支那方面軍の作戦目的が依然として、「上海付近ノ敵ヲ掃滅」するにとどまり、追撃の限界を、「蘇州、嘉興ヲ連ネル線以東」（十一月七日付臨命六〇〇号）に制限されていることが不満の種であった。

十一月十五日、第十軍司令部は軍司令官も臨席して幕僚会議を開き、「軍全力ヲ以テ独断南京追撃ヲ敢行スル」ことを決した。しかも列席した作戦参謀の記録によると、「軍独力ヲ以テ南京ヲ占領シ得ベキ確信ヲ有スルモノニシテ、上海派遣軍ガ仮令《たとえ》急速追撃ヲ困難トスル状態ニ於テモ何等之ニ拘束セラルルコトナク、独断追撃ヲ敢行セントスルモノトス」（池谷半二郎「第十軍作戦指導ニ関スル参考資料」）というから並み並みではない。

血気盛りの若い中隊長が功名心にはやるぐらいならともかく、二十万の大軍をひきいる軍司令官が、方面軍はもちろん中央の命令、方針を無視して、敵首都攻略を抜けがけしようというのである。軍紀、軍律を守れと部下兵士に要求するどころではない。

それに南京まで四百キロの長距離急進を支える装備も補給の準備もなかった。さすがに幕僚会議では、兵士の多くが軍靴を持たず、地下足袋《じかたび》姿なので追撃は無理ではないか、という声も出たが、作戦主任参謀寺田雅雄中佐が、「地下足袋が破れたら手ぬぐいを巻いても前進できる。弾薬がなくても相手は支那軍、銃剣で足りる。神速なる追撃をやれば現地物資の徴発利用がかえって容易になる」（寺田「第十軍作戦指導ニ関スル考察」）と強気でまとめ、衆議一決したという。

南京攻略の認可

そうまで無理をして南京へ向かう理由が「第六感的ニ南京ハ追撃ニヨリ容易ニ奪取シ得ベシト

ノ信念」（前記池谷）だけだったとすれば、第十軍が方面軍や大本営には知らせず独断で行動を起したのも当然だろう。しかし、この無茶な行動の裏にも、それなりの計算が働いていた。

すでに満州事変で朝鮮軍独断越境の前例があったし、責任者の林銑十郎将軍は処罰されるどころか、逆に「越境将軍」ともてはやされ、陸相、首相に栄進していた。大本営や方面軍が表面は不拡大方針を唱えていても、幕僚のなかには少なからぬ南京攻略論者がいることだし、いずれは追認されるはず、との読みがあったはずだ。

この読みは的中した。

第十軍が独断で南京へ向かって追撃に移ったのを参謀本部が知ったのは、十一月十九日であった。つづいて二十二日には、奇怪にも松井中支那方面軍司令官から、「事変解決ヲ速カナラシムルタメ、現在ノ敵ノ頽勢ニ乗ジ、南京ヲ攻略スルヲ要ス」との意見具申が届いた。第十軍を押える立場にある方面軍が、たちまち同調して軍中央部を突きあげたのである。

松井大将は元来が南京攻略論者だったし、上海派遣軍をひきいる立場から第十軍とのライバル意識を刺激されたのかも知れない。彼は十一月二十五日の日記に、「中央部は尚南京に向ふ作戦を決定しあらざることは明瞭にして、其因循姑息誠に不可思議なり」と記入したが、その日から全軍をあげて南京へ向かう暴走が始まる。

こうなれば、大本営（十一月二十日設置）がブレーキをかけても利くものではない。放置すれば、

爆撃下の南京

われがちに南京城へ突入する気配を察した大本営では、下村作戦部長が、「無理押しでもやるという決心」(「下村定回想録」)で、二十八日やっと多田駿参謀次長を口説き落とし、南京攻略に同意させた。

多田次長が最後まで南京攻略をためらったのには、それなりの理由があった。多田、河辺作戦課長、陸軍省の柴山軍務課長らは、石原前作戦部長と同じく、不拡大派の人脈に属し、敵首都を占領する前に、和平交渉による政治的解決をはかるのが望ましい、と考えていた。その急先鋒は、大本営戦争指導班の堀場一雄少佐で、松井軍を南京城外に停止させ、近衛首相を南京に派遣して、進行中のトラウトマン和平工作をトップ交渉によって一挙に終戦へ導く「按兵不動の策」を説いていた。同僚の秩父宮中佐も、この構想を熱心に支持したが、「南京へ、南京へ」と沸きたつ部内の大勢をくつがえすことはできなかった。

蔣介石はすでに、十一月十九日南京を失っても奥地の漢口、重慶へ後退して抗戦をつづけると宣言していたが、大本営や現地軍のなかには、首都が陥落すれば、中国は降伏に近い条件で屈伏するだろう、という希望的観測があった。松井司令官もその一人で、南京を占領すれば戦争は片づく、と楽観し、蔣政権に代る新南京政権づくりの謀略工作に熱中していた。

こうして南京城の攻防戦は避けられぬ成り行きとなった。

第四章　南京陥落

死守か撤退か

「日本軍の進撃を前にして、南京の八つの城門は厳重に閉めきられ、残る七つの門に中国軍は土嚢やバリケードを積み、鉄条網を張って防戦準備に熱中している……数千人の中国人市民は将校に指揮されて壕を掘っている。壕は南京市から揚子江岸にかけ半円形を形成し、延長は五八キロに達する。市民は続々と避難を始めており、貴重な美術品や骨董品を納めた一万五千箱も奥地に移された」

これは首都攻防戦を控えて、あわただしさを加える南京周辺の動きを報じた一九三七年十一月三十日付のＡＰ電である。

すでに十一月十九日、中国政府は首都を重慶に移し、戦闘指揮所を南京と漢口に置くと決定、政府高官たちは次々に南京を去って奥地へ移りはじめていた。列国外交団も月末までに大多数が漢口へ移転、軍事機能の一部を除く政府機能はすべて南京を去った。住民のなかでも資力のある者は続々と脱出し安全地帯へ移った。揚子江という大輸送ルートがあったため、AP電が伝えるように、故宮博物館の文化財まで残らず西送することができたのである。

かくて南京は首都から旧首都に転落してしまったが、メンツの上からも無抵抗で日本軍に南京を引き渡すわけに行かなかったのだろう。蔣介石は十一月二十六日、唐生智将軍を首都衛戍司令長官に任命し、次のような首都保衛軍の戦闘序列を下令した。

第七十二軍（孫元良）―第八十八師

第七十八軍（宋希濂）―第三十六師

首都衛戍軍（谷正倫）―教導総隊、憲兵二個団

『抗日戦史』によると、ほかに第二軍団（第四十一師、第四十八師）、第六十六軍（第百五十九師、第百六十師）、第七十一軍（第八十七師）、第七十四軍（第五十一師、第五十八師）、第八十三軍（第百五十四師、第百五十六師）、第百三師、第百十二師の計十一個師が増援される予定になっていた。だが、上海から撤退する中国軍が潰乱状態におちいり、日本軍の進撃が予想以上に早かったため、南京攻防戦が始まった時にまだ到着していなかった部隊もあり、予定された外郭防御陣地も未完成の部分が少なくなかった。松井軍の強引な進撃は、この点で、中国側の意表をつき、南京陥落を早めたといえなくもない。

南京防衛の総指揮官唐生智は、湖南軍閥の出身で、早くから国民革命軍に身を投じ、第八軍を

ひきいて北伐戦で活躍した。蔣介石の直系ではないが、弟分として重きをなし、軍事参議院長、訓練総監を歴任した長老級将領の一人だった。

唐の起用について、直系軍を温存し、雑軍整理を狙った蔣の配慮とする見方もあるが、必ずしも当らない。湖南軍、広東軍、広西軍などが中軸とはいえ、第八十七、八十八師のように上海で勇戦した「虎の子」部隊や軍官学校生徒をふくむ教導総隊のような直属の精鋭もいたし、唐自身が開戦いらい首都防衛の責任者でもあったからだ。

それにしても、首都防衛戦に踏み切る決断がおくれたこと、さらに放棄撤退の決定がおそすぎて、退路を失う不手際があったことは否定できない。台湾の公刊戦史は「南京死守の方針だったので撤退計画がなく、準備もしていなかった」と述べているが、蔣の厳命はあっても、守将の唐生智には死守するまでの決意はなく、国際安全区委員会との交渉経過から判断すると、むしろ早期撤退を希望していたと思われる。

委員会が組織的活動を始めたのは十一月二十日前後で、フランス人のジャキノ神父が日本軍と交渉して、上海の南市地区に難民区を設定、十五万人の中国人難民を戦火から守った先例にならって、同じような難民地区を南京に設定するのが目的であった。

そのためには日中両国政府との外交折衝が必要となるので、窓口をジョンソン大使が漢口に移ったあとも残留していた米国大使館のアチソン二等書記官に依頼した。米外交文書によると、南京国際安全区設定に関する委員会の公式要請が、ジョンソン大使から国務省へ連絡されたのは十一月二十二日である。安全区から中国の軍隊と軍事施設を撤去する保証をとりつけ、委員会がその状況を監察する条件で、日本軍から安全区を攻撃しない約束を得たいというのが主旨で、ジョン・ラーベなど十五人の外国人委員が署名していた。

二十八日、唐生智は外人記者会見で、(1)中国軍の多くは訓練と紀律に不足するので、不祥事(disorder)が生じうる、(2)しかし彼らは死ぬまで南京を去らぬ覚悟である、(3)用事のない外国人は退去されたい、と要望した。

部下が何をやるか責任が持てないから避難しなさい、と司令官に警告されたのであるから、外国人たちは浮き足だった。彼らは大使館の勧告もあってあわてて南京を去るが、委員会メンバーの中核は、中国に骨を埋める覚悟で住みついている宣教師である。ここで難民を見捨てて出て行くわけには行かない、と大多数は危険覚悟で残留する決意を表明した。

拒絶された開城勧告

南京市長の馬超俊が、安全区(難民区)の行政責任を国際委員会に譲り渡したのは、十二月一日であった。市長も間もなく南京を去るので、市全体の行政責任は唐司令官に移行したが、漢中路(南)、中山北路(東)、山西路(北)、西康路(西)で区画された二平方マイル(城内総面積の一二・

唐生智将軍（サンケイ新聞社提供）

五パーセント）の区域を安全区に指定して、警察、電気、水道、消防、住宅、給食、衛生などの職権が一時的に委員会へ付与された。

四五〇人の警察官をはじめ必要な地方官吏が配属され、米二千トン、小麦一万袋、塩、現金一〇万ドルが市から移管されることになった。安全区内の軍人、軍事施設の撤退も進んでいたが、日本側の反応はおくれ、十二月五日、米大使館を通じて到着した回答は、「安全区のルールが中国軍によって守られる見こみは乏しい。したがって安全区を砲爆撃しないと約束はできないが、中国軍によって利用されないかぎり、日本軍は攻撃するつもりもない」というものであった。

上海駐在の日高外務省参事官は、この回答について、東京裁判の証言で、「国際委員会が安全区への不良分子の侵入を排除するだけの権能を持たない、と判断したので、安全区の治外法権的地位を公認するわけには行かなかった」と説明している。この推測は当っていた。大砲などは撤去されたが、中国軍高級将校のなかには、陥落直前まで安全区に居住しつづけた者があり（ラーベのドイツ総領事宛書翰）、陥落時の混乱にまぎれて多数の便衣兵が遁入したからである。

しかし留保つきとはいえ、日本軍が委員会の申し入れをそれなりに尊重したのは事実で、陥落の日までに安全区が受けた被害は砲弾の落下一件（四〇人死傷）だけであった。

水道は十二月十日、電気は十一日、電話は陥落の当日まで稼動していたので、マギー牧師が言うように、安全区は難民たちの「天国」だったかも知れない。そのせいか、戦火を避けて流入してくる難民の数は激増した。城門は早くから閉鎖されていたので、城外からの避難民はいなかったはずだが、実際には上海方面から逃れてきた住民もいたし、城内の他の地区から砲爆撃、のちには日本兵の暴行を恐れた住民が、この「天国」に救いを求めてきた。

したがって、難民区の正確な人口は委員会でも掌握できなかった。日本軍入城後の十二月十八日に、日本大使館へ提出されたラーベ委員長の文書は、交通部、金陵大学、華僑招待所など一八か所の収容所にいる難民の概数を約五万人と報告しているが、ほかに収容所に入り切れず、民家や急造のムシロ張りの小屋などにつめこまれたのが六～七万人はいた。この数は月末にかけてさらに増大するが、いずれにせよ、二〇人ばかりの委員会で曲りなりにも、この大難民集団を管理するのは、想像を絶した難事業であったにちがいない。

それをやりとげた委員会の組織力と献身的努力は高く評価できるが、彼らはさらに難民区ばかりでなく南京全体を戦火から救う方法をも検討していた。

十二月九日といえば、南京城を包囲した松井軍司令官が降伏勧告状を送った日に当るが、委員会は唐司令官に対し、三日間の休戦を日本軍に承知させる代りに城内の中国軍を撤退させる案を提示した。唐将軍は主旨は賛成だが、蔣介石を説得してくれ、と述べたので、ラーベ委員長は至急に蔣の説得に当ってくれとアチソンに要請、アチソンはこれを漢口のジョンソン大使にリレーした（米外交文書、十二月十日アチソン発国務長官・ジョンソン大使宛一〇二六、一〇三一電）。

南京にふみとどまって戦備を督励していた蔣夫妻は、十二月七日朝、専用機で南京を離れ、南昌経由で漢口へ移っていた。

ジョンソンは、「説得するには少しおそすぎた。実質は降伏勧告を意味するから、蔣が受諾するか疑問」と感じたが、直ちに中国政府へ連絡すると、翌日、蔣介石から拒絶の回答が来た。

大使が蔣主席からの拒絶回答を受けとった頃、南京城の東側中山門外の道路上では松井軍の武藤参謀副長一行が、前日の投降勧告に対する回答期限時刻（十日正午）に中国軍使の到着を待っていた。一行に加わっていた岡田尚通訳官は、次のように回想している。

「午前十一時四十分ころ目的地に到着、正午頃まで敵軍使の来るのを待った。特に私としては、翻訳した責任上、どうか白旗を掲げた軍使が現れますようにと念じ続けたが、十二時五分、十分を過ぎても遂に軍使は姿を見せなかった。

万事休す。参謀副長は一言〃やっぱり駄目だったか。サァ帰ろう〃と、一同は無言のまま自動車に乗り、大急ぎで司令部へ帰ることにした」

期限を過ぎて回答がないのは拒絶を意味すると判断した松井軍司令官は午後一時、南京城総攻撃の命令をくだした。城外に包囲体形をとって待機していた各兵団は、一番乗りをめざしてとき放たれた猟犬のように猛然と南京城へ突撃を開始するが、ここで総攻撃に至るまでの日本側の情況を記しておこう。

総攻撃を下令

次図に示すように、日本軍の南京進撃は典型的な分進合撃による大包囲作戦であった。南京城は北側と西側に揚子江という大河を控えている。この方向からは攻めにくい代りに、東側と南側から押せば、城内の守備隊は袋のネズミとなり、唯一の脱出口は北郊の下関《シャーカン》波止場から舟便で対岸の浦口に渡るか、やはり舟便で揚子江上流へ逃れるルートしかない。しかも江上の艦船は制空権を握っていた日本海軍航空隊の爆撃にさらされていたし、河用砲艦を主体とする海軍第十一戦隊（司令官近藤英次郎少将）が、中国側が敷設した機雷原を掃海しつつ、南京に接近しつつあった。

日本軍はこれらの脱出ルートを塞ぐため、第十三師団主力を鎮江占領後、揚子江北岸に転進させたのち、六合に向かわせ、第五師団の国崎支隊を南京南西部の太平付近から揚子江を渡江して浦口へ向かわせた。また第十軍の第十八師団は、十二月十日上流の蕪湖を占領した。地図上で見るかぎり、アリのはい出るすきもない包囲陣であった。

主攻正面の東側と南側からは上海派遣軍（北から第十三師団の山田支隊、第十六師団、第九師団）の

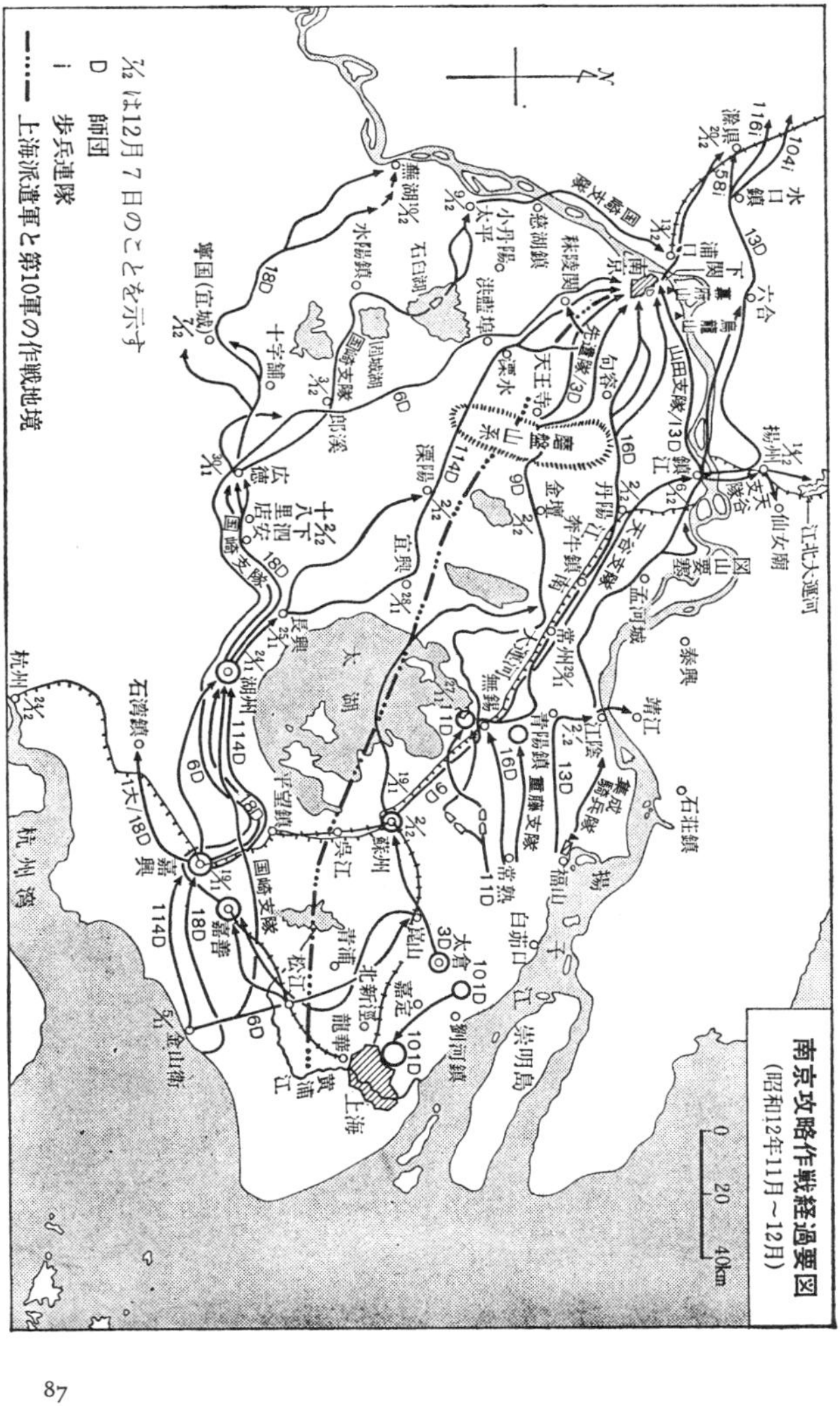
南京攻略作戦経過要図
(昭和12年11月～12月)
0 20 40km
7/12は12月7日のことを示す
D　師団
i　歩兵連隊
上海派遣軍と第10軍の作戦地境

主力と第十軍（第百十四師団、第六師団）の主力が密接に連係しつつ南京城へ迫った。

すでに記したように、大本営は十一月二十八日に南京攻略を決意したが、多田参謀次長は自身で上海に赴き、十二月一日付の「中支那方面軍司令官ハ海軍ト協同シテ敵国首都南京ヲ攻略スベシ」（大陸命第八号）との大命を松井司令官に伝達した。

大命に基づいて細部の行動計画を立案するのは中支那方面軍の権限であるが、この場合はおよそ三つの方式が考慮された。
(1)中国軍が防備を強化する前に追撃の余勢をかって南京城に迫る一挙攻略案
(2)南京城内外の中国軍による抵抗を考慮して、南京から約五〇キロ外側の句容―磨盤山系西側―溧水付近に進出し、部隊の態勢を整理したのち総攻撃に移る二段階案
(3)力攻めを避け、包囲態勢をとったまま、空爆によって南京市街を焦土化し、中国軍の自滅を待つ包囲案
このうち(1)を採用すべきだが、さもなくば(3)にすべきだというのが第十軍の主張で、十一月三十日に「南京攻略ニ関スル意見」として方面軍に提出している。

第十軍案の特徴は(3)の実行について、「空爆トクニ『イペリット』及焼夷弾ヲ以テスル爆撃ヲ約一週間連続的ニ実行」するよう説き、「此際、毒瓦斯使用ヲ躊躇シテ再ビ上海戦ノ如キ多大ノ犠牲ヲ払フガ如キハ、忍ビ得ザルトコロナリ」（前記池谷史料）と付記している点にあった。

すでに上海戦線で日本軍は「アカ」と呼ばれた毒ガスを使用していたが、はるかに毒性の強いイペリット・ガス*の使用は控えていた。これを首都爆撃に使えば、外国人にも被害が及び、国際世論を極度に悪化させるのは確かであったから、松井軍司令部はさすがにこの提案を採用せず、結論は中間的な(2)案におちついた。

＊イペリット・ガスは、一九三九年以降中国戦場で使用された。中国における日本軍の毒ガス戦については『増刊・歴史と人物—証言・太平洋戦争』（昭和五十九年）を参照されたい。

ところが、両軍とも大命を受けるや奔馬のように突進を始め、事実上は(1)案に移行してしまう。とくに第十軍は「糧秣は追送補給せず」「（衛生材料は）必要に応じ一部補給する」だけで我慢して、「勇躍南京に向い敵を急追」せよ、と指揮下部隊の尻をたたいた。

ライバルに刺激されて、上海派遣軍の方も、補給を待たずに突進して行く形になってしまった。後方参謀や兵站部隊も苦労したが、一番のシワ寄せは第一線を進む末端の兵士に来た。歩兵第三十六連隊の一兵士は、「南京追撃戦において……米も副食物も缶詰め一個も支給された記憶がないし、私の日記にも一行も記されていない。まして煙草だの甘味品、酒などの嗜好品は上海戦も南京戦も皆無であった」（山本武『一兵士の従軍記録』）と回想している。

上海—南京の中間は中国でも有数の穀倉地帯だったから、補給はなくても何とか飢えをしのげたが、第一線の兵士たちは食糧を徴発するひまもないほどの強行軍に疲れきった。山本上等兵は、一日七〇キロ歩いた体験を記しているが、疲労した兵士たちは捕虜や住民をつかまえて荷物をかつがせた。なかには小銃まで持たせて隊長に叱られた兵もいたという。

紫金山、雨花台の激戦

南京城の城壁は場所によって少しちがうが、厚さ一三メートル、高さ二〇メートル前後もあり、それに土嚢を積みあげ、幅四〇メートルの水濠をめぐらせていたので、山砲の射弾ぐらいははね返した。外郭防衛線の紫金山、雨花台などの拠点も、急造ながらトーチカや数重の鉄条網で固めていた。

本来なら、城外で停止して攻城重砲で城壁と城内拠点を十分に破壊してから歩兵の攻撃に移るのが常道だったが、一番乗りをめざして突進する各部隊は、われがちに城壁外側の中国軍陣地につっかけ、乱戦におちいっていた。しかも、退却する中国軍は、城壁から一〇マイル以内の城外村落数百か所をことごとく焼き払う「清室空野」作戦を実行した。宿営家屋は乏しく、徴発しようにも物資は皆無に近い。

強気の方面軍もさすがにあわて、兵站部隊を督励して補給ルートを啓開、弾薬・糧食を前送したので、十二月八日頃からやっと補給物資が第一線に届きはじめたが、十分とはいえなかった。

第十六師団は十二月十日から南京の正面玄関に当る中山門を扼す紫金山の攻撃にかかっていた

南京陥落後，城壁の上で万歳をする日本軍兵士（12月13日）

が、砲兵出身の中島師団長の日記が、「33 i（歩兵第三十三連隊）ノ突進行動ハ砲兵ノ協力少ナキガタメ」とか、「此日ハ新米砲兵連隊長ガ四大隊ヲ掌握シ得ズ……火力機動ハ意ノ如クナラズ」（十一日）と不満を洩らしているように、砲兵による陣地破壊はあまり期待できず、結局、紫金山は十日から三日間、昼夜にわたる歩兵の白兵突撃のくり返しで奪取された。

　将軍山、雨花台を経て南京城南側の中華門に向かった第百十四師団も、中央軍の精鋭第八十八師の猛抵抗を受けた。英、米、ドイツ、スイス製に日本製の一五センチ榴弾砲まで集めて昼夜の別なく猛烈な集中砲火を浴びせる中国軍砲兵は日本軍砲兵を圧倒、一方弾薬補給の追いつかぬ第一線部隊は夜間射撃を禁止されていた。糧食も十分に届かず「四食抜かして壕より一歩も出られず」とか、「前日から生ハクサイをかじるだけ」（『野州兵団の軌跡』）という苦戦だったが、南京を眼前にした兵士たちの士気は旺盛で、倒れても倒れても突撃をくり返し、じりじりと敵陣を奪って行った。

蘇州に司令部を進めていた松井方面軍司令官は、十一日の戦況を概観して、「軍は右より第十六、第九、第百十四、第六師団を以て今朝より南京城の攻撃を開始す。城兵の抵抗相当強靭にして、我砲兵の進出未だ及ばざるため、此攻撃に、二、三日を要する見込み」と記したが、そこへ第九師団の歩兵第三十六連隊が光華門を占領したという報告が届いた。

南京陥落の報を待ち兼ねていたマスコミは、「脇坂連隊、南京に一番乗り」と報じ、内地では早くも祝賀行列が始まる騒ぎになったが、正確に言えば、工兵隊が爆破した破孔から一個大隊が城門の一角に取りついただけで、守備兵に逆包囲されて一歩も動けず、伊藤大隊長は戦死、師団主力から孤立した十数名の生き残り兵が十三日まで死守しつづけたというのが実相であった。

死守の構えは中国軍も変らなかった。陣地には、「臨陣退却者斬首」の布告がはられ、激戦場では大型ピストルを構えた督戦隊の存在が随所で目撃されている。なかには鉄鎖で体をトーチカにつなぎ、全滅するまで戦いつづける中国兵もいた。

しかし、所詮は孤立無援の防衛戦である。ようやく本格化した日本軍の砲爆撃と予備兵力を投

部隊名	兵力[1] (12.11.20)	A上海戦[2]		B南京戦		上海・南京戦		
		戦死	戦傷	戦死	戦傷	戦死	戦傷	計
○上海派遣軍		9,115	31,257	1,117		[3] 18,402	86,007	
第3師団	14,624	3,013	8,578			3,300	9,200	12,500
第9師団	13,182	3,833	8,527	460	1,156	4,562	13,785	
第11師団	12,795	2,293	6,084					
第13師団	13,614	1,010	4,140	9				
第16師団	19,036			505[4]	1,689			
第101師団		873	3,801					
重藤支隊		327	944					
野重5旅団								512
○第十軍						[5] 1,953	4,994	
第6師団				[6] 306	884			4,100
第18師団								
第114師団				212	682	[7] 431	1,980	1,411
国崎支隊				26	97			

注 (1)　陸支密日記 昭13II　なお，軍人相当者が別に上海派遣軍だけで約5万
(2)　上村利道日記（昭12.11.8）
(3)　　同　　（昭13.1.15）
(4)　中沢三夫資料　昭12.11.13〜12.12.24
(5)　寺田雅雄資料
(6)　第6師団戦時旬報 昭12.12.3〜12.12.20
(7)　第114師団作戦資料綴（磯田三郎資料）

表2　上海・南京戦における日本軍の兵力と被害（単位：人）

入した地上部隊の攻撃に破断界が来た。

　十二月十二日、第十六師団は紫金山南北の山頂を、第百十四、第六両師団は雨花台の堅陣を抜き、増援の第三師団先遣隊は第九師団の左側に進出、三方向から城壁に突進した。

　また江岸に沿って西進した第十三師団の山田支隊は、鎮江から烏龍山を経て下関へ向かい、南側を大きく迂回した第六師団の牛島支隊も江岸に沿って下関に向かい北上した。両支隊が下関で握手すれば、南京防衛軍は最後の脱出口を塞がれてしまう。

手おくれの感はあったが、唐生智司令官は、南京撤退を決意した。

各個に包囲網を突破せよ

この決定が唐の独断によるものか、蔣介石の指示によるものかは必ずしも明確でない。呉相湘の『第二次中日戦争史』は、「軍事委員会より、持久不能の状況なら、むしろ機を見て十万の守備兵を退却させ、反攻を策せよ、との電命が来た」と記述し、台湾国防部の『抗日戦史』も同じ主旨を述べているが、『蔣介石秘録』はこの点については触れていない。唐将軍の撤退命令が出たのは十二日午後七時だが、その前から総崩れになった城外守備兵が城内へ逆流、大混乱となって敗軍の掌握はほとんど不可能となっていた。もはや各個に包囲網を突破して、目的地に集結させる以外になく、同日夜から十三日朝にかけて、城内の各部隊は数方向に突出を試みた。

水西門の北西に集結した第七十四軍（第五十一、五十八師）は揚子江沿いに南西進したが、日出前の朝霧のなかで、退路遮断のため北上してきた第六師団歩四五連隊と衝突し、激闘ののちほとんど全滅し、一部が雙閘鎮付近から渡江脱出した。

第六十六軍（百五十九、百六十師）、第八十三軍（百五十四、百五十六師）の主力は、太平門から東方へ向かい、第十六、第九両師団の間隙を縫って湯水鎮、句容方面へ脱出したが、途中で日本軍に痛撃されて四散、二人の師団参謀長と憲兵副司令が戦死、指定された寧国にたどりついたのはわずかにすぎなかったという。

幸運だったのは第二軍団（第四十一、四十八師）で、烏龍山に迫っていた第十三師団と、掃海中の日本海軍艦艇の眼前をすり抜けて十三日朝七時までに全力が舟で対岸に脱出した。

唐司令官は、退却命令を出すと午後八時頃下関から宋第七十八軍長とともに舟で渡江、浦口を経て六合に離脱したが、置き去りにされた三十六師、八十七師、八十八師、教導総隊、憲兵団の敗残兵は、数少ない舟を奪いあって下関の波止場にひしめき、無事に渡江できた者は少なかった。

部隊名	捕虜	遺棄死体
第16師団		◇約20,000
歩33連隊（12.10—12.14）	3,096（処断）	6,830
歩38連隊（12.10—12.14）	7,200	
第9師団		4,500+7,000（城内掃蕩）
第114師団	*1,657+	5,000
第6師団（12.3—12.13）	5,500	17,100
国崎支隊（12.3—12.15）	2,986	1,500

注 (1)◇は佐々木到一回想録では別に5万という数字もある
(2)*は歩66連隊第1大隊のみ
（出所：各戦闘詳報）

表3　南京戦における師団別戦果（単位：人）

中国公刊戦史はその情景について、「舟が足りず大混乱のなかで河に入り溺死する者数知れず、の惨状を呈した」と描写している。

この日の南京城内の混乱ぶりを、生々しく伝えるものとして、少し長くなるが、ロイター通信スミス記者のレポートを紹介しよう。

「十二日午後、わたしはイタリア大使館の屋上から日中両軍の激戦を眺めていた。午後四時半、誰かが『日本軍が入城したぞー』と叫ぶや中国兵は中山路を通って続々と下関へ向い退却を始めた。規律は保たれていたが、武器、弾薬を捨て、なかには軍服を脱ぎすてて安全区に逃げこむ者もいた。

夜十時頃、交通部の建物に火がつき、なかの弾薬が爆発し、火災が広がり、車両と敗兵と難民は進路を断たれてこみあい、大混乱におちいった。下関の入口では死体が累々と重なり、城門が閉っていたので後から来た兵士は縄バシゴや帯で死体の山を越えてよじ登った。小舟や筏で揚子江を渡ろうとして乗りすぎ沈没、溺死する者もいた。

翌朝まだとり残されていた兵士たちは、武器を捨てて難民区へ逃げこんだ」

（十二月十八日上海発）

もう一つ同じ日にやはり市内を見てまわったダーディン記者の観察も紹介しておく。内容的に重複した部分は省いた。

「土曜日（十一日）には中国兵による市内の商店に対する略奪が広がっていた。目的が食糧と物資の獲得にあることは明らかであった。

日曜日（十二日）朝、中国軍の防衛は目立っておとろえ、士気の低下は明白となった。正午すぎに日本軍は城壁をのりこえてきた。中国軍は逃走して、市内に流れこみ、安全区を横切った。第八十八師の部隊がそれを阻止しようとして失敗した。まもなく下関門をめざして総退却が始まった。（中略）

夕方には多数の兵が軍服を脱ぎすてはじめた。通りすがりの一般市民から便服を盗んだり、頼んでゆずってもらったりした。軍服とともに武器も捨てられ、街路は小銃・手投弾・剣・背嚢・軍服・軍靴・ヘルメットでうずまるほどだった。

記者が日曜日の夕方、市内を車でまわったところ、一部隊全員が軍服を脱ぐのを目撃した。多数の兵が安全区委員会の本部をとりまいて銃を渡しており、門から構内に銃を投げ入れる者さえあった。安全区の外国人委員たちは投降する兵士を受け入れ、彼らを地区内の建物に収容した」

（『ニューヨーク・タイムス』十二月十八日および一月九日付）

この二人のジャーナリストの観察をつなぎあわせると、十二月十二日から十三日にかけての南京城内の情景がくっきりと浮かんでくる。死守から放棄・脱出に方針が変った十二日午後から中国軍の士気が急速に崩れ、唯一の脱出口である下関に敗残兵が殺到したこと、その過程で食糧調達を狙いとする略奪が一部に発生したこと、逃げおくれた敗残兵たちが、軍服や武器を捨てて安全区の難民のなかにまぎれこんだことなどが確認されている。

国際委員会（旧張群将軍邸に本部を置く）は、このような敗残兵の流入を統制できなかった。委員のフィッチは、「保護を求めて安全区にやってきた兵士たちを武装解除するのに本部で忙殺されていました。武装を捨てれば、日本軍から命は救ってもらえるだろうといって、われわれは彼らを安心させました」と書いている。しかし混乱の状況から考えて日本軍の要求に応じ、彼らを捕虜として差し出せるような統制力は持たなかったし、誰がどのくらい安全区に入りこんだかも把握できなかったにちがいない。

城内に溢れた七万の日本軍

日本政府の公式発表では、中山門から進入した第十六師団が城内中心部の国民政府庁舎に日章旗を立てた十二月十三日午後四時を南京陥落の時点としているが、すでに記したように、城内守備の中国軍は前日の午後から潰乱状態のまま総退却に移り、日本軍は城壁の各所を突破して城内へ進入を開始していた。

最先頭は十二日正午すぎ中華門西方の城壁をハシゴでかけあがった歩四十七連隊（第六師団）の三明中隊であった。

つづいて中山門正面で激戦をつづけていた第十六師団歩兵二十連隊の四方中隊が、急に前面の敵が後退したのに気づき、前進して十三日の夜明け近くに無血で中山門を占領した。この頃までには各城門でも守兵は退却していたらしく、夜明けとともに城壁を包囲していた各部隊は前後して手近な城門や城壁の破壊個所から進入、城内掃蕩に移った。

この間に、南京包囲陣の一翼として城外を前進した諸部隊も、前面の中国軍を撃破し前後して与えられた最終目標点に到達していた。

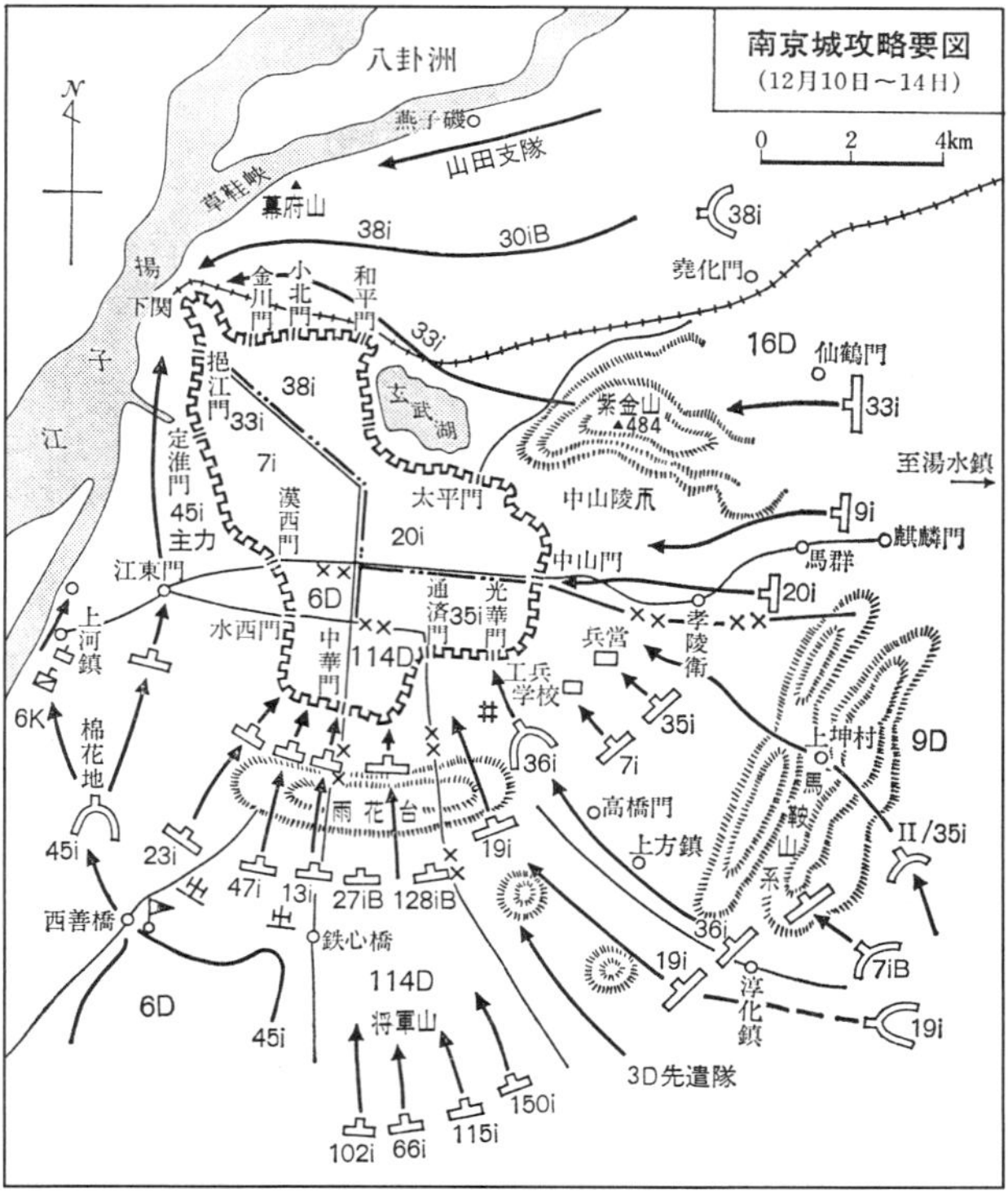

紫金山北方から南京城北側の五つの城門を制圧しつつ下関に向かった第十六師団の佐々木支隊（歩三八連隊基幹）は、十三日午後早く下関に突入、江岸にひしめく敗残兵の大群を撃滅した。

第六師団の歩四十五連隊は、南京城の西側を下関に向けて北進中、十三日の午前六時頃、朝霧の中を南下してきた中国軍の大縦隊と遭遇、数時間の激闘でこれを全滅させ、翌日朝下関で佐々木支隊と合流した。

江岸に沿って南京に向かった第十三師団の山田支隊（歩六十五連隊基幹）は、十二日鎮江を出発、十三日烏龍山砲台、十四日に幕府山砲台を占領、このとき一万四千と言われる大量の捕虜をとらえた（その始末については後述）。第十軍の国崎支隊は、揚子江北岸を北進して、十三日南京対岸の浦口を占領、敵の退路を遮断したのち、二十日に下関から渡江した山田支隊と握手した。

また第二線兵団として後方を追及中だった第三師団主力は、南京総攻撃には間に合わなかったが、先遣された歩兵六十八連隊の一部は、十三日朝光華門と中華門の中間にある武定門から城内の一角へ入った。このほかにも軍直属となっていた各種部隊があるが、その行動は省略しよう。

こうして南京戦は軍事作戦段階から占領統治段階へ移行することになるが、中支那方面軍は占領後における指揮下部隊とくに城内進入部隊の行動について、あらかじめ厳格な規制策を準備していた。

十二月七日付で示達された「南京城攻略要領」と題する文書を見ると、城内掃蕩兵力は各師団から歩兵一個連隊基幹に制限し、主力は城外に集結する方針となっている。同時に次に摘記するような念入りな注意事項も指示された。

「世界ノ斉《ひと》シク注目シアル大事件ナルニ鑑《かんが》ミ正々堂々将来ノ模範タルベキ心組ヲ以テ各部隊ノ乱入、友軍ノ相撃、不法行為等絶対ニ無カラシムルヲ要ス」

「部隊ノ軍紀風紀ヲ特ニ厳粛ニシ支那軍民ヲシテ皇軍ノ威武ニ敬仰帰服セシメ苟《いやしく》モ名誉ヲ毀損スルガ如キ行為ノ絶無ヲ期スルヲ要ス」

「別ニ示ス要図ニ基キ外国権益特ニ外交機関ニハ絶対ニ接近セザルハ固《もと》ヨリ、外交団ガ設定ヲ提議シ我軍ニ拒否セラレタル中立地帯（筆者注：国際安全区のこと）ニハ必要ノ外《ほか》立入ヲ禁ジ所要ノ地点ニ歩哨ヲ配置ス」

「掠奪行為ヲナシ又不注意ト雖《いえども》、火ヲ失スルモノハ厳罰ニ処ス　軍隊ト同時ニ多数ノ憲兵、補助憲兵ヲ入城セシメ不法行為ヲ摘発セシム」

この「要領」が文字どおり実行されれば、問題は起らなかったはずだが、次に述べるような理由で、せっかくの配慮が生かされず、いわば机上の空文と化してしまった。

まず城内進入兵力を制限するのは、血気の兵士と一般市民の接触を減らし、不祥事の発生を予防するのに有効で、いわば都市攻略戦の常識である。すでに上海戦いらい不軍紀行為の頻発に頭を痛めていた方面軍としては当然の発想であったが、結果的に各師団当り一個連隊という指示は守られていない。

第九師団の場合は、十三日に四個連隊全部が進入しているし、第十軍の二個
欠くが、半分以上が入ってしまったようだ。第十六師団のごときは、十
に師団のほぼ全力が中山門から入城式をやってのけ、主力はその

た部隊からも、連絡や見物の名目で相当数の兵士が入りこんだので、城内の兵力はふくれあがってしまい、宿舎の奪いあいや占領前と変らぬ補給難が発生した。

この点について、中山寧人中支那方面軍参謀は東京裁判の法廷で、「第一線軍隊の大部分は何時《いつ》の間にか城内に入ったのであります」と認めたのち、その原因は「城壁の抵抗を排除した余勢にひきずられたこと、城外の兵営や学校などは中国軍又は中国人によって破壊され又は焼かれて日本軍の宿営が出来なかったこと、城外は水が欠乏していて、あっても飲料にならなかった」からだと証言している。

次に軍紀取締りに当るべき憲兵の数が不相応に少なかった。やはり東京裁判の日高信六郎証言によると、十二月十七日現在の城内憲兵はわずか一四人で、数日中に四〇名の補助憲兵を得られるはず、とある。この一四人は上海派遣軍所属の憲兵（長、横田昌隆少佐）と推定されるが、第十軍の方も憲兵長上砂《かみさご》勝七中佐が「二十万の大軍に憲兵百人足らず」（上砂『憲兵三十一年』）と書いているぐらいだから、南京占領直後に城内で活動していた正規の憲兵は、両軍あわせても三〇名を越えなかったと思われる。その不足を補うために一般兵から臨時の補助憲兵を集める予定にしていたが、実際の配置は一週間近くおくれた。これでは効果的な取締りを期待するのは困難というより、不可能に近かったであろう。

三つの失策

中支那方面軍のおかした不手際は、ここに指摘した二点だけにとどまらない。南京アトローシティを誘発した要因として、少なくともさらに三つの失策を加えておかねばなるまい。

第一は、大量に生じると予想された捕虜の取り扱いに関する指針が欠けていたことである。上海戦いらい捕虜は処刑するのが暗黙の方針になっていたとはいえ、今回は国際的注目を浴びる首都攻城戦であり、格別の配慮を必要とするはずだった。当然、方面軍司令官としての明確な方針を示すべきなのに、収容所や給養など必要な準備も手配せず、放置していたずらに混乱を招いた。

第二は占領後の住民保護をふくむ軍政計画が欠けていたことである。中央政権も市政府も去り、市の行政が唐生智司令官の軍権下に置かれていたのは既知の事実であり、唯一の行政主体である国際難民区委員会の権限を否認している以上、日本軍が代って南京市の軍政統治に全責任を負わざるをえないのは明らかであった。

ところが、進入した日本軍は自活するだけの物資さえ持ち合わせぬ飢えた兵の集団で、まして住民を食わせ、破壊された公共施設を復旧して生活秩序を再建するどころではなかった。昭和二十年、敗戦の日本に上陸してきた連合軍の例を想起するまでもなく、その無計画ぶりにはおどろくほかはない。市政府に代る自治委員会が再建されるのは十三年一月一日だから、占領から少なくとも二週間以上にわたり、南京市は無政府状態に置かれたと表現しても過言ではない。

同じ中国戦線でも、古都北京の場合は、七月二十八日夜に冀察政権の宋哲元以下が撤退すると、北京特務機関の画策で翌二十九日に財界の大物江朝宗を主席とする治安維持会の準備会を開き、三十日に設立・開庁と手際の良さを見せ、行政の空白は一日もなかった(寺平忠輔『蘆溝橋事件』)。条件のちがいはあるとはいえ、北京の例に比べて、南京の場合は占領統治についての不手際がきわだつのである。

第三は、城内の掃蕩が終らず、治安が確立しないのに、入城式の挙行を急がせたことである。十三日に南京は陥落したが、ダーディン記者が目撃したように、十四日に入ってもなお城内で局部的に抵抗をつづける中国軍の小部隊があり、城外では脱出途上の中国兵が至るところで敗残兵狩りに出動した日本軍と衝突していた。

それに路上に脱ぎすてた軍服や兵器の量から見て、多数の便衣兵が難民にまじって国際安全区に潜伏していると推定された。そこで上海派遣軍は十四日から南京城内外の掃蕩作戦を開始したが、この日、中支那方面軍の塚田参謀長から十七日に全軍の入城式を挙行するので、その前に掃蕩作戦を終るよう要請してきた。朝香宮軍司令官は、「無理をせざる如く掃蕩作戦をやるべし」との見地から、入城式は早くて十八日にしたいという意見であり、飯沼日記によると、第十六師団は中沢三夫参謀長が連絡の長参謀に「二十日以後にしてくれ、そうでないと責任を持てない」とまで述べて反対した。

飯沼上海派遣軍参謀長は十五日夕方、湯水鎮へ前進してきた方面軍司令部を二回も訪ねて入城式の延期を要請したが、松井司令官は、「時日過早の感なきにあらざるも、余り入城を遷延するも面白からざれば……」（「松井日記」十二月十六日）という漠然たる理由で、十七日の予定を頑として変えなかった。その結果、派遣軍は第九、十六師団に第三師団の一部まで加え、十六日に全軍をあげた徹底的掃蕩作戦を実施することになる。

日本軍のなかには、上海戦いらい便衣兵の奇襲に悩まされた経験を持つ者が多く、晴れの入城式に宮様の身に危害が及んでは困る、という配慮から、疑わしいものはすべてその日のうちに始末する方針がとられた。とくに難民区の掃蕩を担当した第九師団が、選別の余裕がないままに青壮年男子のほとんどを便衣兵と見なして処刑してしまったのは、すでに記したとおりで、責任の一端は入城式を急がせた方面軍にあると言えよう。

この入城式は十七日午後一時半、中山門からスタートした。松井は朝香宮、柳川両軍司令官以下をひきい、海軍の長谷川支那方面艦隊司令長官らと合流、旧国民政府庁舎に至る中山路に整列した各部隊選抜の兵士たちを馬上から閲兵しつつ行進した。武将としては最高の晴れ舞台であり、松井は「未曾有の盛事、感慨無量なり」と日記に書きとめている。

翌十八日には、午後二時から城内飛行場で全軍の慰霊祭が挙行された。前日とはうって変って、風強く小雪のちらつく陰気な天候であった。

南京入城式風景

式が終ったのち、松井は幹部を集めて、「軍紀風紀の振粛」「支那人軽侮思想の排除」「国際関係の要領」について訓示を与えた。「松井日記」では、南京アトローシティに関連する最初の記事であるが、この訓示は前日夜か、その日の朝、憲兵隊長から非軍紀行為の頻発を聞いたのがきっかけになったようだ。

もっとも上村利道派遣軍参謀副長の日記には、「城内に於ける軍紀の点に就《つい》て悪評を耳にす、残念なることとなり」(昭和十二年十二月十六日)、「軍紀上面白からざる事を耳にすること多し、遺憾なり」(十二月十九日)とあるから、風評はもう少し前から関係者の耳に入っていたと思われる。

松井が憲兵隊長より聞いたアトローシティの内容は不明だが、花山信勝への告白だと、「泣いて怒る」ほどの規模であったことはたしかだろう。

南京入城式当日，旧国民政府行政院に立つ長谷川清海軍中将，柳川，朝香宮陸軍中将と松井大将（左より）

二十日、日本総領事館で非行の実情を聞いた松井はそのあと下関を視察して、「此付近尚狼藉の跡のままにて死体など其儘に遺棄せられ」(「松井日記」)ている惨状を目撃した。

松井は翌日、海軍の水雷艇に便乗して南京を去るが、慰霊祭の席での怒りも訓示もあまり効果がなく、各部隊に対する調査と処罰の要求も、事実上無視されてしまったようだ。逆に、二十一日城内粛清委員長の肩書をもらった佐々木歩兵第三〇旅団長は、月末から年頭にかけて苛烈な便衣狩りを再開するのである。

史料批判と視点

さて南京アトローシティのように、真偽とりまぜた情報が入り乱れ、政治的偏見が入りこんでいる事件の実態を解明するには、どんなアプローチが望ましいのだろうか。そのさいに必要な情報の取捨や評価を、歴史学では「史料批判《テキスト・クリティーク》」と呼ぶ。

しかし、この「史料批判」は、よほど慎重、厳密にやらないと、難民区での便衣兵判別作業に似て、シロと思えば大抵の情報はシロく見え、クロの先入観で眺めれば灰色は勿論、シロでもクロく見えて来るというリスクにさらされる。極端に言えば、同一の資料を使いながら、正反対の結論を導き出すことすら可能である。

もっとも犯罪事件では、確実なクロの証拠を一つ、または二つ以上そろえれば、有罪と宣告することは可能であり、その場合、不確実なシロの証言をいくら積み重ねても対抗できない。南京アトローシティの場合も、クロと思われる人々は概して沈黙を守り、シロらしい人々だけが発言する傾向が見られる。クロを自認する人も捕虜の処刑や略奪までは語るが、強姦や強姦殺人を告白する例はほとんどない。

こうした事情を無視して、いわゆる「まぼろし派」がシロの証言を積みあげて「大虐殺派」を批判するのは公平を欠くが、一方「大虐殺派」もクロの証言について作為的なものがありうると想定して、厳密な考証を加えるべきだろう。

筆者としては、以上のような問題点を念頭におきながら、まず「そのとき南京で何が起きたのか」という、平凡だが包容性のある視点から入り、関係資料を洗い直しながら焦点を絞って行くことにした。その前に利用対象となる各種資料の分類と評価基準を解説しておく。

1、第一次史料

A〔公文書記録〕

事件に関わった日本軍の中央・出先司令部および実働部隊の作戦命令（作命）、戦闘詳報、陣中日誌などの公的記録、憲兵隊、法務部などの調査報告書がもっとも確度の高い第一次史料であろうが、このカテゴリーで現存するものは少ない。終戦時に軍命令によって組織的に焼却され、関係者の手許に残ったものも、戦犯裁判を恐れて処分された例が多いからである。

しかし色々な事情で滅失を免れた相当数の公的記録類が戦史叢書編集の過程で収集され、防衛庁防衛研究所戦史部に保管されている。また戦友会などの手による部隊史の刊行事業が盛んになるにつれて、埋もれていた戦闘詳報類が保管者から提供され印刷された例もあるが、部隊の不名誉と思われるような部分は、削除非公表となることが少なくないようである。ただし戦闘詳報は、部隊の名誉を高める事項（戦果など）はやや誇大に、不名誉となる事項は控え目に書くか、改竄する傾向があったようである。事故で死亡した者を、「名誉の戦死」に修飾する程度は常識化していた。

一部の戦闘詳報が捕虜の処刑を記載しているのは、それが不名誉な行為ではなく、戦果の一部として観念され、上部からとがめられることはない、との確信があったからだろう。そのかわり、戦闘の枠外になる行動や略奪、強姦、放火、一般住民の殺傷等の事項は記載されていない。南京戦の場合は、占領後とくに城外掃蕩行動が空白になる。

したがって、戦闘詳報のデータを寄せ集めても、アトローシティの全体像は浮かんでこない。この面では憲兵隊の調査報告書が最上の史料であろうが、今のところ発見されていない。それに次ぐ法務部の記録も、公表されたのは第十軍法務部の「陣中日誌」だけで、上海派遣軍法務部の書類は見つかっていない。焼却を免れて米占領軍に没収され、のちに日本政府へ返還された「陸軍省大日記」シリーズには、編制・動員に関連する若干の関連資料がふくまれている。

B〔指揮官クラスの業務日誌・メモ類〕

Aの不足を補う指揮官クラスの業務日誌やメモ類であるが、公表に際して部分削除ないし改竄されている例もあるので、注意を要する。松井大将、中島中将の日記などは、この分野ではもっとも価値の高いもので、佐々木少将の著作のように、日誌に基づいて、直後にまとめた回想記もこれに準じる。

C〔一般従軍者の私的日記・メモ類〕

概してBよりは信頼度が落ちるが、なかには指揮官の目が届かない末端の実情を生々しくとらえた第一級のものもある。

2、第二次史料

D〔戦後の研究書・論文〕

戦史叢書を始めとして、おびただしい数の文献が刊行されている。日本側の第一次、第二次史料や中国その他の外国資料に当って執筆されたものが多いが、先入観念や特定のイデオロギーに沿って書かれたものもあり、第一次史料に当り直さないと危険である。

E〔従軍者の戦後における回想記・回想談〕

この類もきわめて多いが、質は玉石混交である。場所、日付が誤っていたり、前後していることもあるが、第一次史料と照合しつつ裏付けの聞きとりをすれば有益な場合がある。

非軍紀行為について率直に告白するのは、概して下級兵士で、将校の証言を得られるのは稀である。また兵士の場合も、見聞は語るが、自身の体験には口を閉ざす傾向がある。

一般的に、史料としての信頼性はAからEへの順で低下すると考えてよいが、特Aともいうべき憲兵隊の調査報告書が出て来ない現在では、A、Bを軸にC、D、Eの精選分を加えて骨組みを作り、さらに被害者側、第三者の外国人記録・回想等と照合し実態に迫るしかないと思われる。

問題の特殊性と記述の便宜上、やや広く網をかぶせ、初期段階は関係部隊別に関連行動を追い、中後期は全部隊を一括して扱ったのち、原因、責任、波及効果などを論じる順序とした。アトローシティと関連の薄い事項は省略したため、やや局所肥大的観察になることを、あらかじめお断わりしておきたい。

第五章　検　証――南京で何が起きたのか（上）

〔上海派遣軍―第十六師団〕

佐々木支隊の下関突入

十一月十三日揚子江南岸の白茆江に上陸、南京へ向かった京都第十六師団は、華北戦線から転用され戦場慣れしていたうえ、消耗兵力を補充していたので、上海派遣軍のなかではもっとも戦力が充実していた。無錫、常州を経て十二月二日丹陽に進出したあと、中島師団長は、佐々木到一少将（歩三〇旅団長）を支隊長とする右側支隊（歩三八連隊と歩三三連隊の第一大隊基幹）を分離し、紫金山北側を迂回して、下関へ急進するよう命じた。

この迂回路は本道から外れた畑地と丘陵地で、右後方の鎮江や江岸一帯に残存する中国軍を横目に見ながらの敵中突破であったが、佐々木は中佐時代に南京駐在武官の経験があって、この方面の地理に精通していたので、自信をもって突進を開始した。

十二月十一日、師団主力は紫金山攻撃で激戦をつづけていたが、佐々木支隊は太平山陣地を奪取後、十二日に紫金山北麓の隘路口を突破、南京城壁を眼前に望んだ。

明けて十三日朝六時、支隊は下関に向かう追撃命令を受け、配属された独立軽装甲車第8中隊を先頭に急進して、一部の兵力（第1中隊）で南京城北側の和平門、中央門を占領、城内敗残兵の逃げ道をふさいだ。先頭部隊がめざす下関に突入したのは一三四〇頃で、「渡江中ノ敵五、六千ニ徹底的大損害ヲ与エテ之ヲ江岸及江中ニ殲滅」（歩三八連隊戦闘詳報）した。

敵中に錐《きり》をもみこむような中央突破だから、支隊は途中、脱出路を求めて右往左往する敗残兵と前後左右で混戦におちいった。たとえば午前八時頃、後方（紫金山麓の興街村）の支隊司令部も敗残兵の集団に襲撃されたが、その状況を佐々木少将の回想録から引用する。

「ふと目をさませば至近の距離に激烈な銃声がしていて、通信手や行李の輜重兵、特務兵までが銃を執ってぱたぱたやっている。

『何事だ』

屋外を走りかけた副官にたずねる。

『今撃退したところです。紫金山から真っ黒になって降りてきました』

『敗残兵か？』

『チェックを腰だめで撃ってくるのです。それが何回も何回も、五、六百いっしょになって』

『鉄砲をとりあげろ』

『降伏なんかするもんですか、皆殺しです』

くるわ、くるわ、あっちにもこっちにもおびただしい敵兵である。彼らは紫金山頂にあった教導師の兵で血路を我支隊にもとめて戦線を逆に討ってでたものであった。銃声の間に怒号罵声すらきこえてくる。

家屋にたてこもっていつまでも抵抗する者、いちはやく便衣にかえて逃走をはかる者、そして三々五々降伏する者は必ず銃器を池の中に投じあるいは家の中に投げこんで放火していた」

わずかな予備隊しか持たぬ支隊本部が全滅を免れたのは、中国兵の目的が逆襲よりも、退却にあったせいだろうが、前夜から十三日朝にかけて似たような紛戦乱闘が支隊縦列の至るところで起きている。湯水鎮にいた上海派遣軍司令部も十二日夜、敗残兵の集団に襲撃され、衛兵が乱戦のすえ撃退したが、この種の紛戦でもっとも規模が大きかったのは、十三日午前0時から夜明けにかけて、仙鶴門付近で起きた集成騎兵隊（第三、第九、第百一各騎兵連隊より集成）および攻城重砲兵第二大隊と、五千とも一万以上ともいう中国軍退却集団との衝突であろう。この中国軍は、十二日夕方から太平門を経て東方へ脱出途中の第百五十九師などであったが、やはり突破退却が優先したせいか、迎え撃つ日本軍の機関銃火に倒れる仲間の死体をのりこえて東進したという。

『騎兵第三連隊史』の加藤正吉証言によると、夜が明けて数えた中国兵の死体は三千余あったというが、日本軍も二〇〇人、馬六〇頭の損害を受けた。乱戦に生き残った中国兵は、翌日から翌々日にかけて逃げ場を求めながら、残敵掃蕩に出動した日本軍と衝突したのち、大部分が捕虜になったと推定される。

敗残兵の〝処理〟と〝解決〟

話を佐々木支隊の下関突入にもどす。すでに書いたように、先頭は軽装甲車中隊であったが、一時間おくれて支隊に復帰した歩三三連隊の主力が突入してきた。歩三三は苦戦ののち前日の夕方、紫金山第一峰を攻略、その戦功で感状をもらっているが、十二日夜は付近で露営した。

中島師団長は、佐々木支隊の前進がおくれるのを心配して歩三三に対しても下関突入を命じた。歩三三は十三日八時、天文台を占領したのち、一個中隊を太平門に残し、主力は途中で敗残兵を倒しながら下関へ向かった。そして、江岸に集まったり、小舟や筏で逃れようと江上にひしめく黒山のような敗残兵に対し、一万五千発の小銃、機関銃火を注いでほぼ全滅させたという。第二大隊機関銃中隊に属した西田優上等兵の日記を引用しよう。

「直ちに河岸に至り、敵の舟逃ぐるをわが重機にて猛射す。面白きことこの上なし。又大隊砲の舟に命中、ものすごし。やがて我軍艦八隻も来り、思はず万歳を叫ぶ。敗残兵多数殺す。夕刻英国領事館の隣に一泊」

「我軍艦」とあるのは、折から掃海しつつ溯航してきた海軍第十一戦隊の砲艦（五隻）、駆逐艦（四隻）、掃海艇（四隻）などで、江上と江岸の敗残兵に艦砲と機銃を射ちまくった。その戦果は三千とも一万とも報告されているが、誇大に過ぎる。陸上部隊による戦果と重複しているのではあるまいか。夕方に「保津」「勢多」など数隻は下関桟橋に横付けして陸軍部隊と握手したが、翌日は陸戦隊を上陸させて、掃蕩作戦に協力している。

この間に、各所で逃げおくれた敗残兵が集団で投降してきたが、興奮で殺気だった兵士たちは上官の制止もきかず、片はしから殺害したようだ。佐々木少将は午後二時頃、和平門まで前進したが、「その後俘虜ぞくぞく投降し来り数千に達す。激昂せる兵は上官の制止をきかばこそ片はしより殺戮する。多数戦友の流血と十日間の辛酸をかへりみれば兵隊ならずとも〈皆やってしまへ〉といひたくなる。白米はもはや一粒もなく、城内にはあるだらうが、俘虜に食はせるものの持ち合はせなんか我軍には無いはずだった」と書いている。

似たような光景は、太平門の周辺でも見られたようで、歩三三機関銃中隊長の島田勝己大尉は、「多くの敗残兵を捕えたが〝ヤッテシマエ〟と襲いかかるケースが多かった」（『偕行』シリーズ(9)）と遺稿に述べている。

この日（十三日）、第十六師団では歩三三と三八は下関周辺に宿営、歩九は紫金山周辺を掃蕩して露営、歩二〇は中山門から城内に入って掃蕩したのち市の中心部で宿営しているが、激戦を交

中島中将（右）と佐々木少将（無錫駅で）

え、戦果をあげたのは佐々木支隊方面が主だったようだ。

戦果の内訳としては歩三三の戦闘詳報に「（下関沖の）江上デ殲滅シタ敵ハ二千ヲ下ラズ」「遺棄死体五五〇〇（タダシ敗戦兵ノ処断ヲ含ム）」「俘虜、将校一四、下士官兵三〇八二、計三〇九六（俘虜ハ処断ス）」とある。

また歩三八の戦闘詳報は渡江中の敵（五、六千）に大損害を与えたほか、「夕方までに少くも五百名を掃蕩」としている。

一方、佐々木回想録は、「この日我支隊の作戦地域内に遺棄された敵屍一万数千」「江上に撃滅したもの並びに各部隊の俘虜を合算すれば我支隊のみにて二万以上の敵は解決されているはず」と述べ、中島師団長日記（十三日）は、「後ニ到リテ知ル処ニ依リテ佐々木部隊丈《だけ》ニテ処理セシモノ約一万五千、太平門ニ於ケル守備ノ一中隊長ガ処理セシモノ約一三〇〇」と記す。

問題は捕虜の「処理」だが、中島日記（十三日）に、「大体捕虜ハセヌ方針ナレバ片端ヨリ之ヲ片付クルコトトナシ」とあるように、捕虜を認めず殺害するのが、師団長の方針だったらしい。ただしこの方針は文書による命令や指示で伝達されたものではなく、口頭による指導として伝えられたようだ。

たとえば、児玉義雄大尉（歩三八連隊副官）は次のように証言している。

「彼我入り乱れて混戦していた頃、師団副官の声で、師団命令として〝支那兵の降伏を受け入れるな。処置せよ〟と電話で伝えられた。私は、これはとんでもないことだと、大きなショックを受けた……参謀長以下参謀にも幾度か意見具申しましたが、採用するところとならず……」（『偕行』シリーズ(5)）

児玉大尉のいう師団副官とは宮本四郎大尉のことであろうが、その宮本副官は十三日に一万の捕虜が出た報告を伝えると、参謀長が即座に「捕虜はつくらん」と指示したと遺稿に記している（「轍跡」）。

宮本証言では、この捕虜は助命されたらしいというが、その消息ははっきりしない。いずれにせよ、師団長の方針がどこにあったか推測できよう。

十四日――佐々木支隊の掃蕩

第十六師団による南京城内外の掃蕩作戦は十四日から十六日にかけて続行され、十三日と同じように敗残兵は投降すると否とを問わず、手当りしだいに処分されたようである。

この掃蕩作戦については、歩兵第三〇旅団の発した命令（歩三八戦闘詳報付属）が残っているので一部を抜いて示そう。

歩兵第三十旅団命令　十二月十四日午前四時五〇分　於中央門外

一、敵ハ全面的ニ敗北セルモ尚抵抗ノ意志ヲ有スルモノ散在ス

二、旅団ハ本十四日、南京北部城内及ビ城外ヲ徹底的ニ掃蕩セントス

〈三―五（略）〉

六、各隊ハ師団ノ指示アル迄俘虜ヲ受付クルヲ許サズ

〈七～十一（略）〉

占領直後の挹江門

この命令は、さらに参考事項として「（避難民等ハ）一地区ニ集合避難シアリテ、掃蕩地区ニハ住民殆ンド無シ」「敵ハ統制ノ下ニ我ト交戦ノ意図ヲ有スルガ如キモノ無キガ、敗残潜在スル数ハ少クモ五、六千名ヲ下ラズ」のような情報と判断を付け加えていた。

十四日、予定どおり歩三三は下関と城内の獅子山、北西部一帯、歩三八の主力は中山北路から玄武湖に向かって城内北東部、一部（第二大

隊）は城外の紫金山周辺を掃蕩した。

佐々木回想録はこの日の掃蕩ぶりについて、次のように記録している。

「いたるところに潜伏している敗残兵をひきずり出す。が武器はほとんど全部放棄または隠匿していた。五百、千という大量の俘虜がぞくぞく連れられてくる……敗残兵といえども尚部落山間に潜伏して狙撃をつづけるものがいた。したがって抵抗するもの、従順の態度を失する者は容赦なく即座に殺戮した。終日各所に銃声がきこえた。太平門外の大きな外壕がうずめられてゆく」

歩三三連隊は、この日、獅子山砲台で百数十名の敗残兵を皆殺しにしているが、挹江門広場に向かった西田上等兵の日記をもういちど引用しよう。

「十一時三十分入城、広場において我小隊は敗残兵三七〇名、兵器多数監視、敗残兵を身体検査して後手とし道路に坐らす。我は敗残兵中よりジャケツを取って着る。面白いことこのうへなし、自動車、オートバイ等も多数捕獲す。各自乗りまはせり、八時頃小銃中隊に申し送り、昨夜の宿に帰る。敗残兵は皆手榴弾にて一室に入れ殺す」

やはり城内北部の掃蕩作戦に加わった志水一枝軍曹（歩三八連隊第3中隊）の日記は、次のように記す。

「右掃蕩隊として南京北部城内の徹底的掃蕩に任ず。〇八〇〇より……城壁を攀ちて城内に進入し、同開門を施す傍ら横行せる敗残兵を捕捉殲滅す。一部降りて和する者ありしが行動不穏の為九二名を刺殺せり……城内に潜伏或は横行せる敗残兵無数にて其の醜状其極に達しあり。勇躍せる中隊は尚一部抵抗の意志ある敗残兵を随所に殲滅しつつ城内粛正に一段の光彩を放ちたり」（十二月十四日）

前日の掃蕩と異なり、戦闘行動というより捕虜の処刑と呼ぶ方が適切な状況になっていたことがわかる。

中山門外で別の処刑風景を目撃した小原予備主計少尉（第十六師団経理部）は、次のように記す。

「最前線の兵七名で凡そ三一〇名の正規軍を捕虜にしてきたので見に行った。色々な奴がいる。武器を取りあげ服装検査、その間に逃亡を計った奴三名は直ちに銃殺、間もなく一人ずつ一丁ばかり離れた所へ引き出し兵隊二百人ばかりで全部突き殺す……中に女一名あり、殺して陰部に木片を突っこむ。外に二千名が逃げていると話していた。戦友の遺骨を胸にさげながら突き殺す兵がいた」

（小原立一日記　十二月十四日）

堯化門の捕虜

山の峡に敗残兵討伐の銃火木《こ》だまして
　稜線上を動く兵見ゆ

と字あまりの歌を上村上海派遣軍参謀副長が詠んだように、十二月十四日、南京周辺とくに城外東方の日本軍は彷徨する敗残兵の討伐に多忙をきわめた。そのほとんどが指揮者もなく戦意を失った空腹の兵で、日本軍を見かけると小ぜり合いするか無抵抗で次々に投降し捕虜となった。しかし、どれが敗残兵か捕虜か、見分けもつきにくく、情報が混沌としていた。

この日の飯沼参謀長日記には、「南京東方地区より約一千宛の捕虜二群下関方向に移動しあり」「三時頃佐々木支隊の一中隊は南京東北方に於て約二万を捕虜とせりと」「別に四列側面縦隊にて長径八粁に亘る捕虜を南京城北側に向ひ護送しあるを」などの諸情報（主として飛行偵察）が記入されている。

なかには味方の討伐隊を見誤ったものもあろうか、と思われるが、湯水鎮の軍司令部周辺には戦闘力が弱い特科部隊が多い。その一隊が襲撃され全滅した（虚報とわかる）と聞いた軍司令部は、あわてて第九師団に救援隊の派遣を求め、光華門から歩一九連隊の二個大隊がトラックでかけつけてきた。

その一人である宮部一三伍長は、「付近の山にはまだ多くの中国兵が出没していたが、戦意は全く無く、あちらの岩陰、こちらの谷間に蹲って隠れている姿は哀れをもよおした」（『風雲南京城』）と書いている。

このときの捕虜百数十人は、軍司令部の命で「掃滅」させられてしまうが、今なお論争の的になっているのは、歩三八の第10中隊が堯化門で捕えた大量捕虜（飯沼日記の二万に相当か）の始末であろう。

歩三八戦闘詳報第一二号付表は、「俘虜七二〇〇名（内将校七〇）ハ第十中隊堯化門付近ヲ守備スベキ命ヲ受ケ、同地ニ在リシガ、十四日午前八時三十分頃数千名ノ敵白旗ヲ掲ゲテ前進シ来リ午後一時武装ヲ解除シ南京ニ護送」と記す。

昭和十四年に市販された『小戦例集』に、「十四日八時堯化門南方の揚坊山、新庄（攻城重砲兵第1中隊主力）に約二、三千の敵が来襲、十二時頃約七千名が堯化門付近において投降せり」と書かれてある状況に一致する。初めから降伏したのではなく、重砲隊と撃ち合いもやったらしく、投降に立ちあった沢田正久少尉（攻城重砲兵第二大隊）は、「正午頃投降してきました。その行動は極めて整然としたもので、既に戦意は全くなく、取りあえず道路の下の田圃に集結させて、武装解除しました。多くの敵兵は胸に『首都防衛決死隊』の布片を縫いつけていました」（『偕行』シリーズ(5)）と証言している。

この捕虜は十二日深夜に集成騎兵隊、重砲隊と交戦した城内からの脱出兵が、帰るところのない浮き草となって彷徨したすえ投降したものと思われる。そのうち約千名は付近の山中に逃れてゲリラ化し、翌年春に討伐作戦で追われているという。

ところで、この七二〇〇人の捕虜はどうなったのか。軍司令部に問い合わせると、「直ちに銃殺せよ」と言ってきたが、沢田少尉が拒否すると、「では中山門までつれて来い」と指示が変り、迎えの部隊と同行して中山門までつれて行った、と沢田氏は述べている。

鈴木明氏が中沢参謀長や捕虜に付きそった兵士から得た証言によると、彼らはとりあえず馬群に竹矢来で囲った急造の収容所に入れられ、給食して、二、三日後に城内刑務所へ転送されたようだ。

この転送風景を目撃したのが、『野戦郵便旗』の著者佐々木元勝氏で、その十七日の項に、「夕靄に烟る頃、中山門を入る前、また武装解除された支那兵の大群に遇う。乞食の大行列である。誰一人可憐なのは居ない。七千二百名とか」と記し、引率の将校が、「一挙に殺す名案を考究中……船に乗せ片付けようと思うのだが、船がない。暫らく警察《(ママ)》署に留置し、饑死さすのだとか……」と語ったのを記録している。

中島日記にも、「此七八千人之《[カ]》ヲ片付クルニハ相当大ナル壕ヲ要シ中々見当ラズ一案トシテハ百二百ニ分割シタル後適当ノケ所ニ誘キテ処理スル予定ナリ」とあるように、どう始末したらよいか名案が決らぬままに「10(中隊)ハ捕虜ヲ南京刑務所ニ護送ス」(「無錫・南京三十八連隊行動表」十二月十八日の項)となる。その後の彼らの運命については、処刑説、上海移送説、釈放説と色々だが、今のところ確認できない。*

＊　翌年一月上旬南京に出張した参謀本部の稲田中佐が、榊原派遣軍参謀から、「収容所の捕虜を上海で労役に使うつもりでいて、数日出張した留守に殺されてしまった」（稲田正純談）と聞いている。

坂中隊の難民区掃蕩

次に第十六師団の左翼を担当した歩兵第十九旅団の行動を検討する。

この旅団では中山門に一番乗りした歩二〇連隊が十三日午前城内に進入、夕方まで掃蕩作戦に当っているが、佐々木支隊方面とちがってほとんど抵抗はなく、「この日は一発も射たなかった」（森英生中尉）という証言があるくらいだ。

その夜は城内の中心部で露営して、翌十四日朝からひきつづき掃蕩作戦を再開した。第一大隊（長、西崎逸雄少佐）第4中隊（長、坂清中尉）は、西作命第一七〇号により午前十時から掃蕩を実施したが、同中隊の陣中日誌（第五号）は、「敗残兵三二八名ヲ銃殺シ埋葬ス」と記録し、捕獲兵器として、「小銃一八〇、拳銃六〇、銃剣一一〇、小銃弾四〇〇〇発、手榴弾二〇発」を記載している。

この敗残兵処理の実情については、増田六助上等兵（二小隊三分隊）が、南京戦の直後に執筆した「南京城内掃蕩の記」（『支那事変出征戦友の手記』に収録）に詳しいので要約引用しよう。なお中隊は前日、中国傷病兵を収容している大衆病院（中山門内側）に進入して、設備や器材をたたきこわし、近くの民家で宿泊したが、徴発で三日ぶりに米の飯と酒にありつき、祝宴を張った、と増田は書いている。

「明ければ十四日難民区へ。今日こそしらみつぶしにやって戦友の恨を晴らしてやろう、と意気ごみ、ある大きな建物に入ると、数百人の敗残兵が便衣に着がえつつあるところを見つけた。そばには青竜刀やピストルなど山のようにある。持物検査をしてけったりひっぱたいたあと電線でジュズつなぎにする。三百人はいたが始末に困る。

そのうち委員会の腕章をつけた支那人に『いるか』と聞くと、向いの大きな建物を指して『多々有』と言うので、入ると難民が一杯、そのなかから怪しそうな一千人ばかりを一室に入れ、さらに三百人よりだし、夕方に六百人近くの敗残兵を引きたて玄武門に至り、その近くで一度に銃殺した」

同じ中隊と思われる別の兵士（戦死）の陣中日誌（昭和五十九年七月、遺族から匿名を条件に『朝日新聞』に提供、本多勝一「南京への道」⑲に紹介）の記述も同工異曲だが、よりだした数は連長など将校をふくむ五百名ばかりとある。城壁の山ぎわで重機二丁、軽機六丁、小銃の一斉射撃で射殺、「見るもあわれな光景だった」と描写し、そのあと敗残兵のタバコ、靴下、手袋を徴発した、と付け加えている。

坂中隊が後から行った建物は司法（行政）部だったと推定される。十二月十八日付の難民区委員会文書第七号は、「十四日、日本軍将校一名が司法部へやってきて難民の半数を取調べ、そのうち二、三百人を元中国兵として逮捕・連行し、三五〇名は一般市民であるとして残した」と述べている。二日後に改めて日本軍が司法部の再検査をやり、委員のリッグスをなぐったうえ、警官百人をふくむ男子のほとんど全員を連行した。そして二千人ばかりが漢中門外で射殺されたというのが、警官の一人で東京裁判にも出廷した伍長徳の証言で、彼は処刑者を中島部隊（第十六師団）と名指したが、第九師団の可能性もあり、特定は困難である。

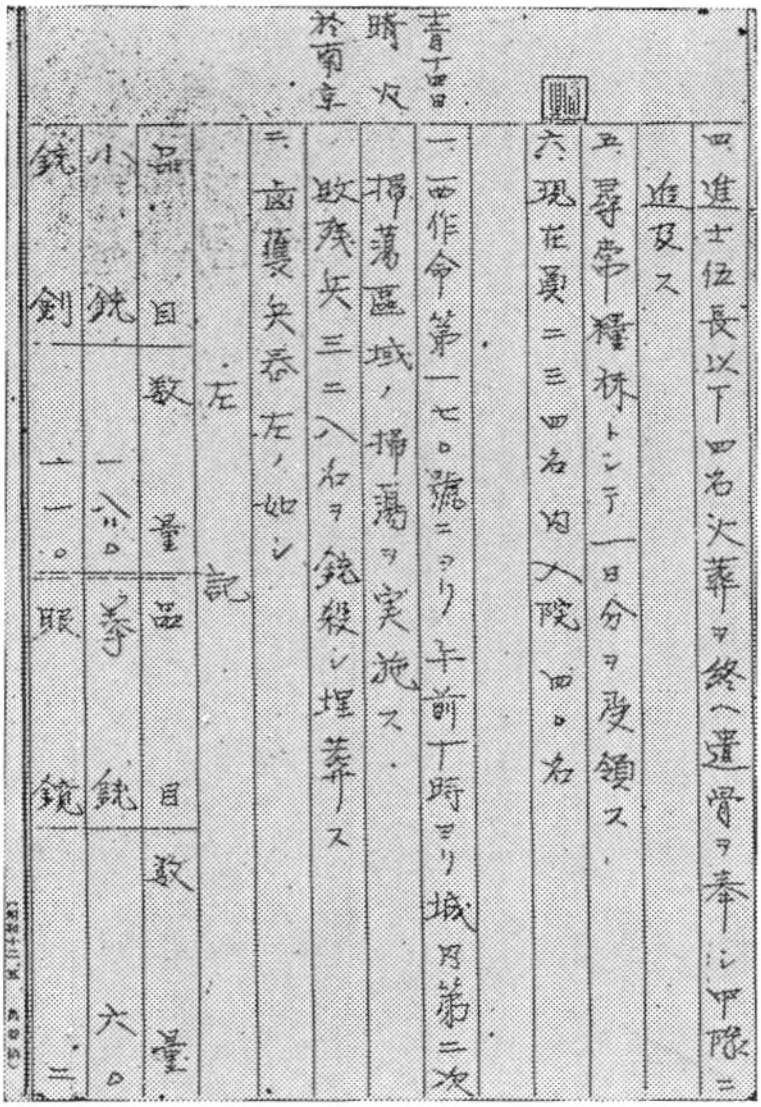
十二月十四日
晴
於南京

四 進士伍長以下四名火葬ヲ終ヘ遺骨ヲ奉シ甲隊ニ追及ス
五 尋常糧秣トシテ一日分ヲ受領ス
六 現在員二三四名内入院四〇名
一 一四日作命第一七〇號ニヨリ午前十時ヨリ城内第二次掃蕩區域ノ掃蕩ヲ実施ス
敗残兵三二八名ヲ銃殺シ埋葬ス
二 鹵獲兵器左ノ如シ
左記

品目	数量	品目	数量
小銃	一八〇	拳銃	六〇
銃剣	一一〇	眼鏡	二

歩兵第20連隊第4中隊の「陣中日誌」

占領第三日目の十二月十五日、第十六師団の入城式が挙行され、それまで中山門外に滞在していた中島師団長は指揮下の全部隊をひきいて、午後一時半中山門から進入、国民政府庁舎を司令部に、中央飯店を司令部宿舎にあてた。師団主力はこの日から一月下旬まで四十日近く城内に駐留することになる。

司令部に入った中島は、早速国旗を

掲揚させ、全将校を集めて万歳を三唱、樽酒で祝盃をあげたが、たちまち治安の悪さに音をあげた。

中島日記によると、朝のうちに先遣した管理部が配宿計画をたて、師団司令部と表札をかけておいたのに、他部隊の将校や兵士が入りこんで、勝手に家具や陳列物をかっぱらって行く。困惑して残ったものを戸棚に入れ封印したが無駄で、ほとんど盗まれてしまった。宿舎の中央飯店も同様で、さらに師団長宿舎に予定していた軍官学校長官舎も、内山旅団（野戦重砲兵第五旅団）の兵が徹底的に荒してしまい、うっかりすると自動車も盗まれたという。

不快な気分を抑えながら、中島は十六日にもういちど、中山門外の掃蕩作戦をやらせている。佐々木回想録は「獲物少しとはいえ両連隊ともに数百の敗兵を引きずりだして処分した」と記す。「夜半、東方の山中から敗残兵数百名……を捕えた……ところが日本軍が小人数とあなどったのか、手榴弾を投げつけて暴れ出し、収拾がつかなくなったので、軽機、小銃で弾丸のある限り射った」（歩九連隊六車政次郎少尉、『偕行』シリーズ(8)）という証言は、その一部であろうか。

歩三三の西田上等兵はこの日、紫金山東北地区を終日行動したが、敗残兵にはぶつからず、「途中、部落を皆焼き払ふ」（西田日記）ことで胸を晴らせた。

ともあれ、第十六師団の掃蕩作戦はこの日で一段落となり、十七日の入城式、十八日の慰霊祭を経て、二十四日から第九師団に代って、難民区を中心とする便衣兵摘出が始まる。この点はあとまわしにして、次に第九師団の掃蕩行動を見ることにしよう。

〔上海派遣軍―第九師団〕

路上を埋める軍服

南京城の東側と東南側正面の攻撃を担当した金沢第九師団は、十二月十三日午前、中国軍の退却に乗じ、ほとんど無抵抗で城門と破壊された城壁を越えて城内へ進入を開始した。

中山門とその南側からは歩三五連隊と歩七連隊、光華門と通済門からは歩三六連隊と歩一九連隊が入って城内東南部の掃蕩に当ったが、敗残兵の抵抗は微弱で、夕方に掃蕩行動を打ち切って各所の建物で宿営した。

掃蕩行動は、翌十四日朝から再開され、断続的に二十三日頃までつづいた。幸い掃蕩隊を命じられた歩兵第六旅団（長、秋山義兌少将、歩七、歩三五連隊基幹）および難民区を担当した歩七の作戦命令綴や、歩七所属の兵士二人の日記など新資料が最近になって発掘されたため、南京事件のキー・ポイントと目されながら、灰色の霧に包まれていたこの掃蕩行動の輪郭が、かなり明確になってきた。

まず十三日午前十時に下達され、掃蕩行動の基準となった歩六旅団の「南京城内ノ掃蕩要領」

および「掃蕩実施ニ関スル注意事項」と題した文書を見よう。

注目されるのは、外国権益への無断立入禁止、文化財・老幼婦女子の保護、掠奪・放失火の厳禁など型どおりの項目と並んで、「遁走スル敵ハ、大部分ガ便衣ニ化セルモノト判断サレルノデ、ソノ疑ヒアル者ハ悉ク検挙シ、適宜ノ位置ニ監禁スル」とか、「青壮年ハスベテ敗残兵又ハ便衣兵トミナシ、スベテコレヲ逮捕監禁セヨ」のような指示が含まれていることである。

兵役適齢の青壮年を無差別に逮捕するのも乱暴だが、「捕虜は認めない」という方面軍の方針に沿えば、「監禁」は「処刑」の婉曲な表現と解釈される可能性があった。

司令部に確認した結果かどうかは別として、実働部隊がある時点から監禁を即時処刑に切りかえたらしいことは、歩七の水谷荘上等兵(第1中隊)の次のような日記(『戦塵』)から推察できる。

「十二月十三日　市内の掃蕩に移る。おびただしい若者を狩り出してくる。色々の角度から調べて軍人らしい者二一名を残し、残りは放免する。

十二月十四日　ひきつづき市内の残敵掃蕩、若い男子の殆んどの大勢の人員が狩り出されてくる。靴ずれのある者、面タコのある者、極めて姿勢の良い者、目付の鋭い者等よく検討して残した。昨日の二一名も共に射殺する。

十二月十五日　難民区に行く。中山路だろうか広い道路はぎっしりと路面をおおいつくし、逃走の際脱ぎ捨てられたものの如く、支那軍の軍装で埋めつくされていた。弾薬も多数放置

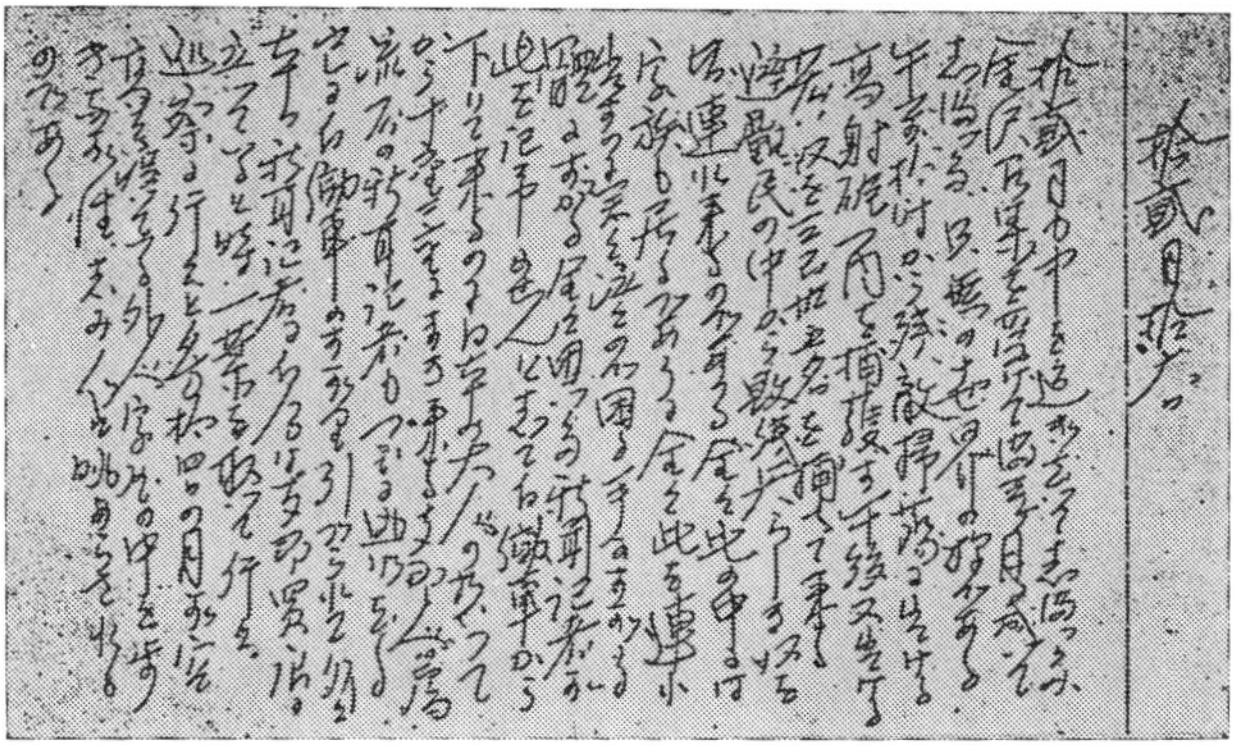

「井家又一日記」（12月16日の部分）

され散乱……この分恐く市内に潜伏しているとしたら、おびただしい残敵が便衣をまとって好機を狙っているのかも知れない」

同じ日に、第2中隊の井家又一上等兵も難民区付近の路上に大量の脱ぎすてた軍服を目撃していた。

「十二月十五日　難民区の掃蕩……四十数名の敗残兵を突殺してしまう。外人の家屋に九人の敗残兵が入っていて避難民九名居住宅と堂々とかかげているは笑止、敗残兵の捨てた衣服多し、外人街の家に泊る。付近は難民で一杯、入ると恐る恐る笑う。

十二月十六日　午前十時から残敵掃蕩に出かける。午後又出かける。若い奴を三三五名を捕えてくる。……此の中には家族も居るであろう。全く此を連れ出すのに泣くのが困る。手をすがる、体にすがる。全く困った。……揚子江付近に此の敗残兵を三三五名を連れて他の兵が射殺に行った」（井家又一日記）

それでも、十三日～十五日の掃蕩では、良民と便衣兵の選別に多少の手加減をしていたようだが、十五日までの摘出者を調査するとほとんど将校がいない。そこで入城式を控えて焦った旅団は、配属の戦車隊を加え、十六日に難民区を中心とする徹底的な摘出作戦に踏み切った。

次にかかげるのは、十五日夕方に発令された歩七の作戦命令である。

歩七作命甲第一一一号　十二月十五日午后八時三〇分　南京東部聯隊本部

一、本十五日迄捕獲シタル俘虜ヲ調査セシ所ニ依レバ殆《ほとん》ド下士官兵ノミニシテ将校ハ認メラレザル情況ナリ　将校ハ便衣ニ更《か》ヘ難民地区内ニ潜在シアルガ如シ

二、聯隊ハ明十六日全力ヲ難民地区ニ指向シ徹底的ニ敗残兵ヲ掃蕩セントス

三、各大隊ハ明十六日早朝ヨリ其担任スル掃蕩地区内ノ掃蕩特ニ難民地区掃蕩ヲ続行スベシ

（以下略）

難民区の徹底掃蕩

掃蕩作戦のピークとなった十二月十六日の便衣兵摘出では、難民区を北から第三、第一、第二大隊に区画し、それをさらに中隊ごとに分担、末端は数名ずつの下士官兵が組になって、めぼしい建物をしらみつぶしに検分するローラー作戦が採用された。

街路の交叉点には着剣した歩哨が立って交通を遮断、外郭の要点には戦車が坐りこんだ。捜索

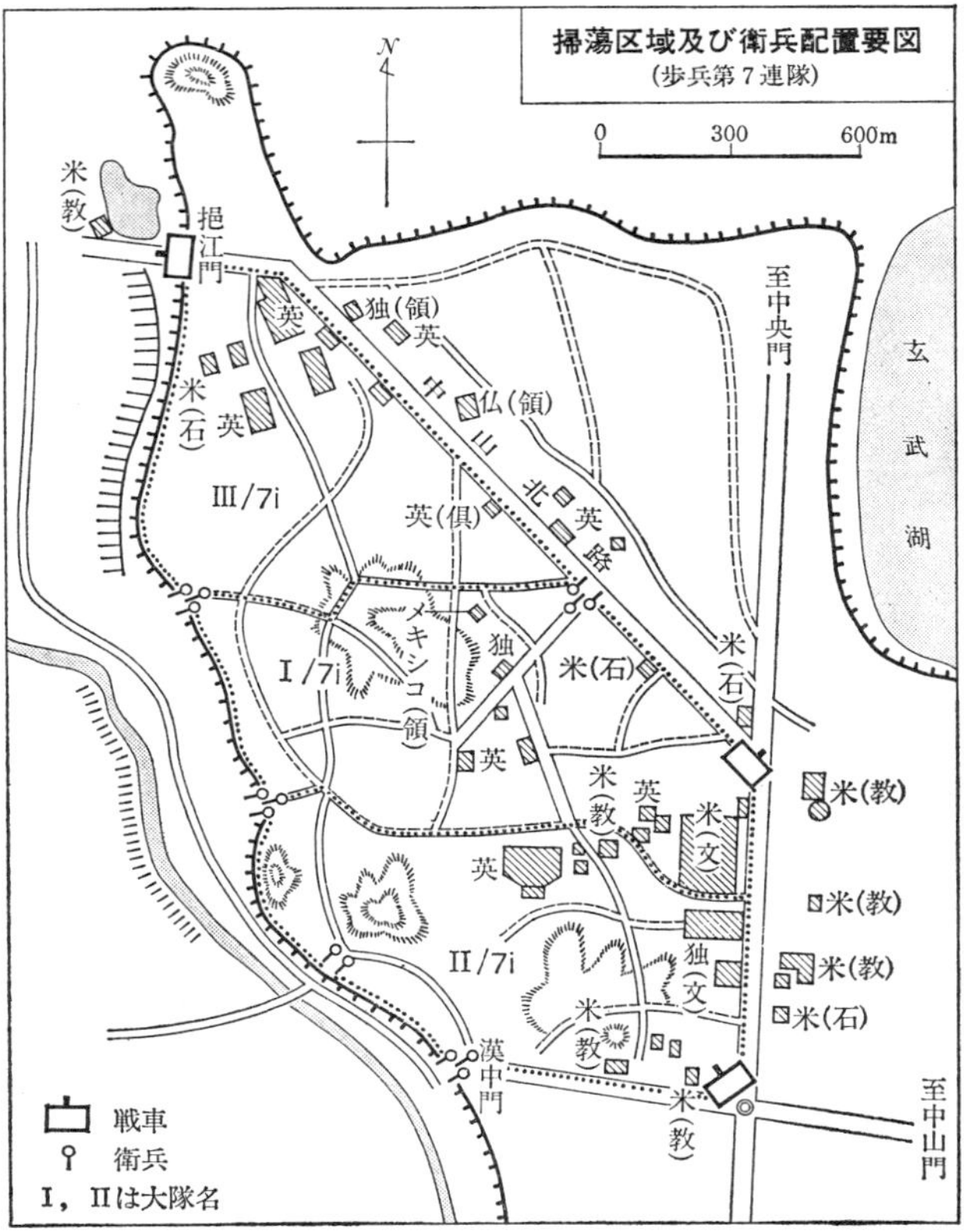
掃蕩区域及び衛兵配置要図
(歩兵第7連隊)
N
0 300 600m
挹江門
至中央門
玄武湖
中山北路
III/7i
I/7i
II/7i
メキシコ(領)
独(領)
仏(領)
英(倶)
米(石)
米(教)
米(文)
独(文)
漢中門
至中山門
戦車
衛兵
I，IIは大隊名

と連行の要領について、連隊命令は憲兵、通訳、語学堪能者を配属する、と指示していたが、人も時間も足らず、各隊の思い思いで荒っぽい選り分けになってしまったようだ。参加者の水谷上等兵は次のように記す。

「目につく殆んどの若者は狩り出される。子供の電車遊びの要領で、縄の輪の中に収容し、四周を着剣した兵隊が取り巻いて連行して来る。各中隊共何百名も狩り出して来るが、1中隊は目立って少ない方だった。それでも百数十名を引立ててくる。その直《す》ぐ後に続いて家族であろう、母や妻らしい者が大勢泣いて放免を頼みに来る。市民と認められる者はすぐ帰して、三六名を銃殺する。皆必死になって助命を乞うが致し方ない。真実は分らないが、哀れな犠牲者が多少含まれているとしても、致し方のないことだろう」

選り分けるといっても、軍帽による日焼けの線(面ずれ)や目付で識別し、家族らしい者に泣きつかれると放してやる式のおよそ非科学的なやり方だったから、末端兵士の気分しだいで連行者はふえも減りもしたようだ。

こうした気まぐれな選別が、難民区の住民に与えた衝撃と恐怖感は想像に余りある。この日の狩りこみを体験した一中国人(潘錫恩)の回想を本多勝一氏は次のように紹介している。

「潘さん一家はひそかに立ちあがり、外へ逃げ出した。左の上海路の方へ行こうとすると、大群衆がなだれをうって逃げてきた。『だめだ！』『殺される！』などと叫んでいる。反対方

12月16日，難民区で摘出された便衣兵（毎日新聞社提供）

向の盔頭巷方面へ行こうとしたが、これもまた大群衆が狂ったようにこちらへ走ってきた。これも『東洋鬼は見つけ次第殺すぞ』などと言っている……広州路のほうからまた大群衆が畑の中へなだれこんできた。幾千の叫び声や泣き声のすさまじさ」（「南京への道」㉒）

こうして選り分けた「便衣兵」の始末もまちまちで、今となっては追跡のしようはないが、概していえば小人数の集団は難民区周辺のあちこちの空地で刺殺するか、射殺され、まとまった集団は他隊に引き渡されて、多くはその夜、下関の波止場周辺で、機関銃隊の手で一挙に射殺されたと推定される。

奇異に思われるが、日本軍には、こうした連行や処分を人目からかくそうとする意識が乏しかったようだ。カメラを兵に叩き落された新聞記者もいたが、処刑現場をのぞいて好奇心から兵の手助けをした記者や野戦郵便局員もいたし、難民が見物していても追い払いもしなかった例が報告されている。

十六日夜、下関で千二百人を銃殺した第一機関銃中隊も、執行人の方から名乗り出る人がないかわりに、目撃者の記録は以外に多い。その一人である佐々木野戦郵便長は、夕方、下関へ黙々と護送されて行く便衣兵の大行列を見たあと、部下から彼らが処刑されたと聞き、翌朝、現場を目撃した惨烈な印象を日記に次のように記している。

「銃殺した俘虜は二千名（余）で……石油をかけられたのでぶすぶす燻って居る。其臭は秋《さ》刀魚《んま》を焼いた様である。波打際に血を流し累々横はって居る。此処《ここ》で復《また》驚いたのは波打際に死体と並むで居る一人が此方を向き目を開け瞬き睨むで居るのである。兵站部の兵が道路の欄から撃つ。一発命中したが死なぬ。次の一発は水に当る。目を見開いて呪はしげに此方を見る……河岸に下り立って余喘のあるらしいのを撃つ」

これを見ても処刑に参加したのが、歩七の兵だけでないことが判るが、現場から電話で誘われてはるばる城外の師団司令部からかけつけた篤志者もいたし、海軍従軍画家の住谷盤根氏によると、十一戦隊の軍艦からも日本刀を携えた青年士官連が参加したという。

それにしても、執行人たちには犠牲者にとどめを刺すだけの配慮もなかったらしく、翌朝になってまだ息のある者が少なくなかった。このため死体を装っていた一団が執行人たちを包囲したので、救援要請が師団司令部に届く珍事も起きた。

七千人を殲滅

第九師団の血なまぐさい城内掃蕩は十二月二十四日、警備任務を第十六師団に引き継ぎ、上海

―南京間の嘉定・常熟、崑山地区へ転出する直前までつづいた。

この間における摘発者の総数は明確を欠くが、第九師団が作成した「南京攻略戦闘詳報」は、「右翼隊主力ヲ以テ城内ノ掃蕩ニ当リ七千余ノ敗残兵ヲ殲滅セリ」と記し、さらに「南京戦ノ彼我ノ損害」として、「友軍　死者四六〇名、傷者一一五六名、敵軍死体四五〇〇、他ニ城内掃蕩数約七〇〇〇」とかかげている。

捕虜の数字がないので、約七千人の敗残兵（および便衣兵）は、ほぼ全員が殺害されたと推量してよかろうが、これは公式の戦闘詳報に記載された数字としては最大規模である。

その大部分が十二月十四日から十六日にかけて、歩七連隊が難民区から摘出した便衣兵狩りの犠牲者と思われる。ピークの十六日については、1中隊が百数十、2中隊が三三五人を狩り出しているから、連隊全体（一二個中隊）では二〜三千人に達したであろう。このうち下関へ連行されたのは、一二〇〇（水谷日記）、一千〜二千（前田雄二同盟記者）、二千余（佐々木郵便長）と大差はない。

外国人や中国人生還者の証言も近似しているが、この頃、下関の波止場は、日本軍の常設処刑場と化していたらしく、毎日のように下関の三つの桟橋上で処刑がおこなわれ、のちに外国公館の苦情で下流に移された、という石松政敏氏（第二野戦高射砲司令部副官）の証言もある。

もともと、下関は十三日に佐々木支隊が突入して敗残兵を江岸と江上で撃滅した地点であり、二十日すぎに本格的な死体掃除を始めるまでは、常時大量の死体が累積していた。さらに江上を浮流したり漂着する死体も多く(数千、数万レベルの証言が多い)、当時の訪問者は南京アトローシティを象徴する風景として、強烈な印象を受けたようである。

しかし、小集団の処刑は城内の随所で実施されていたようで、その全貌をとらえるのは、今のところ不可能に近い。南京市南部の掃蕩を担当した歩三五連隊や、掃蕩任務を受けず城内東南部地区に宿営待機していた歩一八旅団(歩一九、歩三六連隊)をふくめ、計七千という公式数字で見当をつけるほかない。

では第九師団の一般的な軍紀・風紀の状況はどうだったのか。それを推測させるいくつかの公文書がある。十二月十四日に師団が示達した作命甲号外に、「単独兵、並《ならびに》将校ノ指揮スル部隊ニシテ城内ヲ徘徊スルモノアリ、掃蕩隊以外ノ城内集結部隊ハ宿営地付近ヨリ以外ニ行動スベカラズ」とある。

また十六日夜に、「各大隊ハ担任掃蕩地区内ノ不正行為防止軍紀風紀維持ノ為　午前午后各一回以上ノ巡察将校ヲ派遣スベシ」(歩七作命号外)という命令も出ている。

これらの命令は、同じ頃国際難民区委員会から、「三人から七人の兵士の群が将校の監督もなくうろつきまわることから多くの事件が発生しています」(十六日付福田篤泰官補宛、第五号文書)とか、「夜間に徘徊する兵隊たちを締め出すように要請しましたが、この措置はいまだにとられて

日付	場所	証言者	内容
12.14	獅子山	島田勝己大尉（歩33）	捕虜×150人殺害
〃	漢西門外	草場軍曹（戦車1中）	捕虜×80人銃殺
〃	中山門城壁上	鈴木二郎（東日）	数十人刺殺
〃(?)	光華門外	富岡貞頼（工9連隊）	30～50人斬首
12.15	下関	西田優上等兵（歩33）	使役×8人刺殺
〃	紫金山付近	曽根一夫軍曹（砲3）	部落焼打，住民殺害
12.16	軍官学校	前田雄二（同盟）	数十人(?)殺害
〃	交通銀行裏	〃	数十人(?)銃殺
〃	馬群	佐々木元勝（野戦郵便長）	捕虜×100人殺害
〃	朝日支局横	今井正剛（朝日）	100～200人銃殺
〃(?)	88師営庭	佐藤振寿（東日）	捕虜×100人殺害
〃(?)	漢中門外城壁下	金丸吉生伍長（16師団）	5～600人銃殺
〃	下関波止場	松川晴策上等兵（鉄道1連隊）	1000人銃刺殺
〃(夜)	〃	泰山弘道海軍軍医大佐	数千人銃殺
〃(夜)?	〃	中西由雄一等兵（歩7）	40～50人刺殺
12.22	難民区古林寺裏	井家又一上等兵（歩7）	捕虜×160人銃殺
12.?	下関倉庫	金丸吉生	30～50人焼殺

表4　中国人（兵）集団殺害の目撃証言（本文記載分を除く）

いません……強盗・強姦・殺人行為を防止するため何らかの方法をとられることを希望するものであります」（十八日付日本大使館宛、第七号文書）という文書が提出されているのに相応するものであろう。

第九師団の城内掃蕩任務が解除され、第十六師団に引き継がれたのは十二月二十四日だった。二十六日、師団は新任地の蘇州地区に向かって出発するが、便衣兵と住民の受難はその後もつづく。

〔上海派遣軍―山田支隊〕

一万五千人の捕虜

一回の集団殺害では最大規模とされながら、今なお謎をはらむ幕府山捕虜の惨劇の主役は、第十三師団の山田支隊（歩一〇三旅団長山田栴二少将指揮、歩六五連隊基幹）である。

支隊は上海の激戦で損耗して兵力は二千人前後しかなかったが、十二月十一日南京への前進を命令されたので、翌日鎮江を出発、十三日烏龍山砲台、十四日朝に幕府山砲台を占領した。ドイツ式の近代的砲台だという情報もあったが、実際には工事未了で守備兵は退路を断たれるのを恐れてか、いち早く後退していたので、抵抗らしい抵抗はなかった。

幕府山を占領したとき、周辺でぞろぞろと大量の捕虜が投降してきた。鈴木明氏が発掘した山田旅団長メモは、「投降兵莫大にて始末に困る」とあり、正確な人数は記していないが、十二月十七日の『朝日新聞』は、「持余す捕虜大漁、廿二棟鮨《すし》詰め、食糧難が苦労の種」の見出しで次のように伝えている。

12月14日，幕府山で捕えた捕虜の一部（16日上野特派員撮影　朝日新聞社提供）

「〔南京にて横田特派員十六日発〕　両角《もろずみ》部隊（注：長は歩六五連隊長両角業作大佐）のため烏龍山、幕府山砲台の山地で捕虜にされた一万四千七百七十七名の南京潰走敵兵は何しろ前代未聞の大捕虜軍とて捕へた部隊の方が聊《いささ》か呆れ気味でこちらは比較にならぬ程の少数のため手が廻りきれぬ始末、先づ銃剣を棄てさせ付近の兵営に押込んだ。一個師以上の兵隊とて鮨詰めに押込んでも二十二棟の大兵舎に溢れるばかりの大盛況だ……一番弱ったのは食事で、部隊さへ現地で求めてゐるところへこれだけの人間に食はせるだけでも大変だ、第一茶碗を一万五千も集めることは到底不可能なので、第一夜だけは到頭食はせることが出来なかった」

七名という端数までついているので、正確にカウントしたかに思えるが、異論もあり、実数は八千ぐらい（『ふくしま・戦争と人間　1白虎篇』）との説もある。*

＊ 派遣軍司令部には、「一万五、六千」（飯沼日記 十二月十五日）と報告されている。他に栗原利一伍長の画帳メモは「約一三五〇〇人」と記す。

この大量の捕虜はどこからやってきたのか。『朝日新聞』は教導総隊所属と伝えているが、紫金山で敗れた総隊の全員が逃げこんでも、これほどの数にはならないはずで、「参謀らしき者もいたが、コメをやると奪いあい、青い草をむしって食べたり、略奪したらしい新品の靴をかかえたり、同じ敗残兵でも上等には見えなかった。多分、南京から脱出した警察隊」（歩六五、平林貞治少尉の回想）だったのかも知れない。

女も少しいたというから、難民もまじっていた可能性があり、首実検して非戦闘員と判定した者は釈放したとも、相当数（一説には四千人）が火事にまぎれて逃亡したともいう。一万四千余と八千の差はこうした釈放者や逃亡者なのかも知れない。

ともあれ大量の捕虜をかかえこんだ山田支隊長と両角連隊長は困惑し、まず江北を前進中の師団司令部へ、ついで軍司令部へどうすべきか問い合わせた。山田メモは次のように記す。

「十五日　捕虜の始末のことで本間少尉を師団に派遣せしところ『始末せよ』との命を受く。各隊食糧なく、困窮せり。捕虜将校のうち幕府山に食糧ありとききて運ぶ。捕虜に食わせることは大変なり。

十六日　相田中佐を軍司令部に派遣し、捕虜の扱いにつき打合せをなさしむ。捕虜の監視、田山大隊長誠に大役なり」

長中佐の私物命令?

鈴木明氏が山田元少将から聞いたところによると、この間に軍司令部から憲兵将校が見まわりに来たので、案内して捕虜の大群を見せ、「君これが殺せるか」というと、クリスチャンのその将校はうなずいて帰って行ったが、別に軍司令部の参謀から支隊長へ強く、「始末せよ」と電話で連絡してきた。この参謀は上海派遣軍兼中支那方面軍情報参謀の長勇中佐だったと鈴木氏は推測しているが、それを裏書きする材料は二つある。

一つは松井大将の専属副官だった角良晴少佐で、『偕行』シリーズ⑭（昭和六十年三月号）で大要次のように証言している。

「十二月十八日朝、第六師団《（ママ）》から軍の情報課に電話があった。
『下関に支那人約十二、三万人居るがどうしますか』
情報課長、長中佐は極めて簡単に『ヤッチマエ』と命令したが、私は事の重大性を思い松井司令官に報告した。松井は直ちに長中佐を呼んで、強く『解放』を命ぜられたので、長中佐は『解りました』と返事をした。
ところが約一時間ぐらい経って再び問い合せがあり、長は再び『ヤッチマエ』と命じた」

もう一つは、昭和十三年春、長が田中隆吉に語った次のような「告白」である。

「鎮江付近に進出すると……退路を絶たれた約三十万の中国兵が武器を捨てて我軍に投じた……（自分は）何人にも無断で隷下の各部隊に対し、これ等の捕虜をみな殺しにすべしとの命令を発した。自分はこの命令を軍司令官の名を利用して無線電話に依り伝達した。

命令の原文は直ちに焼却した。この命令の結果、大量の虐殺が行われた。然し中には逃亡するものもあってみな殺しと言う訳には行かなかった」（田中隆吉『裁かれる歴史』）

この二つの証言は、前者が九十歳近い老人の記憶、後者は十年後の回想という性格から、事実誤認と思われる要素をふくむが、総合すると山田支隊の捕虜問題を指しているように思える。

幕僚が上官の意図に反する指示（指導）をすることは、軍隊の性格上本来はありえないはずだが、下克上、幕僚専制の風潮が横溢していたこの時期には必ずしも珍しくなかった。

長はそのなかでも別格の暴れ者で、南京戦線でも粗暴、奇矯な振舞いが目立った。頭山満（右翼の巨頭）から贈られた陣羽織を着て馬にまたがり、従兵に旗差物を持たせて濶歩する姿を目撃した人もいるくらいで、命令違反や捕虜虐殺も、彼を知る人の間では「長ならやりかねない」とうなずく人が多い。

そこへ山田支隊は十九日に浦口へ移動せよ、との命令が届く。支隊長もかばいきれず、捕虜たちの運命は決った。

山田メモには、

「十八日　捕虜の件で精一杯。江岸に視察す

十九日　捕虜の件で出発は延期、午前総出で始末せしむ。軍から補給あり、日本米を食す

二十日　下関より浦口に向う。途中死体累々たり。十時浦口に至り国東〔崎〕支隊長と会見」

と簡潔にしか記されていないので、捕虜の「始末」が実行された日時ははっきりしないが、十七日夕方に補充兵として着隊した大寺隆上等兵（7中隊）の次のような日記から判断すると、十七日夕方から夜にかけてだったと思われる。

「十八日　今朝は昨日に変る寒さ、風は吹く、小雪は降る。整列は〇八三〇。後藤大隊長、矢本中隊長の訓示の後、各分隊に分かれる。午后は皆捕虜兵の片付に行ったが、オレは指揮班のため行かず。

昨夜までに殺した捕虜は約二万、揚子江岸二か所に山のように重なっているそうだ。七時だがまだ片付隊は帰って来ない。

長　勇

十九日　午前七時半、整列にて清掃作業に行く。揚子江岸の現場に行き、折重なる幾百の死骸に驚く。今日の使役兵師団全部。石油をかけて焼いたため悪臭甚だし。午后二時までかかり作業を終る」

捕虜の大群は、田山大隊の兵士たち(百数十人)に護送され、上元門付近の仮収容所から四列縦隊で長蛇の列を作って江岸まで五キロ以上の道のりを歩いた。数時間かかって江岸に到着したときは日も暮れかかっていた。柳の木が点々としている川原で、少し沖に大きな中洲が見え、小型の舟も二隻ほどいた、と栗原利一伍長は回想する。捕虜たちは対岸または中洲に舟で運び、釈放すると聞かされて、おとなしく行軍してきたのだが、ここに至って異様な空気に感づいたと思われる。

一人の捕虜が監視役の少尉の軍刀を奪ったのがきっかけになってか、連隊史が記すように渡江中に対岸の中国軍に撃たれたせいか、大混乱となり、機関銃と小銃が火を吐いた。集団脱走とも暴動ともつかぬ殺戮は一時間以上もつづき、夜が明けたあとには二千〜三千の捕虜の死体がころがり、「処刑」した方の日本軍も将校一、兵八人が混乱に巻きこまれて死んだ。

現場は下関の下流で八卦洲という大きな中洲と向きあい、中国側が草鞋峡とか燕子磯と呼ぶ江岸のあたりで、中国側が五万人前後の「大虐殺」があった地点として従来から指摘しているところである。つまり概略の地点だけは日中双方の主張が符合するが、その他の細部は食いちがいが多く、事件の本質について関係者の間でも解釈が分れている。これらの疑問点を箇条的に整理してみよう。

〔1　現場は一か所か二か所か〕

中国側の証言を集めた『証言・南京大虐殺』には、「十二月十八日、草鞋峡における五七四一八人の殺害」と「日付不明、燕子磯（中洲をふくむ）における三万または五万人の殺害」（いずれも対象に難民をふくむ）が併記されている。二件とも東京裁判では訴追されず、生存者が少ないせいか、輪郭がはっきりしない。おそらく同一の事件つまり山田支隊の事件を指すと思われるが、江岸と内陸部の凹地の二か所だったという不確実な情報もある。断定できないが、日本側の関係者は一か所だったはずと主張している。

〔2　殺害した人数〕

日本側関係者の間では、捕虜のほぼ全員という点では一致するが、江岸への連行＝殺害数は五千～六千（栗原）、二千（星俊蔵軍曹）、千～三千人（平林少尉）とまちまちで、一万数千や八千人との差は不明のままである。連行中に逃亡したり、泳いで中洲に逃れた者もいるというが、確実ではない。

〔3　計画的殺害かハプニングか〕

この「暴動」が「釈放」の「親心」を誤解した捕虜の疑心から起きたのか、実は「処刑」を計画した日本側のトリックを感づかれて起きたものか、は微妙なところである。

上海派遣軍参謀副長上村利道大佐は、二十一日の日誌に、「N大佐（注：西原一策大佐か）より聞くところによれば、山田支隊捕虜の始末を誤り大集団反抗、敵味方共に機銃にて撃ち払い散逸せしものかなりある。下手なことをやったもの」と書いている。

どちらともとれる微妙な言いまわしである。山田支隊関係者の多くはハプニング説をとるが、もし釈放するのならなぜ昼間につれ出さなかったのか、後手にしばった捕虜が反乱を起せるのか、について納得の行く説明はまだない。

両角連隊長の子息に当る両角良彦氏が書いた『東方の夢』に、ナポレオンがシリア遠征時に、師団長の反対を押し切って、三千人の捕虜を虐殺した話が出てくる。空腹の捕虜たちはトリックで海岸へつれ出され、海中へ逃げ出したのを銃撃で皆殺しにしたというから、状況としては瓜二つである。

ともあれ、この捕虜の〝反乱〟が、南京アトローシティで最大級の惨事であったことに変りはない。

〔第十軍―第六師団〕

全軍が城内突入

南京戦で上海派遣軍の攻撃正面を大手とすれば、からめ手を担当した第十軍の主力（第六、第百十四師団基幹）は、十二月十一日激戦ののち雨花台の堅陣を抜いて翌日、南京城南側の城壁に迫った。中華門正面が最後の攻防戦の焦点であったが、守備軍の抵抗は午後に入ると急速に弱まり、西南角を攻撃した第六師団の決死隊は十二日正午すぎ一番乗りの日章旗を立て、夕方から夜にかけ各隊は数か所の破壊口から登って城壁を占領した。

この状況を見た第十軍司令官は、十二日午後六時翌日の掃蕩行動について、次のような「丁集作命甲号外」を発令した。

一、敵ハ南京城内ニ於テ頑強ニ抵抗ヲ続ケツツアリ
二、集団ハ南京城内ノ敵ヲ殲滅セントス
三、丁集作命甲第五十六号第九項ノ制限ヲ解ク
四、各兵団ハ城内ニ対シ、砲撃ハ固《もと》ヨリ有ラユル手段ヲ尽シ敵ヲ殲滅スベシ
之ガ為要スレバ城内ヲ焼却シ特ニ敗敵ノ欺瞞行為ニ乗ゼラレザルヲ要ス
五、集団ノ掃蕩区域ハ共和門―公園路―中正街―中正路―漢中路ノ線（含ム）以南トシ、以北ハ上海派遣軍ノ担任トス
（池谷史料）

引用されている「丁集作命甲第五十六号第九項」は、各師団の城内進入兵力を各一個連隊だけ

とし、主力は城外に待機させる主旨の指示であった。その制限を解いて、軍主力を投入し、しかも南京を火攻めにしても残兵を掃蕩せよ、というもので、城外西方を下関に向けて北上した歩四五連隊を除き、ほぼ全軍が城内へなだれこむ。上海派遣軍との地境も無視され、たとえば歩二三連隊の一部は、漢中路を越えて清涼山または五台山から下関近くまで北上している。

すでに敗残兵の大部は城内北部へ後退していたので、組織的抵抗はほとんどなく、火攻めの必要もなかったようだが、最左翼を北上した歩二三連隊第三大隊（長、河喜多藤喜少佐）は、午後二時ごろ漢中路付近で、請願文書を持参した国際難民区委員会のラーベ委員長、フィッチら三人の外国人と出会った。

難民の保護と武装解除した便衣兵を捕虜として収容されたい、というのが請願の主旨であったが、委員会の記録によると、日本軍の隊長は翌日来るはずの特務機関に交渉せよ、と答え、軍司令部への取りつぎを断わったという。

このとき委員の周囲にはかなりの数の避難民が集まっていて、『熊本兵団戦史』は、「大隊長は宣教師と協議し、その集団の外周を兵をもって警戒し、外部との交通を遮断して避難民を安全に保護した」と述べているが、フィッチの日記では、「日本軍部隊の出現に驚き、逃げようとする難民二〇人を殺した」という。

翌十四日夕方、中華門外にいた第十軍司令部は、市内の上海商業儲蓄銀行へ司令部を移したが、十五日付の方面軍命令により杭州攻略などの新任務につくこととなり、入城式、慰霊祭をすませて十九日湖州へ移った。第百十四師団も十七日頃から逐次城外へ移駐、第六師団は十六日以降逐次蕪湖方面へ移ったが、歩二三連隊や直轄部隊の一部は正月まで城内に残った。

第十軍の各部隊は、第九師団や第十六師団のように大規模な掃蕩作戦や便衣兵摘発などの任務には当っていないが、その代り小規模な非軍紀行為が多発したようだ。

十二月二十日付で、丁集団参謀長から指揮下各部隊にあてた「杭州占領ニ伴フ秩序維持及配宿等ニ関スル件」（丁集参一第一四五号）に、「掠奪、婦女暴行、放火等ノ厳禁ニ関シテハ屢次訓示セラレタル所ナルモ、本次南京攻略ノ実績ニ徴スルニ、婦女暴行ノミニテモ百件ニ上ル忌ムベキ事態ヲ発生セルヲ以テ、重複ヲモ顧ミズ注意スル所アラントス」とあるところを見ても、かなり乱脈だったことがわかる。

個々の実態については、創価学会青年部反戦出版委員会が編集した『揚子江が哭いている』が、実名、仮名をとりまぜた第六師団兵士の告白的証言を収録している。

捕虜の殺害も各所で起きたらしいが、十六日、蕪湖へ向かう途中の歩一三連隊が捕えた「一千名以上の敗残兵」（萩平昌之大尉手記）を、中華門外で集団射殺したシーンについては、児玉房弘上等兵（第二大隊機関銃中隊）の次のような証言がある。

「山上に重機関銃を据え付けると、ふもとのくぼ地に日本兵が連行してきた数え切れないほどの中国兵捕虜の姿。そこに、突然『撃て』の命令。……『まるで地獄を見ているようでした。血柱が上がるのもはっきりと分かりました』」（『毎日新聞』昭和五十九年八月十五日付）

なお第六師団の行動では、中国側から大虐殺としてとりあげられている上河鎮付近の戦闘と、下関で獲得した捕虜の処理問題を究明しておく必要があろう。

上河鎮から下関へ

第六師団主力が雨花台で激戦をつづけていた最中の十二月十日、最左翼の歩四五連隊は、南京城西側の湿地帯を突破して、下関へ進撃する任務を与えられ、左側に第三、右側に第二大隊を並べて北上した。

『歩兵第四五連隊史』によると、上河鎮に向かった第三大隊（長、小原重孝少佐）の左側支中隊（第11中隊長大薗庄蔵大尉以下約二五〇人）は、揚子江岸沿いの堤防道を前進中、夜が明けかけた十三日午前六時半頃、新河鎮部落付近で霧の中を南下してきた敵の大縦隊と衝突、白兵戦を展開、激闘は十時半頃まで四時間もつづいた。

兵力比は日本軍が一〇対一以下の劣勢だったが、大薗中隊長は、「敵は城内からの脱出兵だ、戦意は失っているから、落ちついてやれ」（浜崎富蔵日記　十二月十三日）と部下を督励し、結局中国軍は「二三七七人」（赤星昂『江南の春遠く』）の死体を残し、残兵は揚子江に飛びこんだり、貯木用の筏で逃げようとして掃射され、四散した。支隊も大薗大尉以下一六人が戦死、三六人が負傷している。

この戦闘に参加した高橋義彦中尉（配属の独立山砲兵二連隊付）は次のように述べている。

「砲兵は全部零距離射撃の連続で……遂に白兵乱闘の状況となった。当初は軍官学校生徒が第一波で、さすがに勇敢で我々を手こずらせたが、第五波、六波ごろからはやや弱くなった。九時頃からの突撃部隊はヘッピリ腰の民兵で、その半数は督戦隊である彼等の味方から殺されていた。江岸の膝を没する泥濘地帯も、死体が枕木を敷きつめたように埋められ、その上を跳び或は這いずり廻って白兵戦が続いた」（『偕行』シリーズ(6)）

中国側の戦史に照合すると、この中国兵の大集団は城内から水西門付近を経て脱出した第七十四軍団（六千人）だったと推定される。

同じ頃、右側の第二大隊は、江東門を経て三汊河（下関の南方一・五キロ）南方へ前進したが、ここでクリークをめぐらせた部落や工場にたてこもり、背水の陣で抵抗する中国軍を攻撃、夕方になって突破し、敗兵は下関に退却した。「クリークは長さ四十〜五十メートルにわたり全く敵の屍体をもって埋められ、これを踏んで渡るぐあいだった」と大隊長成友藤夫少佐は書いている（「追憶」）。

十四日は早朝から進撃を再開、抵抗なしに下関へ到着すると中国兵が広場一杯に溢れている。

ことごとく丸腰であった。前日、上河鎮で退路を阻止され、逃げ戻った兵が主体ではなかったか、と思われる。成友第二大隊長の回想記をもういちど引用しよう。

「幹部らしいのを探しだして集合を命ずると、おとなしく整列した。その数五、六千名。……そこで『生命は助けてやるから郷里に帰れ』といった。……折から連隊から江東門に下がって宿営すべき命令に接したので、第十六師団に後を申継いで後退した」

この大量の捕虜がどうなったか、久しく疑問とされてきたが、最近になって本多勝一氏が、生き残りの一人らしい劉四海二等兵とインタビューしたこと（『南京への道』⑰）から見当がつくようになった。八十七師所属の劉は、雨花台から南京城内を南北に縦断して下関まで脱出したが、中国人らしい通訳が、「降伏せよ、降伏すれば殺さない」と叫んだので、帽子を逆にかぶって投降したという。その数は一万人より少ないが「数千人」の単位で、一か所に集められ、馬に乗ってヒゲが両耳からあごの下三〜四センチまで垂れた隊長（中国語のできる山本隼人大尉か）から「釈放する。故郷へ帰れ」と訓示を受けた。

そこで、捕虜たちは、白旗をかかげてそれぞれの故郷へ向けてばらばらに出発した。劉二等兵も安徽省へ行く四〇〜五〇人の一団に入り、三汊河をへて江東門まで来たが、途中で刺殺された兵士・老人・女性の死体を多数見たという。そのうちに劉グループは江東門近くの模範囚監獄前で出会ったほぼ同数の日本兵に捕まり、銃剣と軍刀で皆殺しにされ、重傷を負った劉はかろうじて脱出した。

前田吉彦少尉（第二大隊第7中隊）の日記には、下関から来た丸腰の捕虜百人（一説には千人）が十四日午後、江東門で監視兵とトラブルを起して殺された事件が記され、劉の体験と一致する。小原第三大隊長は激怒したが、あとのまつりで、「折角投降した丸腰の俘虜の頭上に加えた暴行は何とも弁解できない」との感想がつづいている。第二大隊が釈放した捕虜を第三大隊が殺してしまう皮肉な結果になったのだが、似たような事件はほかにもいくつかあったらしく、果して何人の釈放捕虜が故郷まで帰れたか疑問の出るところだ。

別の例では、水西門付近に宿営していた歩二三連隊宇和田弥市上等兵（1中隊）の日記（十二月十五日）にある、「今日逃げ場を失ったチャンコロ約二千名ゾロゾロ白旗を掲げて降参する一隊に会ふ。老若取り混ぜ、服装万別、武器も何も捨ててしまって大道に蜿々ヒザマヅイた有様はまさに天下の奇観とも言へ様。処置なきままに、それぞれ色々の方法で殺して仕舞ったらしい」（『朝日新聞』昭和五十九年八月五日付）とか、「二百近い敗残兵が投降してきたのを、二十五人で引きつれて歩兵に渡すと〝捕虜をつれて戦ができるか〟と一喝され、数日後に皆殺しにしたと聞かされた。その前日にも三百人近い敗残兵や住民を機銃で射殺したという。老農夫をなぐり殺したシーンも見た」（『揚子江が哭いている』）という野砲六連隊分隊長の回想は、下関の釈放捕虜の運命に関わる見聞だった可能性が高い。

〔第十軍―第百十四師団〕

捕虜は全部殺すべし

第六師団と並んで南京城の南面を攻めた第百十四師団は、宇都宮で編成された特設師団で、歩兵第一二八旅団（歩一五〇、一一五連隊）、歩兵第一二七旅団（歩六六、一〇二連隊）と特科部隊から構成されていた。歩六六の例で見ると定員二九〇九人、平均年齢三十七歳の召集兵が主力で、幹部でも現役は連隊長、大隊長だけ、中隊長以下は全員が応召者だった。しかし満州事変に参加した歴戦の士が多く、戦闘力はほかの現役師団に比べ決して劣らなかった、と郷土部隊史の『野州兵団の軌跡』は強調している。事実、この師団は南京戦では雨花台の攻防戦で果敢な戦闘ぶりを見せ、五百人近い死傷者を出している。

歩一〇二連隊の手で雨花台上に日章旗がひるがえったのは十二月十二日午後二時で、退却した中国兵は中華門から城内へ逃げこみ、門を固く閉じた。逃げおくれた敗残兵は、門外に散在する部落にたてこもり抵抗したが、歩六六連隊第一大隊が突入して三時間近い白兵戦ののち、抵抗をあきらめた敵は白旗をかかげて降伏した。

第一大隊の戦闘詳報によると、最初の捕虜を伝令に使って、「投降すれば助命する」と伝えた

中華門外で歩66連隊が捕えた捕虜（同連隊アルバム帖）

ところ、ぞろぞろと出てきたもので、総数は一三五四人を数えた。この捕虜は蔣介石直系の八十八師らしく、「装備良、手榴弾豊富」で、雨花台の猛抵抗もさぞかし、と思われたが、目撃した藤沢藤一郎上等兵の回想では、半数以上が民兵だったらしいという。

夕方までに城門外の掃蕩を終えた師団は、翌朝に一部を城内に突入させる配置をとったが、前に記した第十軍の方針変更で、主力をあげて城内掃蕩に当ることとし、十三日朝、歩一〇二連隊を先頭に各隊は次々に中華門から進入した。

すでに城壁守備の中国兵はほとんど後退していたので、本格的な戦闘はなかったが、敗残兵狩りで相当数の捕虜を得た（歩六六だけで三百余）。掃蕩行動は十三日中にほぼ完了し、師団の各隊は城内東南地区に宿営するが、この間に捕虜の上に苛酷な運命が見舞う。

彼らは中華門東南方の洋館や近くの凹地に収容され、「其ノ食事ハ捕虜二〇名ヲ使役シ、徴発米ヲ炊爨《すいさん》セシメテ支給セリ……食ニ飢エタル彼等ハ争ッテ貪食セリ」（歩六六連隊第一大隊戦闘詳報）と、とりあえずは好遇されたかに見えた。ところが、城外警備を命ぜられ、監視に当った渋谷仁太第一大隊長代理から上部へ方針を問い合わせると、返事がすぐには来ない。

「郷土部隊奮戦記」（『サンケイ』栃木版　昭和三十八年）によると、問い合わせは山田連隊長から秋山旅団長へ、さらに末松師団長へとリレーされたのち、十三日午後になって処分命令が届く。大隊の戦闘詳報はその経過を次のように記す。

「午後二時零分聯隊長ヨリ左ノ命令ヲ受ク

左記

イ、旅団命令ニヨリ捕虜ハ全部殺スベシ、其ノ方法ハ十数名ヲ捕縛シ逐次銃殺シテハ如何

〈ロ、ハ（略）〉

午後三時三十分各中隊長ヲ集メ捕虜ノ処分ニ付意見ノ交換ヲナシタル結果、各中隊（第一、第三、第四中隊）ニ等分ニ分配シ監禁室ヨリ五十名宛連レ出シ、第一中隊ハ露営地南方谷地、第三中隊ハ露営地西南方凹地、第四中隊ハ露営地東南方凹地付近ニ於テ刺殺セシムルコトトセリ（中略）、各隊共ニ午後五時準備終リ刺殺ヲ開始シ概ネ午後七時三十分刺殺ヲ終レリ　聯隊ニ報告ス

第一中隊ハ当初ノ予定ヲ変更シテ一気ニ監禁シ焼カントシテ失敗セリ、捕虜ハ観念シ恐レ

ズ軍刀ノ前ニ首ヲ差シ伸ブルモノ、銃剣ノ前ニ乗リ出シ従容トシ居ルモノアリタルモ、中ニハ泣キ喚キ救助ヲ嘆願セルモノアリ、特ニ隊長巡視ノ際ハ各所ニ其ノ声起レリ」

刺殺に参加した一兵士は、この日の日記に次のような鬼気せまる記事を残している。

「午後五時、南京外廓にて敵下士官兵六名を銃剣を以て刺殺す。亡き戦友の敵《かたき》をとった。全身返り血を浴びて奴ののど笛辺りをつきたるや、がぶ（ママ）血をはいて死ぬ。背中と云はず腰と云はず、刺して刺して刺しまくり、死ぬるや今度は火をつけてやる。中に、ウナリ乍《なが》ら二、三尺はい出すのがある。生温い血が顔にははねる。

手を洗はず夕食を全く久し振りで食べる」

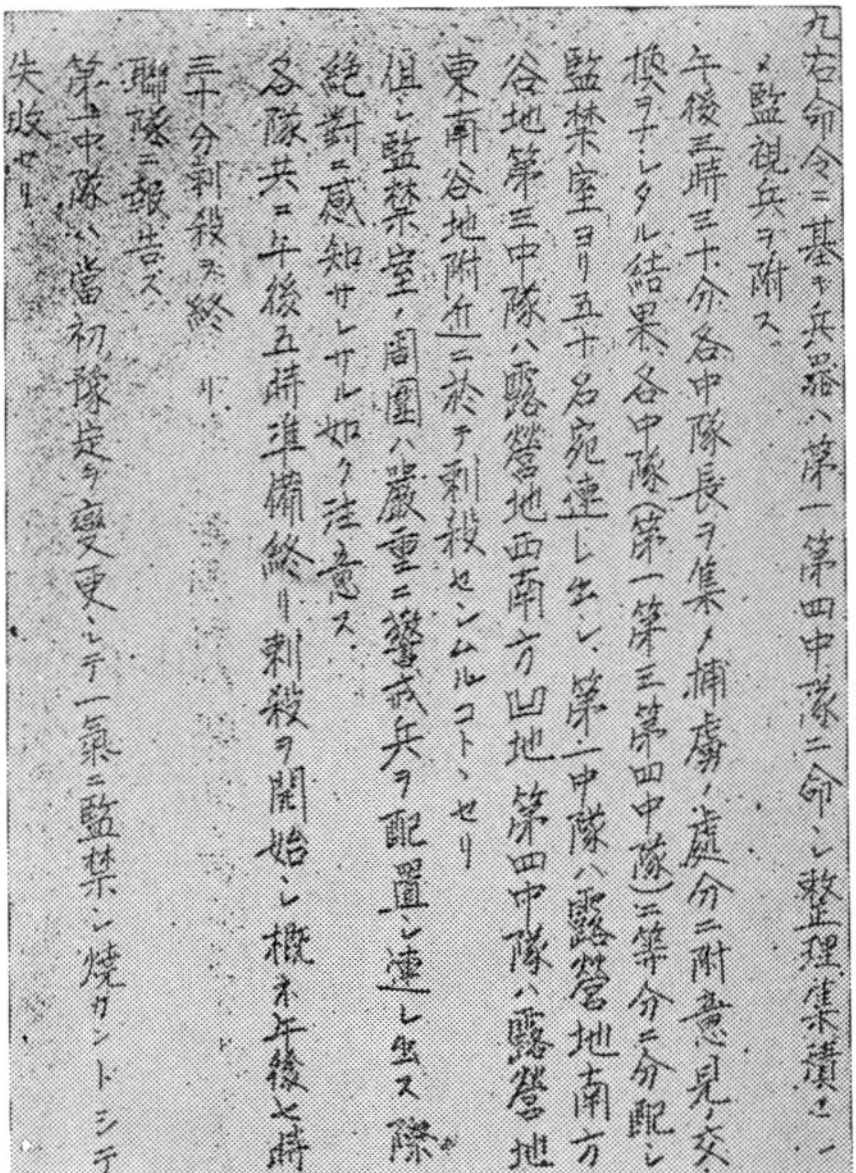
九右命令ニ基キ兵器ハ第一第四中隊ニ命シ整理集積セシ
メ監視兵ヲ附ス
午後三時三十分各中隊長ヲ集メ捕虜ノ處分ニ附意見ノ交
換ヲナシタル結果各中隊(第一第三第四中隊)ニ等分ニ分配シ
監禁室ヨリ五十名宛連レ出シ第一中隊ハ露營地南方
谷地第三中隊ハ露營地西南方凹地第四中隊ハ露營地
東南谷地附近ニ於テ刺殺セシムルコトヽセリ
但シ監禁室ノ周圍ハ厳重ニ警戒兵ヲ配置シ連レ出ス際
絶對ニ感知サレサル如ク注意ス
各隊共ニ午後五時準備終リ刺殺ヲ開始シ概ネ午後七時
三十分刺殺ヲ終リ
聯隊ニ報告ス
第一中隊ハ當初ノ豫定ヲ變更シテ一氣ニ監禁シ焼カントシテ
失敗セリ

歩66連隊Ｉ大隊の戦闘詳報（12月13日の部分）

捕虜の処分を終えた第一大隊は、十三日夜九時本隊を追って城内に入り、その後は掃蕩任務も課せられず、数日休養して十九日新任地へ向かう。師団はすでに湖州地区の警備任務を指示され、入城式と慰霊祭に参列する選抜隊を除き、主力は十六日から南京を離れつつあった。

第百十四師団でも、歩六六以外の部隊については、確実な記録がないため明確を欠くが、やはり若干の捕虜を処刑した話が伝わっている。

谷第六師団長の軍事裁判に提出された三百件以上の残虐行為は、殺害だけで一万を越え、場所は雨花台と中華門内外に集中している。かなりの数的誇張はあり、戦闘行動との混交もあろうが、場所的には百十四師団の行動区域に当っている。今後の解明を要す問題点の一つであろうか。

第六章　検　証——南京で何が起きたのか（下）

中支軍の再配置

第五章では、南京占領直後の約一週間を対象とするアトローシティの態様を、部隊別に検証したが、本章では、後半期すなわち十二月下旬から翌年春の終結点に至る全体の経過をたどることにする。

まず、南京を中心とする日本軍の主要な動きを見ておこう。すでに断片的に触れたように、中支那方面軍は、南京総攻撃の前から首都占領後の追加的作戦と指揮下部隊の再配置を検討し、必要な準備命令も発していたが、南京地区の掃蕩作戦が一段落した十二月十六日頃から各部隊は新配置に向かう移動を開始した。第十軍主力は、杭州占領作戦を実施するため反転、ほとんど無抵抗で十二月二十四日杭州を占領、南京—蕪湖間の要地に分散駐屯して次期作戦を待った。

上海派遣軍では、第十三師団が津浦線に沿う北上作戦に移ったが、第百一師団は上海地区、第九師団は蘇州地区、第三師団は鎮江地区、天谷支隊は揚州地区に分散駐屯しつつ警備態勢に入り、南京地区には第十六師団と若干の軍直属部隊が残った。市内の治安状況も逐次回復し、元旦には中支那方面軍特務部の指導で、おくればせながら住民代表による自治委員会が結成され、市政府の役割を事実上代行していた国際難民区委員会から行政責任を引き継いだ。

それまでの三週間、国際委員会は、南京特務機関（長、佐方繁木少佐）や十二月十四日から復帰してきた日本総領事館（総領事代理は福井淳領事）を交渉の窓口として、難民の保護をめぐり続発する山のような諸案件と取り組んでいた。当時の南京市民はほとんど全員が難民のようなものだったから、対象は難民区に限らず、全市民に近いと言ってよかった。そして扱う分野も、食糧の確保、病人の治療から警察、消防、公共事業の運営に及び、ラーベ委員長ら外国人チームの役割は米軍占領下の日本政府に似ていた。

彼らがもっとも忙殺された仕事は、日本兵の暴行から難民をいかにして守るかにあった。それは四百件、一千ページを越える委員会の抗議文書を見るだけで察しがつく。これだけの仕事量は、単なるクリスチャン的博愛や使命感だけでこなせるものではなく、長年の経験に裏打ちされた知的能力とチームワークの成果と言ってよい。

正月以後も、国際委員会は「統治する能力も……自信もない」（「一ドイツ人の見聞記」）行政能力の低い自治委員会を肩代りして、精力的な救援活動をつづけた。とくに日本兵の非行摘発は、一月上旬に復帰してきた米大使館などの外国代表部に窓口を切りかえ、外国政府→日本外務省→陸軍中央部→現地軍のルートを通じ圧力を加え、それなりの効果をあげた。

日本軍が、曲りなりにも「軍紀風紀の乱れ」を取締る努力を始めたのは、この種の外圧に刺激されてのことだった公算が高いからである。

ここで上海派遣軍が新配置への移動をほぼ完了した十二月二十四日に、南京で開催された「兵団長会合」で、各兵団長から朝香宮軍司令官に報告された各兵団の実情から、軍紀・風紀に触れた部分を飯沼日記より紹介しておこう。

「第九師団（略）

第三師団『御訓示の任務に努むると共に訓練、将兵の精神教育をなす』

第十三師団『軍紀風紀、皇軍精神より見て工合悪き掠奪行はる。特務兵（注：短期教育の輜《し》重《ちょう》兵）に特に多し。断乎として振作を図らんとす。江北に独立作戦後、放火が殆んどなく気分稍《やや》之に向ひつつあり』

第十六師団『軍紀風紀は概して良好なるも

第16師団司令部となった国民政府の建物

一般に粗放なるもの少からず、更に一段の緊縮を期せんとす……現地物資に依る主旨なるを以て本日迄不足なし。玆《ここ》三、四日は補充糧秣に依りあり』
天谷支隊『軍紀風紀十分ならざるも放火は無くなれり』」

兵団長クラスの上長への報告は、一種の勤務評定の場でもあるから、不名誉な話は出さず、当りさわりのない内容になるのが通例なのに、この報告内容は逆である。軍紀・風紀の乱れが日常化していて、百年河清を待つ気分だったととれる。あるいは、少しでも改善の方向に向かっている、と司令部を安心させる発言だったのかも知れない。

それに上海派遣軍の本質は占領軍というよりも野戦軍で、主たる関心は次期作戦行動に向いていた。占領地の統治よりも、上海・南京戦で消耗した人員と兵器を早く補充して、戦力を回復し充実することが優先したようだ。

とくに朝香宮軍司令官は次期作戦準備に熱心で、占領直後に、幕僚部へ計画案の作成を督励し、十二月二十二日には飯沼参謀長に徐州へ向かう北進作戦計画を提出させている。中支那方面軍も同様で、戦面拡大のための新規作戦の発動を中央部に働きかけていた。

したがって、南京城内の警備と軍政は十二月二十一日、南京地区西部警備司令官*に就任、城内粛清委員長（二十二日付）と宣撫工作委員長（二十六日付）を兼ねた佐々木到一少将に一任される形となった。

＊南京地区西部警備隊（歩三〇旅団、独立機関銃2大隊など）は主力を南京城内に、一部を江寧鎮、麒麟門、堯化門付近に配置、東部警備隊（歩一九旅団、騎二〇連隊など）は主力を湯水鎮に、一部を句容、淳化鎮などに配置した（中沢三夫資料）。

佐々木はかつて南京駐在武官の経歴を持ち『支那軍隊改造論』の著書もある中国通であり、適任者と見なされたのであろう。

ところが、この人選はとんでもないミスキャストであった。往年は、陸軍随一の国民党通とされ、その同情者でもあった佐々木は、いつの間にか熱烈な反蔣論者、中国人嫌いに変っていたのである。城内警備に関し、南京憲兵隊と特務機関、その他の軍直轄部隊を指揮下に入れ、第十六師団を実働部隊として与えられた佐々木は、すでにその必要はなくなったと思われるのに、苛烈な便衣狩りを再開した。

再開された便衣狩り

この第二次便衣狩りの目的について、佐々木は回想録のなかで、「城内の粛清は土民にまじる敗兵を摘出して不穏分子の陰謀を封殺するにあるとともに、我軍の軍紀風紀を粛清し民心を安んじすみやかに秩序と安寧を回復するにあった」と記し、「予は俊《マヽ》烈なる統制と監察警防とによって、概ね二十日間に所期の目的を達することができた」と自讃している。

つまり、(1)便衣兵の摘出、(2)日本兵の非行取締り、(3)市民の生活安定、を目的にかかげているのであるが、圧倒的な比重は(1)にかけられ、第九師団が城内を去った二十四日から「査問工作」が始まった。この査問は翌年一月五日に終り、「この日までに城内より摘出せし敗兵約二千……城外近郊にあって不逞行為をつづけつつある敗残兵も逐次捕縛、下関において処分せるもの数千に達す」という成果をあげた。

査問のやり方については、いくつかの証言がある。

たとえば、中沢第十六師団参謀長は東京裁判に提出した口供書で、「日支人合同で委員会を構成し、住民を調査することとした。その調査の方法は日支人立会の上、一人宛審問し又は検査し、委員が合議の上、敗残兵なりや否やを判定し、常民には居住証明書を交付した」(法廷証三三九八)と述べているが、師団副官宮本四郎大尉によると、「一人ずつ連れ出して真の避難民か、逃亡兵かを見分ける。多勢であるので書類づくり等は一切しない。兵隊は短ズボンが制服なので太股に日焼けの横線がある——紛らわしいのは逃亡兵の方に入れる」(「轍跡」)とニュアンスが変る。

見分け方の基準も、太股の線ばかりでなく手のタコ(銃を携行するとできる)、軍帽でひたいにできる日焼けの線、坊主刈りなどで判定した場合もあったようだ。その代り、婦女子が泣きついて、近所の住人だと証言したり、日本人新聞記者が、使用人の親族だからともらいさげを頼むと、放免する例もないわけではなかった。

第九師団の査問に比べると、査問委員会を作って師団参謀（主任は専田少佐）や司令部将校を当て、歩三八を中心とする選抜チームに補助させるなど、多少の改善は見られるが、識別法はあい変らず杜撰なものであった。

便衣兵と判定された中国人たちは、下関などで処刑されたが、この時期の処刑風景を何回か目撃した一人に、飛行第八大隊付（整備）の井手純二軍曹がいる。その手記の一部を紹介しよう。

「さていよいよ処刑が始まった。日本刀もあれば下士官用のダンベラを振りかざす者もいるが、捕虜はおとなしく坐りこんでいる。それを次々に斬って、死体を水面にけり落しているのだが、ダンベラは粗末な新刀だから斬れ味は悪い。

下関の江岸にたまった死体を流す日本軍工兵（上）と下関波止場に漂着した死体（井手純二氏撮影）

一撃で首をはねることができるのはかなりの名人で、二度、三度と斬りおろしてやっと首が落ちるのが大多数だが、念入りにやるのも面倒くさいのか、一撃して半死半生のままの捕虜をけり落していた。

傍まで行くと、四十歳前後のヒゲの応召兵が『戦友〇〇のカタキ討ちだ。思い知れ』と大声で怒鳴りながらダンベラをふるっている。

私に気がつくと

『航空隊の人よ。少し手伝って下さいよ。手首も腕も疲れた。頼みますよ』と言われたが、三十分近く見物したあとで胸が悪くなっていた私は……手を振って早々にその場を離れ去った」

（井手「私が目撃した南京の惨劇」）

この頃の処刑執行人は、南京占領前後に到着した軍直轄の後備歩兵大隊の兵が多く、井手軍曹が見た老兵も、その一人だったのだろう。

非違愈々多き如し

一方、査問に合格して、いわゆる良民証（居住証明書）を交付された市民は、約一六万人（老人、女、子供などを除く）とされたが、日本兵の暴行の方は一向に止まず、市民の恐怖は去らなかった。とくに難民区には二十一日頃から衛兵が立ち、憲兵も巡回するようになって、治安は回復しつつあったのが、査問が始まると、それに便乗して出入する兵士がふえ、放火、略奪、強姦などが増加した。

国際委員会の記録から日本大使館へ持ちこまれた苦情の例を見ると、実情が手にとるようにわかる。代表的なケースを少し抜き出してみよう。

▨一五〇号　十二月二十五日、日本兵が金陵大学の裏庭から二頭の水牛を盗んだ。（リッグス）

▨一五一号　十二月二十二日、二人の日本兵が金陵大学養蚕所で十三歳の難民の少女を強姦、止めようとした母親に傷を負わせた。他に二十八歳の婦人も強姦された。（警察官H・K・呉）

▨一六七号　十二月二十七日午後一時、五人の日本兵が漢口路小学に来て娘二人を連行しようとしたとき、幸いに憲兵が巡察に来て、三人を逮捕した。（岑難民収容所長）

▨一六九号　十二月三十日、イタリア大使館員某の住宅に来た日本兵が現金一〇〇ドルと娘二人をさらって行った。（スパーリング）

▨一七三号　一月一日午後、三人の日本兵が金陵女子大に入って一人が娘を追いまわし、ヴォートリン女史は強姦寸前の娘を救った。三人のうち、二人は憲兵だと自認した。（ヴォートリン）

▨一七八号　十二月三十日、日本軍将校の洗濯婦として連行された六人の婦人たちは、夜通し強姦され、若い一人は四〇回も強姦された。一月二日には鼓楼病院に来た婦人を日本兵が

つれ出し、体中を一〇か所突きたて殺害した。（ウイルソン）
▨一八五号　一月九日朝安全区内の山西路の東側で、日本軍将校一と日本兵一が平服の一市民を池の中に立たせ、三発で射殺した。合法的処刑は仕方ないが、飲料水を供給する池を汚すのは困る。（クレーガー、ハッツ）
▨一九二号　一月十六日、日本兵が数台のトラックで大学図書館に乗りつけ、労務者数人と料理女を六人出せと要求、差し出すと、兵士たちは女たちが年寄りすぎる、次に来るまでに若い女を用意せよ、と言って帰った。十七日将校二人を同道してやってきて、養蚕所から数人の男と七人の婦人を拉致した。（ベーツ）
▨三三九号　一月三十一日夜、店開きしたばかりの豆腐屋に四人の日本兵が来て水揚げ全部の二〇ドル余を奪った。
▨四二五号　二月六日、難民区から帰宅したばかりの三人の中国人男子と一人の婦人が百子亭の裏で日本兵に射殺された。（ラーベ）

こうした苦情と抗議は、国際委員会から日本大使館に持ちこまれ、福井淳領事、田中正一副領事、福田篤泰官補らは、「非常に不利な状況の下に出来るだけのことはしようと努めて居りましたが、軍部に対して非常に恐怖感を抱いて居りましたし、彼等の為した総《すべ》ては唯斯《こ》う云う報告を上海を通して東京へ伝達することのみ」（東京裁判のベーツ証言、昭和二十一年七月二十九日）しかできなかったようだ。

上海から出張してきた岡崎勝男総領事は、「事態はひどく悪化しておりました。軍隊は全く無統制でありました」（岡崎口供書　検証二七一）と述べ、ベーツ証言を裏付けている。東京の外務省には、制止を試みた福井領事の身辺が危いと伝わり、石射東亜局長は、一月六日の日記に、「南京に於ける我軍の暴状を詳報し来る。略奪、強姦、目もあてられぬ惨状とある。嗚呼これが皇軍か」と慨歎した（石射猪太郎『外交官の一生』）。東亜局の上村第一課長の部屋には南京の国際難民区委員会から届いた抗議報告や写真が山積みされ、「写真などは眼を覆いたくなるようなひどいもの」（上村伸一『破滅への道』）があったという。

同じ情報は、当然目抜きの首都飯店に陣どっていた上海派遣軍司令部に入っていたが、朝香宮軍司令官は超然としていたし、温厚な飯沼参謀長も幕僚たちも、強烈な個性の持ち主である中島師団長と佐々木少将には遠慮が働いたのか、断乎たる態度をとる意欲に欠けた。上村参謀副長は「軍隊の非違愈々《いよいよ》多き如し、2課をして各隊将校会報を召集し、参謀長より厳戒するよう三十日十時より実施と、南京慰安所開設について2課案を審議」と十二月二十八日の日記に記しているが、派遣軍もようやく慰安所の急設ぐらいではすまないことが判ってきたようだ。

見境のなくなった兵士たちが、外国公館に侵入して略奪するようになり、国際問題化したのにあわてた陸軍中央部は、広田外相の重ねての要請でようやく腰をあげた。

参謀総長の「戒告」

南京における日本軍の暴行は、早くから外務省ルートを通じて陸軍中央部にも伝わっていた。十二月二十二日の陸軍省局長会報に出た阿南惟幾人事局長は、「中島師団婦人方面、殺人、不軍紀行為は、国民的道義心の廃退、戦況悲惨より来るものにして言語に絶するものあり」（阿南資料）とメモに記している。しかし、陸軍は体質的に国際感覚が乏しい。外務省からつつかれても、多少の暴行は現地司令官の裁量事項だとして傍観していたが、予定していた広東を目標とする華南方面の上陸作戦を中止せざるをえなくなると、さすがにあわてた。

この上陸作戦は、台湾で臨時に編成した第五軍（第十一師団の一個旅団、重藤支隊を基幹）を使用して、十二月二十五日に決行する予定になっていた。ところが一時は日米開戦の風説さえ流れたパネー号事件の反響にあわてた海軍が、新たな刺激材料を作りたくないと、急に作戦中止を申し入れてきた。陸軍側は憤激したが、いかに強気の陸軍でも、海軍にさからって軍単位の上陸作戦を実施するわけには行かず、華南作戦は中止された。いずれ再挙するにしても、南京の非行を放置すれば、対外関係で動きにくくなると認識した陸軍中央部は、十二月二十八日、参謀総長と陸軍大臣の連名で、松井司令官に対し、「国際関係ニ関スル件」と題した要望電を送り、さらに一月四日付で大本営陸軍部幕僚長（閑院宮載仁親王）の名で、重ねて「軍紀風紀ニ関スル件」と題する要望を松井司令官にあてて送付した。*

＊　一月七日付で同文の要望が寺内北支那方面軍司令官にも届いている。

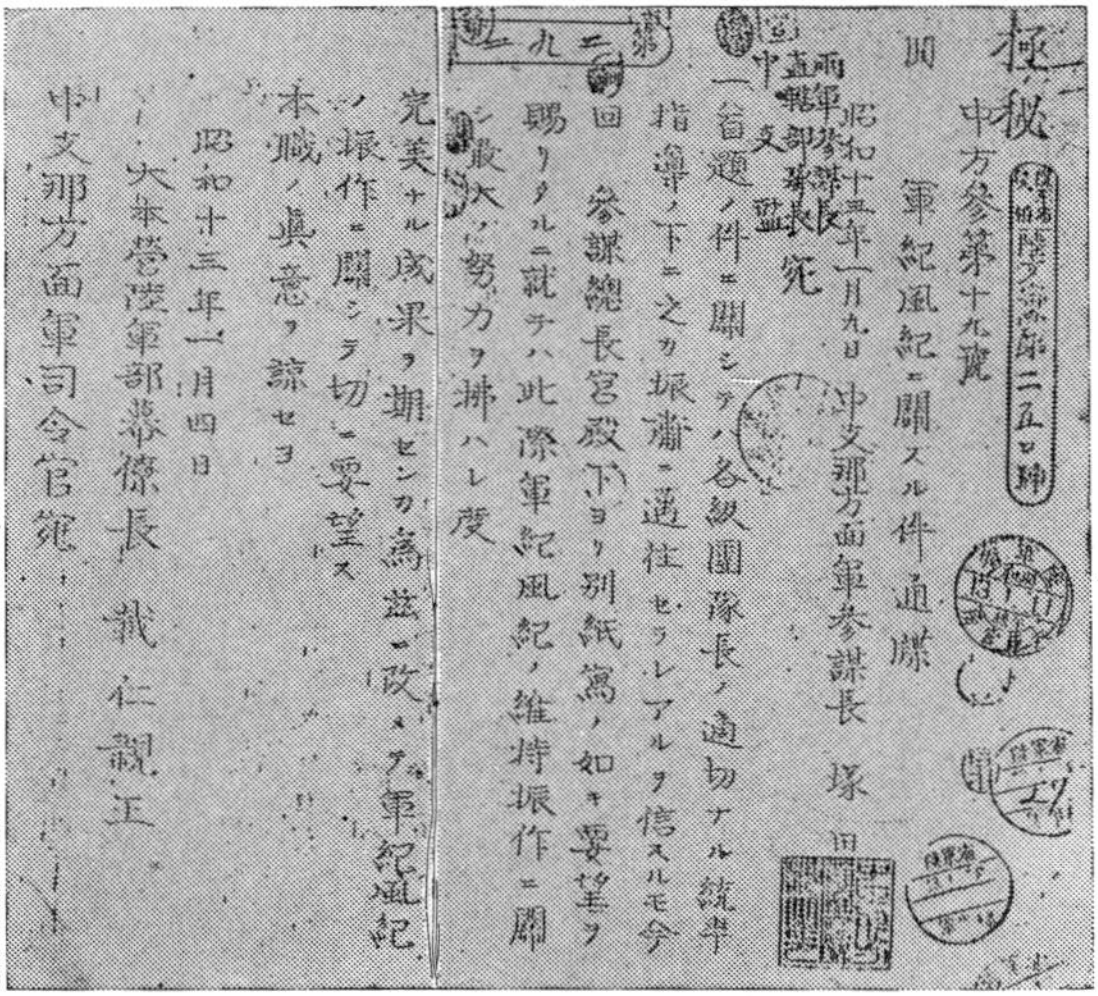
極秘
中方参第十九號
閲
軍紀風紀ニ関スル件通牒
昭和十三年一月九日　中支那方面軍参謀長　塚田攻
両軍参謀長
直轄部隊長
中支兵站監　宛
一、首題ノ件ニ関シテハ各級團隊長ノ適切ナル統率指導ノ下ニ之カ振粛ニ邁往セラレアルヲ信スルモ今回参謀総長官殿下ヨリ別紙寫ノ如キ要望ヲ賜リタルニ就テハ此際軍紀風紀ノ維持振作ニ関シ最大ノ努力ヲ拂ハレ度

完美ナル成果ヲ期センカ為茲ニ改メテ軍紀風紀ノ振作ニ関シ切ニ要望ス
本職ノ眞意ヲ諒セヨ
昭和十三年一月四日
大本営陸軍部幕僚長　載仁親王
中支那方面軍司令官宛

中支那方面軍司令官にあてた参謀総長の要望

要望の内容は同工異曲で、要するに国際関係もあり、軍紀・風紀の乱れを正すよう望んだものだが、天皇から親補された出征軍の最高指揮官が、天皇の幕僚長からこの種の要望を受けたのは異例で、事実上の「戒告」*に相当するといってよいだろう。

＊　陸軍懲罰令には戒告（正式には譴責）は将官に対しては適用しない、と規定されているが、参謀総長の松井司令官に対する「要望」を起案した河辺作戦課長は著書のなかで、「松井大将宛参謀総長の戒告を読んだ大将は『まことにすまぬ』と泣かれたと聞いた」（『河辺虎四郎回想録』）と書いている。

十二月末、勲功調査と軍紀・風紀の実情調査に出張した阿南惟幾人事局長*に、松井司令官が「涙ながらに東洋平和と人類愛を説き、あまりに果敢だった中島今朝吾十六師団長の統帥を非難された」（額田坦《ぬかだ》『史上最大の人事』）ことから、松井もまたこの「要望」を「訓戒」ないし「戒告」として受けとったのであろう。

＊一行は諫山春樹大佐（参謀本部庶務課長）、稲田正純中佐、額田坦中佐、荒尾興功大尉ら六人で、十二月三十日上海着、一月二日南京着、五日杭州へ、八日福岡着。

しかし、異例の「戒告」も、南京の現地部隊に対してはさほどの衝撃にならなかったらしく、むしろ開き直りの姿勢で受けとめた感もある。

たとえば一月二日南京に入った阿南人事局長一行が中島師団長をなじると、「捕虜を殺すぐらい何だ」（稲田正純氏談）と反論されているし、四日にやってきた青木企画院次長一行に、やはり中島が平然と、「略奪、強姦は軍の常だよ」と語るので、文官の手前、恥ずかしくなった、と案内役の岡田芳政大尉は回想している。

穏健派の飯沼上海派遣軍参謀長さえ、十二月三十日、松井の派遣した中山参謀が、近く各国大使館員も復帰してくるし、早く軍紀を立て直せと伝えたのに対し、その日の日記に「恐縮の他なし」と書きながら、「上海気分と南京は違う」と反発した。

それでも軍司令部は一応指揮下の各部隊に注意を流したらしく、歩九連隊の一兵士は、十二月三十一日の日記に次のように書きとめている。

「本日左の如く命令が会報に出た。

一、良民達を殺さぬようにする事

一、良民達の家屋内に無断にて立ち入る事を禁ず

一、良民達の物品又は其他の品々を領収することを禁ず」

（外賀関次日記）

会報（お知らせ）の程度で、どれだけ効果があったかは疑問だが、軍司令部も日本兵の外国公館侵害には閉口したらしく、あわてて口裏合わせの偽装工作にかかっている。大使館の番人から中国兵の仕業であるという一札をとり、弁明が困難な米大使館の侵害（二十三日と二十四日、自動車八台などの持ち逃げ、館員の中国人傭人の殺害）については、日本兵は敗残兵を追って進入したが、大使館とわかりすぐ退去した、という筋書にした。

ところが、十二月三十一日の深夜に、こんどはソ連大使館が火災を起し焼失した。飯沼も、最初は「自焼か？」と安心し、特務部の岡中佐を現場調査に派遣すると、隣接するソ連大使公邸に独立機関銃第二大隊笹沢中隊の伍長ら三人が押し入って食糧を徴発しているところへ出くわす。「今に到り、尚食糧に窮するのも不思議、且《かつ》大使館へ入り込むも全《まった》く不可解」と飯沼は首を傾げたが、こうなると自焼の推理も怪しくなる。

しかし、ソ連相手に事を構えては大変なので、ひそかに大隊長を戒告して、もみ消してしまうことにしたが、トラブルは年を越しても止まない。

アリソンvs天野中尉

そこへ、上海から各国大使館員が次々に南京へ帰ってきた。一番乗りは一月六日に米砲艦に乗って到着したジョン・アリソン三等書記官（John M. Allison）一行で、まず日本大使館と陸海軍の代表に挨拶している。国際委員会のアメリカ人委員から、「日本軍による中国人市民の無差別殺害と婦女暴行」の実態を聞いたアリソンは、直ちに「まだ日本兵に対する統制は不十分だが、最悪の時期は過ぎたと思われる」（米外交文書）と国務長官に報告した。

そして十五日にエスピー副領事がまとめた「南京の状況」と題する三一ページの報告書に、国際委員会の詳細な暴行記録を添付してワシントンへ送った。その後、アリソンは大使館の損害に関する補償と陳謝問題をめぐって、日本側と交渉を始める一方、南京市内に起きた不祥事を逐一、本国に打電する精力的な活動を見せている。

たとえば一月十八日には、「十五日と十八日正午の間に日本兵の米人所有建物への不法侵入が十五件あり、居住していた中国人女性十人（難民）が強制連行された。本日朝は日本兵が二台のトラックで米教会に入ってピアノ一台を持ち去り、その際、部屋の壁をこわした」と打電している。

こうした報告は、東京のグルー大使経由で、すぐに南京へはね返ってくるので、現地陸軍は閉ロしたが、そのうち、「アリソンは上陸するときに日本軍の統制に服すると約束したのに、日本軍の悪事を告げ口するのはけしからん」という反感が、現地軍のなかに高まってきた。そのせいかどうか、一月二十六日に、酔った日本兵にアリソンがなぐられる、という事件が発生した。

このニュースは米本土に伝わって世論の憤激を巻きおこし、ワシントンでは日本特産のシルク使用をボイコットするデモ行進が起きた。岡崎総領事が政府を代表して正式陳謝に来ることで決着するが、はからずも事件が、日本軍兵士のもっとも悪質な婦女暴行とからんでいたことが暴露されたので、事件の概要を紹介しておく。まずアリソンの回想録を引用しよう。

「ベーツとリッグスが来て、金陵大学内でリッグスが雇っていた二人の中国人女性が日本兵に連行され、一人は二時間後に帰ってきたが、三回強姦されたとのこと。私は日本の領事館警察官と憲兵を同行して、連行された場所を突きとめた。

すると赤い顔の大柄な日本兵が出て来て、英語で〝バック、バック〟と叫び、私とリッグスを平手打ちにして、リッグスのシャツを破った。同行の憲兵（注：石倉軍二憲兵伍長と通訳の杉本上等兵）は傍観していた。

そこへ将校が現れ、何やら叫ぶと、数人の兵が銃剣と小銃を持って飛び出してきたので、あきらめて日本大使館へ行き、中国人女性の釈放を要求した」

（*Ambassador from the Prairie*）

この事件に立ち会った派遣軍司令部の本郷忠夫参謀の報告と石倉軍二伍長の回想を照合すると、なぜアリソンが赤ら顔の大男に力ずくで追い出されたか、理由がはっきりする。問題の家屋は天野郷三予備中尉（歩三三連隊第8中隊長）と十数名の兵士の宿泊所で、かけつけた本郷大尉が天野の室に入ろうとすると、兵士たちが押しとどめる。無理に入ってみると、天野が女と寝台に寝ていて、隣室にも三、四人の女がいた。

問いただすと、天野は連日あちこちから女を連行しては、部下とともに強姦していたことがわかった。しかも彼は元来が陸士二十七期生の応召された弁護士で、部下には法学士もいたという。

さすがに愕然とした軍司令部は、華北へ転用され二十四日から南京を退去しはじめた第十六師団のうち、天野が所属する第二大隊（長、三浦俊雄少佐）の出発を中止し、憲兵隊を督励して取調べをやらせた。

結局、天野以下の十二名は軍法会議へ送致*されることになり、一月二十九日、ほかの数件とともに軍司令官の決裁を終ったが、この数件のなかには、強姦、傷害等のほか、略奪した自動車を売り払った一団もふくまれていた。

* 天野は禁錮刑を課せられ、旅順陸軍刑務所へ送られた。戦後、弁護士を再開、昭和三十九年没した。

この頃になると、憲兵は大幅に増員され、一月初めには定員約四百名の中支那方面軍憲兵隊（長、大木繁憲兵大佐）が編成され、監視網も強化された。しかし身内同士のうえ、とくにアリソン事件で察しがつくように、前憲兵司令官を長に戴く第十六師団に対しては遠慮が働いたようだ。それを象徴するのが次に述べる宮崎事件である。

例により言動面白からず

この事件は一月中旬、目に余る行動を発見した南京憲兵分隊長宮崎有恒大尉が、第十六師団の査問委員だった将校と通訳数名を逮捕して手錠をかけ連行したことに対し、師団側が反発し、参謀長を立てて軍司令部へ抗議してきたものであった。それ以前にも師団と憲兵が取締りをめぐって対立した件があったので、お互いに感情がこじれたものらしい。形式的には憲兵尉官は佐官以下の将校を取り調べる権限を持っていたが、兵科将校は憲兵将校を見くだす傾向があり、「統帥侵害、不敬事件」（木佐木師団参謀日記）とか、「非常識な越権行為、不都合な奴」（上村軍参謀副長日記）と反発した。

宮崎は、部下の石倉伍長が、「たとえ参謀といえども、軍紀を紊乱するものは容赦なく取締った」（石倉「南京大虐殺説の実証的考察と対応」）と書いた硬骨の士で、難民区で女を囲っていた軍司令部の少佐参謀を取り調べ、「和姦」と判定、説諭にとどめ帰隊させたこともあった。南京の高級将校にはほかにも女を囲う者が少なくなかったというから、師団ばかりでなく軍にとっても煙たい存在だったにちがいない。

結局は、宮崎大尉の転任という処置で片がついたが、軍も師団も本気で軍紀を粛清するつもりがなかったと言われても仕方がないだろう。

一方、軍司令部と十六師団の関係も円滑を欠き、上村大佐は「師団長が盛んに軍の悪口をつく。S少将（佐々木か）軍につっかかる」と不快の思いをかくさない。師団の華北転出が決り、その送別宴（一月十七日）で、佐々木の酒乱気味の言動に怒った朝香宮軍司令官が一喝する場面もあった。

中島師団長は、一月二十二日列車で南京を去って上海へ向かい、翌日新市街の音楽学校に位置する方面軍司令部に松井司令官を訪ねたが、この二人の関係もすでにこじれていたから、和気あいあいとは行かず、異様な空気となった。中島日記によると、松井の声が細いので、よく聞きとれなかったらしく、「モウ声量ガナクナッタノカ、或ハ小生ノ前ナレバ消極的声音ニナリタノカ、モットモ少シ顔ガ振レル様デアル」と毒づいている。

そのあと松井は思い切って軍紀問題を持ち出したが、中島は頭からはねつけた。応答ぶりを中島日記は次のように記録している。

「此男案内〔外か〕ツマラヌ杓子《しゃくし》定規ノコトヲ気ニスル人物ト見エタリ。次ニ国民政府（注：中島師団司令部の所在地）ノ中ノカッパライノ主人ハ方面軍ノ幕僚ナリト突込ミタルニ是ハサスガニシラバクレテ居リタリ。

家具ノ問題モ何ダカケチケチシタコトヲ愚須《ぐず》〳〵言イ居リタレバ、国ヲ取リ人命ヲ取ルノニ家具位ヲ師団ガ持チ帰ル位ガ何カアラン。之ヲ残シテ置キタリトテ何人カ喜ブモノアランヤト突パネテ置キタリ」

この暴言には松井も返すことばがなかったようだが、松井日記には「其云ふ所、例に依り言動面白からず。殊に奪掠等の事に関し甚だ平気の意見あるは、遺憾とする所、由《よっ》て厳に命じて転送荷物を再検査せしめ、鹵獲奪掠品の輸送を禁ずる事に取計ふ」（一月二十四日）とあるから、掠奪家具や骨董品の持ち出しは阻止するつもりだったのだろう。

しかし、翌年、この家具問題が兵務局や憲兵隊で摘発された事情を考えると、松井の手配は実行されなかった可能性が高い。

自然鎮火へ

さて、第十六師団が去ったあと、代って一月二十二日から南京の警備任務を引き継いだのは、第十一師団歩兵第一〇旅団（長、天谷直次郎少将）であった。

このとき第十六師団が残して行った「申継書」には、「二、軍内の軍紀風紀を厳正にせんがためには、警備司令官の区処権を厳格に行使し、方面軍、各軍直轄部隊の優越感を打破すると共に、通過軍隊の行動を監視すること必要」とか、「南京市内は漸く兵・民を分離し、概して民のみとなれり。将来更《さ》らに戸口調査を完了し、武器の捜索、押収と共に、出入者の監視を厳格ならしむれば、心配なきに至るべし」とか、「時々三、五の敗残兵を捕獲しつつあり。示威、徴発、行軍等の目的を兼ねて、不断実行せらるるを可とす」といった所見が見られる。

天谷がこの「申継書」をどの程度守ったかは判らないが、兵士の非行が依然つづき、取締りの目が完全に行き届いていなかったことはたしかである。たとえばアリソン書記官が二月十二日上海派遣軍へ、一月二十八日から二月一日の間に八九件の略奪・強姦があったと抗議してきた。そこで飯沼参謀長が憲兵隊に調べさせると、該当の事実は数件しか見つからなかった。憲兵隊が把握しうる非行は、依然として氷山の一角にすぎなかったのである。

それでも、国際委員会が認めているように、犯行は大通りからは姿を消し、奥まった裏通りに移って行ったようである。アリソンは二月一日に、日本から出張してきた参謀本部第二部長本間雅晴少将の主催した外交官向けの豪華なパーティに招かれた。和服姿の日本女性のお酌で、久々にロースト・ターキー、ハム、セロリ、スコッチ、ジンをふるまわれたせいでもあるまいが、「このパーティのあと事態は目立って改善され、日本兵は優雅になった」と回想している。

南京市内の秩序を測る何よりの尺度は、難民が自宅への復帰を望むかどうかにあった。国際委員会の第四九号文書（一月二十二日付）によると、市内の住民は約二五万で、その大半は安全を求めて難民区に住みついていた。正規の収容所には六万人（うち金陵大学付属中学に一万五千、旧交通部に一万二千）しか入れなかったため、残りは野宿に近い形でひしめいていたのだが、自宅があっても帰ろうとしない者がほとんどだった。

ところが、南京特務機関は一月二十八日国際委員会に対し、警報電話の設置、憲兵の監視強化、日本兵士の行動範囲を制限することなどを条件に、難民の全員を二月四日までに帰宅させるよう要求した。守らない者は軍隊の手で追い出す、帰る家のない難民は日本軍が準備中の新しい難民収容所に収容する、というのである。

これに対し、委員会は、「もし秩序が維持されるならば、住民は自発的に帰宅するであろう」（第五六号文書）と反対したが、特務機関は聞き入れなかった。こうして帰宅した難民は二月八日までに二万人に達したという。

その後も、日本兵の非行は止まなかったが、二月末までには何とか許容範囲の程度にまで治安は回復したようである。日本軍の非行に関するアリソン書記官の報告も、「南京の状況は著しく改善された。難民区の中国人が続々と自宅へ帰りはじめた」という二月十八日付の電報を最後に、米外交文書のファイルから姿を消す。

しかし、それは中国大陸における日本軍の蛮行が止んだことを意味するものではなかった。

第七章　三十万か四万か——数字的検討

まぼろし派と大虐殺派

すでに書いたように、南京事件は東京裁判いらい日中関係の変転を背景に、歴史学の対象としてよりも政治的イシューとして扱われる不幸な運命を担ってきた。それにマスコミの煽情主義と商業主義がからんで、混乱をさらに深めた観がある。別に「南京事件論争史」とでもいうべきジャンルをまとめる必要があるのかも知れない。

いわゆる「まぼろし派」と「大虐殺派」の論争を見ても、定義がはっきりしていないため、論点はさっぱりかみ合っていないように思える。洞富雄氏が「まぼろし化」と命名するきっかけを作った鈴木明『「南京大虐殺」のまぼろし』（文藝春秋　昭和四十八年）を読んでみると、鈴木氏が明確に「まぼろし」と断じているのは「百人斬り」伝説ぐらいで、全面的に日本軍の非行を否認しているわけではなく、一般的には肯定していることが判る。

つまり書名と内容が食いちがっているのであり、書名を『南京大虐殺にはまぼろしの部分もあった』とでもしておけば、誤解は避けられたかも知れない。文句なしの力作であるだけに惜しまれるところだ。

中国から「人だましの本」（『世界知識』一九八五年八月七日号）と批評された田中正明『〃南京虐殺〃の虚構』（日本教文社　昭和五十九年）も、同じく「羊頭狗肉」に近い。書名と、「本書を読んで、今後も南京大虐殺を言い続ける人がいたら、それは単なる反日のアジをやっている左翼と烙印を押してよいだろう」と言い切る渡部昇一氏の推薦文を見たそそっかしい読者は、やはり全部が「まぼろし」の空中楼閣だったのか、と早合点するだろう。

ところが本文を読んでみると、「一部の不心得の兵の紊乱」（八〇ページ）とか、「日本軍にも軍紀風紀の弛緩があり、掠奪・暴行・強姦など、この掃蕩戦前後に行われたであろうことを私は否定するものではない」（二八九ページ）など矛盾する記述が随所に出てくる。また「これだけの血なまぐさい大惨劇が連日行われたというのに、一二〇人もの従軍記者や特派員、カメラマンのだれ一人として目撃した者もおらず、噂すら聞いた者もいない」（二四一ページ）と書きながら、別の箇所では同盟記者前田雄二氏による捕虜処刑現場の実見談が登場してくるのである。

いったい誰が何人、不当な理由で殺されたら〃虐殺〃または〃大虐殺〃に当るのか、鈴木、田中両氏とも定義しないで、「まぼろし」だ、「虚構」だと論じるので、読者の頭が混乱してくるのではないか。

それに前田氏は「まぼろし派」の一人に入るらしいが、一方では同盟通信従軍記者班の結論として、虐殺数を三千人前後と推定している。三十万人、四十万人という中国側の主張に比べれば、百分の一以下だが、三千人はゼロとはちがう。三千なら〝大〟をつけるかは別として、立派な〝虐殺〟ではないか、と感じる人もいよう。

どうやら「まぼろし」とはゼロではなく、数千人の幅までふくむ概念らしいと推測されてくるが、「大虐殺」の概念の方もやはり問題がありそうだ。呼称の由来を当ってみると、事件を最初に報道した英人記者のティンパーリーは“Japanese Terror”（訳語は「日本軍の暴行」）と表現しているが、一般的には「南京アトローシティ」が使われたらしい。

日記に基づいて書かれた当時の外務省東亜局長石射猪太郎の回想録に、「私は当時から南京アトロシティーズと呼んでいた……」（『外交官の一生』三〇六ページ）とあるのが有力な裏付けになる。

しかし英和辞典を調べてみると、「アトローシティ」（atrocity）という英語は広く残虐行為を意味し、虐殺と同義ではない。虐殺には massacre という、より適切な英語があり、西洋史では「セント・バーソロミューの虐殺」や、アメリカ独立戦争の発端となった「ボストンの虐殺」（Boston Massacre）が著名だが、後者で殺されたのはわずか数名である。第二次大戦では数百万人のユダヤ人をガス室に送った「アウシュビッツの虐殺」や数千人のポーランド人青年将校を集団殺害した「カチンの森の虐殺」が知られている。

してみると、〝虐殺〟は、殺された人数の多少よりも、事件全体の性格、とくに組織性・計画性に関わる概念らしいと見当がつく。現在でも欧米ではアトローシティかレープを使うのが一般的で、ディック・ウイルソンの近著『虎が戦う時』（*When Tigers fight*）には Rape of Nanking とある。レープは法律用語としては「強姦」だが、広義では各種の「暴行」を意味する。

ついでに書くと、中国側では「(大) 屠殺」と呼んでいる例が多いようだが、これも〝虐殺〟にふくまれる組織性・計画性のニュアンスは稀薄である。

わが国の「大虐殺派」は「西のアウシュビッツ、東の南京」と好んで並べるが、この二つは本質的に別物と考えるべきだろう。

敗残兵狩りから捕虜処刑まで

本書では、無理に統一せず「南京事件」「南京アトローシティ」などを混用したが、アトローシティといっても、定義の仕方で幅が広がりもすれば狭まりもする。それに従って被害の規模も動くのに、従来はとかく事実関係の精査をなおざりにして、共通の基準なしに雑然と論じてきた傾向があった。

この傾向を転換させる契機になったのは、旧陸士卒業生などで組織する財団法人偕行社の機関誌『偕行』が、昭和五十九年四月号から約一年にわたって連載した「証言による南京戦史」シリーズであろう。その特徴は会員を中心とする参戦者の証言と戦闘詳報などの記録類を大規模に発掘整理した点にある。

利害関係者の作業という制約はあったが、このシリーズが南京事件の事実発掘（fact finding）に寄与した功績は大きい。そして総括部分で加登川幸太郎氏は、虐殺数を「三千乃至六千」とする畝本正巳氏の推定と「一万三千」とする板倉由明氏の概算を両論併記の形で示し、「中国人民に深く詫びるしかない。まことに相すまぬ、むごいことであった」としめくくった。

この総括には「まぼろし派」からの反発がかなりあったと聞くが、シロ、クロにかかわらず事実関係を洗い直し、事件を再構成するという方法論は、筆者も賛成である。本書も基本的にはこの方式を踏襲し、『偕行』シリーズとは別に収集した新証言や記録を加えて、第五章と第六章で主として事実関係の再整理に努めた。そこで本章では、対象と被害の態様に従い、次のように区分して分析を加えたあと、とりあえずの数字的結論を出してみた。

I　対軍人
〔a、敗残兵の殺害〕
〔b、投降兵の殺害〕
〔c、捕虜の処刑〕

〔d、便衣兵の処刑〕

II　対住民

〔a、略奪〕
〔b、放火〕
〔c、強姦および強姦殺害〕
〔d、殺害〕
〔e、戦闘に起因する死者〕

I　対軍人

〔a、敗残兵の殺害〕

主として追撃戦の局面で、敗走する中国兵の集団に大砲や機関銃火を集中して潰滅させた場合などで、正規の戦闘行為であるが、次のbとの差が紙一重であるため、中国側の統計では、「屠殺」に計上されている可能性が高い。

とくに南京落城に際して生じた敗残兵の数はかなり多いと思われるが、諸説あって正確な規模は見当がつかない。たとえば十二月十四日の松井大将日記には、「敗残兵の各所に彷徨する者数万に達するとの事なるも未詳」とある。その前後に相当数が掃蕩されたが、敗残兵狩りは一か月以上にわたってつづいた。

〔b、投降兵の殺害〕

戦意を失い、武器を捨てて、集団または個人で投降した中国兵をその場で殺害した例。代表的なのは、第十六師団右支隊長の佐々木少将が「俘虜ぞくぞく投降し来り数千に達す。激昂せる兵は上官の制止を聞かばこそ片はしから殺戮する」（十二月十三日の項）と書いているような情景である。

同じような例は、南京城内外の各所で起ったらしく、雨花台と中華門の中間でも似たような情況が見られた、と第百十四師団の永井武中尉（歩一〇二連隊第一大隊長代理）が回想している。部隊によっては、「捕虜をとるな」と上部から命じられていたので、制止したのは例外的で、投降兵の多くはその場で殺害されたのではあるまいか。

〔c、捕虜の処刑〕

投降兵の殺害には戦闘の延長と見られる要素もあり、リンドバーグの第二次大戦日記にも、米豪兵が日本の投降兵をその場で殺してしまうため、捕虜情報が取れなくて困った記事が出てくる。しかし、一度捕虜として受け入れ、管理責任を負った敵兵を正当な法的手続きを踏むことなしに処刑するのは、明白な国際法（交戦法規）違反行為であり、第二次大戦でも日本軍のほかにはあまり例がない。

南京アトローシティの捕虜処刑には、いくつかのタイプがあるが、山田支隊のような一万人前後の大量殺害はむしろ例外で、小集団の日本兵が数十人、数百人程度の捕虜を並べて斬刺殺したり銃殺する例が多い。

また南京陥落時に、城内の病院（と臨時病院）には相当数の中国傷病兵が収容されていた。これも捕虜の一種と見なせるが、彼らを目撃した証言はいくつかあるにもかかわらず、最終的にどう処理したかに触れた証言は見当らない。

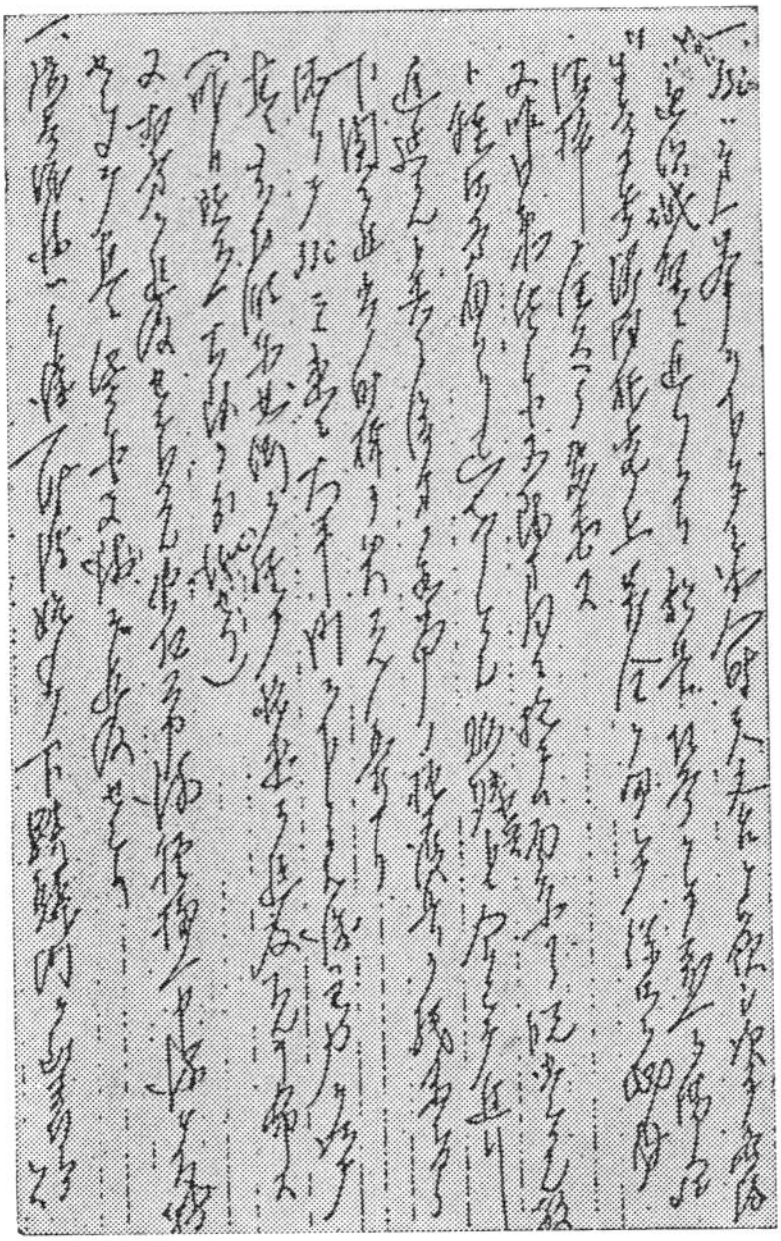

中島今朝吾日記（12月13日の部分）

日本軍特有の処刑法に捕虜の試し斬りがあった。満州事変の匪賊討伐で慣習化したようだが、新兵に戦場度胸をつけるには最適だった、と野砲三連隊の曽根一夫軍曹は、著書の『私記南京虐殺』に書いている。また歩三六連隊の山本武上等兵は、従軍日記（『一兵士の従軍記録』）に、数件の捕虜試し斬りを記し、とくに十二月十二日には、城外飛行場付近でとらえた二六名の捕虜を、後続の砲兵や輜重隊にせがまれて、試し斬り用に分配した、と記入している。

親補職の中島第十六師団長まで、内地からやってきた剣士に、愛刀で試し斬りさせた（中島日記　十二月十三日）ぐらいだから、この「悪習」がいかに日常化していたかが察せられよう。

〔d、便衣兵の処刑〕

軍服を脱ぎすてて民間人の服装に着がえ、市民の間に逃げこんだり、ゲリラ化する便衣兵（隊）は中国軍特有の存在だったが、一般市民との区別は簡単でなく、日本軍は手こずった。そこで便衣狩りと称して、疑わしい市民もろとも引き立て処刑してしまうことになる。いわゆる〝虐殺〟の過半は、南京入城式を前に治安の確立を焦った日本軍の荒っぽい便衣狩りの犠牲者ではなかったか、と筆者は推測している。

便衣兵の摘発に際しては、憲兵、通訳、中国人も加えて査問する建前になっていたが、実際には「良民ト便衣兵ノ区分困難ナリ」（歩三八連隊行動表）とか、「青壮年ハスベテ敗残兵又ハ便衣兵トミナシ」（歩六旅団の掃蕩要領）となってしまったようだ。

しかも上海派遣軍の延期要請にもかかわらず、入城式が十二月十七日に指定されたため、その前に摘発を終らせねば、という焦りが加わった。

これだけきびしくやっても、便衣狩りの網をくぐって脱出した中国軍将校はかなりいた。鶏鳴寺（上元門）の僧に化けた鈕先銘連隊長、イタリア大使館に逃げこんだ郭岐連隊長、米大使館で新聞記者にかくまわれた蔣公穀軍医は、いずれものちに体験記を出版した。またフィッチに助けられ、ラーベの秘書として難民区の事務所で働き、上海へ脱出した空軍大尉もいた。

皮肉なことに、便衣狩りを徹底しすぎて、警官、消防士、電気会社の技術者まで殺してしまったので、火事は消せず、電灯はつかずで、占領した日本軍の方も困りはてたという。

便衣兵は捕虜と異なり、陸戦法規の保護を適用されず、状況によっては即時処刑されてもやむをえない存在だが、だからと言って一般市民と区分する手続きを経ないで処刑してしまっては言いわけができない。しかも舞台は一国の首都であり、外交団が駐留する国際都市でもある。捕虜の処刑もそうだが、日本軍がまねごとにせよ、一切の法手続きを省略したのは理解に苦しむ。

大体捕虜ハセヌ方針

さてa、bはともかくとして、c、dのような捕虜、便衣兵の大量殺害がなぜおこったかを、当時の実情に即して検討しておく必要があろう。

南京戦の実例を見ると、少数の場合は下士官兵のレベルで処分していたようだが、まとまった数を処刑する場合は上官からの命令か指導によった例が多いようだ。正式の命令が残っているのは、「旅団命令ニヨリ捕虜ハ全部殺スベシ」と命じられた歩六六連隊（既述）、「捕虜ハ一応調査ノ上各隊ニ於テ厳重処分スルコト」と会報で伝えた第三師団（十二月十六日、歩六八連隊第三大隊陣中日誌）の例があり、それに準じるものとして、「各隊ハ師団ノ指示アル迄俘虜ヲ受付クルヲ許サズ」との歩三〇旅団命令（十二月十四日）を受けた歩三八連隊の例がある。

旅団を指揮していた中島第十六師団長は日記に、「大体捕虜ハセヌ方針ナレバ片端ヨリ之ヲ片付クルコトトナシ……」（十二月十三日）と記しており、捕虜の即時処刑は中島としては既定方針だったようだが、主旨は必ずしも徹底していなかったらしく、部隊のなかには問い合わせてくるところもあった。歩三八連隊副官児玉義雄大尉は、「（師団副官より）師団命令として、支那兵の降伏を受け入れるな。処置せよ」（『偕行』(5)）と電話で伝えられ、助命を進言したが、採用されなかったという。このときは電話の指示どおり実行されているが、十四日に、やはり歩三八連隊が仙鶴門で捕えた七二〇〇人の捕虜は、上官の意図に反して殺害せず、いったんは城内の収容所に入れている。捕虜の処刑が上海派遣軍や中支那方面軍の暗黙の方針であったらしいことは、すでに上海戦の頃から、戦闘詳報に公然と捕虜処断の数が「戦果」として計上されている事実で推察できるが、だからと言って指揮下の各部隊に統一方針として強制したものでもなかったようだ。

つまり個々の処遇は責任もふくめ、部隊側へ委ねられていたと見てよい。しかし第一線部隊は、捕虜をつれて戦うわけにも行かず、また収容する施設も監視人員も食糧の準備もない。引き取りを要請しても受けつけてもらえないとなれば、処刑するか、釈放する以外に方法がなかった。

軍閥戦争時代は、捕虜を寝返らせて手兵をふやす便法が習慣化していた。その影響か、昭和八年一月に歩兵学校が作成した「対支那軍戦闘法ノ研究」と題する教科書には、「捕虜ハ他列国人ニ対スル如ク必ズシモ之レヲ後送監禁シテ戦局ヲ待ツヲ要セズ、特別ノ場合ノ外《ほか》之レヲ現地又ハ他ノ地方ニ移シ釈放シテ可ナリ」と述べていた。

小麦粉袋を運ぶ使役捕虜（手前の軍人は長井主計少佐）

日中戦争でも、軍閥時代の経験が豊富な土肥原賢二中将（華北の第十四師団長）は、この釈放方式を推奨していたし（堀江芳孝氏談）、結果的には全員処刑してしまうが、第十三師団の山田支隊長も、当初は捕虜を釈放するつもりだったようだ。

ただし、捕虜をかかえこんだ部隊が上級司令部へ問い合わせた場合は、ほぼ例外なく、処刑せよ、と指導されている。山田支隊の問い合わせに対しては、松井大将が釈放を指示したのに対し、居合わせた長参謀が「やっちまえ」と伝えたのは越権行為であったが、松井司令部においてすら、確然とした捕虜対策がなかったことにも起因する。

日本軍の捕虜観念

ここで、当時の陸軍全体の空気と中央部の政策が関わってくる。

日中戦争は前段階の満州事変をふくめ宣戦布告なき戦争であった。戦場が華北から華中に拡大し、大本営が設置されて、まぎれもない全面戦争の様相が濃くなったにもかかわらず、日本政府は「北支事変」を「支那事変」と呼びかえただけで、あくまで事変で押し通した。宣戦布告を要件とする戦争にしないと、国際法上、少なからぬ不利不便が生じる。

それでも日本が宣戦をためらったのは、軍需物資と原料の主要輸入先だったアメリカから交戦国の双方に軍需物資の供給を禁じた中立法を適用されるのを回避するためであった。そのかわり、中国の戦場付近を米英など外国の艦船が往来しても、苦情を申し立てるわけに行かなかった。パネー号、レディーバード号事件などを軍は外国勢力の故意妨害だと宣伝して国民の反英米感情を煽ったが、それは宣戦回避を選択した結果の自業自得と言えなくもなかった。

事変を泥沼のような全面戦争に拡大したくないという主観的な願望も影響している。それでいてトラウトマン交渉を打ち切ったのは矛盾するが、「蔣介石を対手とせず」という奇想天外の発想も、こうした願望の歪んだ副産物と見ることができよう。

中国軍との関係でも、国際法の交戦法規をどこまで適用するかが当然問題になった。

十二年八月五日、陸軍次官から北支那駐屯軍参謀長にあてた依命通牒（陸支密第一九八号）には、「陸戦ノ法規慣例ニ関スル条約ソノ他交戦法規ニ関スル諸条約中、害敵手段ノ選用等ニ関シ、コレガ規定ヲ努メテ尊重スベク……」とある。一応は、交戦法規を尊重する主旨に見えるが、加登川幸太郎氏が指摘したように、それは「害敵手段ノ選用」などであって、交戦法規の全部ではない。

さらに、この通牒の別の箇所では、「日支全面戦ヲ相手ニ先ンジテ決心セリト見ラルルガ如キ言動（例エバ戦利品、俘虜等ノ名称ノ使用、或ハ軍自ラ交戦法規ヲソノママ適用セリト公称スルコト……）ハ努メテコレヲ避ケ」と指示している。

読みようによっては、俘虜の待遇をふくめ国際法を守らなくてよろしい、と説いているかのようであるが、明示はせず、解釈の責任は受けとる方に任せて逃げた、ととった方が良いのかも知れない。

いずれにせよ、陸軍中央部は、捕虜管理のための機構（俘虜情報局、俘虜収容所など）を作らず、要員も配置しなかった。日露戦争や太平洋戦争では、捕虜に関するジュネーブ条約を準用すると約束し、機構や要員も準備しているから、事変だからという理由だけではなく、中国人に対する抜きがたい蔑視感情も影響したにちがいない。

また日本軍人が捕虜になることを明文で禁止した「戦陣訓」（昭和十六年）はまだ公布されてい

なかったとはいえ、理由を問わず捕虜をタブーとする観念はほぼ定着していた。とくに第一次上海事変で空閑《くが》少佐が重傷で意識不明のまま捕虜となり、釈放後に自決したのが国民的美談となっていらい、このタブーはますます強まった。

捕虜になることを禁じられた日本兵が、敵国の捕虜に寛大な気持で接せられるはずはなく、上官としてもそれを強要できるものではない。まして上海・南京戦のような激戦、苦戦の直後はなおさらだったろう。

昭和二十年、父島でアメリカ人の捕虜飛行士を処刑してその人肉を食った猟奇的事件が起った。責任者の立花芳夫中将以下がグアム島軍事法廷で死刑を宣告されたあと、連座した一人の大尉は、見舞った堀江芳孝少佐に、「捕虜になると国賊扱いにする日本国家のあり方が、外国捕虜の残虐へと発展したのではないでしょうか。捕虜の虐待は日本民族全体の責任なのですから、個人に罪をかぶせるのはまちがっていませんか。……私は国家を恨んで死んで行きます」と涙を流しながら訴えた（堀江「父島人肉事件」）。

捕虜処刑の深層心理をえぐった証言だろう。

中国軍の方も、情報価値のある将校や飛行士を除くと、第一線や護送の途中で日本兵の捕虜を殺してしまう例が多く、漢口で外国人記者に捕虜を見せると約束して「現物」が到着せず、八路軍から捕虜を借りて間に合わせた、と鹿地亘が書いている（『日本兵士の反戦運動』）。昭和十三年中期頃からは、蔣介石軍も情報収集や反戦工作に利用するため、日本兵捕虜を保護するようになったが、日本軍の方にも捕虜を労働力ないし傀儡《かいらい》軍の兵士として活用しようとする発想が一部に生れた。

南京の捕虜収容所からも、生き残りの一部が維新政府（のち汪政権）の軍隊に編入され、なかには少将まで昇進した例もあった。また第十六師団経理部は、相当数のヤミ捕虜を物資の輸送などの使役に当てた、と自身も三百人を使っていた金丸吉生主計軍曹が証言しているが、これらはあくまで例外で、捕虜処刑の習慣は日中戦争の全期を通じて変らなかったようだ。

略奪から〝理由なき殺人〟まで

Ⅱ　対住民

〔a、略奪〕

中島今朝吾日記は、中国軍が四月頃以降、兵士に給料を払わず、その代り略奪を黙認したので、入城した時は何もなく、そこへ日本軍が我さきにと侵入し「御構ヒナシニ強奪」したと歎いている。給料不払いの埋め合わせかどうかは別として、南京が中国兵によっても略奪されたのはたしかで、ティンパーリーの本に引用されたベーツ博士の手紙にも、「目抜き通りでも、中国兵が主として食料品店などから略奪していました」とあるが、つづいて日本軍がやってくると、「市内全域の無数の家が、人が住んでいようがいまいが、大小かまわず略奪されました」と書いている。比較すると日本軍の略奪の方がひどかったらしい。

こうした見境のない略奪に困惑したのはほかならぬ日本軍自体で、中島中将は師団司令部と看板をかけておいたのに、家具もろともどこかの部隊に持ち去られ、鍵をかけ監視兵を置いて見張らせる始末となった。中島は「堂々タル将校様ノ盗人ダカラ……余程下等」とカンカンに怒ったが、ほかならぬ中島自身が蔣介石の私財（巻物、ジュータン、絵画など三二梱）を持ち出し、京都の師団偕行社に送っていたことが問題になったのは、すでに紹介したとおりである。

略奪とまぎらわしいものに徴発があった。正式には「官憲徴発」と呼び、大規模な場合は作戦命令甲〇〇号の形式で師団の兵器部長や経理部長が指揮した。たとえば、「師団ハ十五、十六日ノ両日南京城……ノ官憲徴発ヲ実施ス。旅団ハ第一乃至第十徴発掩護隊ヲ編成シ官憲徴発ヲ掩護ス」（歩七作命甲第一〇八号、昭和十二年十二月十四日）というぐあいである。

徴発の場合は、経理官が軍票で代金を支払うか、留守であれば支払いを約束する紙票をはって行くが、所有者の意志に関わりなく持ち去ることに変りはなかった。したがって外見だけでは区別がつきにくかったが、日本兵の略奪は大八車やリヤカー、時にはトラックを使って根こそぎ運び出す例が多かった。

ベーツ博士の東京裁判での証言によると、南京での略奪品目は、寝具、台所用品、食糧品、金庫（現金）、家具、美術品からピアノ（約二〇〇台）に及んでいた。このように日本軍の略奪は必ずしも必需品とは限らず、したがって補給条件の良かった地域でも日常化していた。

野戦重砲兵第五連隊長として華北戦線に出動した遠藤三郎中佐は、保定入城の直後に、「通過軍隊、掠奪行為はなはだしく、皇軍として誠に恥かしき限りなり……銃を天秤棒代りに強奪品をぶらさげる兵の行進」（遠藤日記　昭和十二年九月二十四日）を見ておどろくが、南京戦に参加した渡辺卯七主計少佐は、略奪物資をかついだ兵士の群を見て、「石川五右衛門の物取の帰りもかくやと思われた」（『第九師団経理部将校の回想』）と歎いている。

〔b、放火〕

古来、略奪と放火はつきものだが、南京占領直後、城内では火災が頻発した。冬のさなかでもあり、放火すれば困るのは日本軍だからゲリラの犯行だろう、という解釈もあるが、日本軍兵士たちが暖をとるため室内で火を燃やし、後始末が悪くて失火を招いた例も少なくなかった。

南京国際救済委員会の調査によると、城内のメインストリート地区で損傷した建物二八二八棟のうち、軍事行動によるものはわずか二・七パーセントで、放火が三二・六パーセント、略奪に起因するものが五四・一パーセントにのぼったという。

読売新聞の小俣記者によると、「隊長、自分は火事をみないと眠れません。今夜も、二、三軒焼かせてください」とせがむ兵士もいたというから、愉快犯的な放火マニアがいたのはたしかだろう。

〔c、強姦および強姦殺害〕

東京裁判の弁護人をつとめた滝川政次郎博士は、事件当時は北京にいたが、南京アトローシティの噂が高いので、十三年夏、南京を訪ねたとき、雇った洋車《ヤンチョ》の車夫から「現在、南京市内にいる姑娘《クーニャン》で日本兵の暴行を受けなかった者はひとりもいない」(『東京裁判をさばく』下)と聞き、仰天した体験を書いている。この種の話は、とかく誇張されがちなものだが、話半分としてもラーベ国際難民区委員長の二万人強姦説(東京裁判の判決でも採用)は当らずといえども遠からずであろう。

婦女子の多くは安全地帯にかくれていたはずだから、大量の強姦が起るはずはない、と反論する向きもあるが、クーニャン狩りに独特の嗅覚を持つ兵士たちは、曽根一夫氏が告白しているように、獲物を見つけるのにあまり苦労しなかったようだ。

それに取締るべき立場の指揮官クラスには、松井軍司令官の注意に対し、「強姦の戦争中は已むを得ざることなりと平然として述べる」(『小川平吉関係文書』I 十三年四月十八日の項)中島師団長のような人物がいた。略奪、強姦を餌に兵を進撃させた往年の蒙古軍を思わせるが、見方によっては、昭和の日本軍は一段と悪質だった。建前では、強姦が発覚すると処罰されることになっていたので、証拠滅失のため、ついでに殺害、放火してしまう例が多かったからである。

さすがに頭を痛めた日本軍は、慰安婦を大量に戦地へ投入する奇策を採用したが、クーニャン狩りを趣味とする兵士がいたので、根絶はできなかった。

〔d、殺害〕

次に、便衣狩りや強姦に巻きこまれた被害者を除く一般市民の殺害をとりあげよう。今まであげてきた諸例は、曲りなりにも理解できる動機や目的が存したが、このカテゴリーは、いわば〝理由なき殺人〟である。それだけに、少数かつ例外的だろう、と想像していたが、最近になって続出する参加兵士たちの告白を見ると、そうでもなさそうに思えてきた。

たとえば昭和五十九年八月五日付の『朝日新聞』は「南京虐殺、現場の心情」と題した都城二十三連隊兵士の日記を紹介しているが、そのなかに、「近ごろ徒然《つれづれ》なるままに罪も無い支那人を捕まえて来ては生きたまま土葬にしたり、火の中に突き込んだり木片でたたき殺したり」(十二月十五日)とか、「今日もまた罪のないニーヤ(中国人のことか)を突き倒したり打ったりして半殺しにしたのを壕の中に入れて頭から火をつけてなぶり殺しにする。退屈まぎれに皆おもしろがってやるのであるが、……まるで犬や猫を殺すくらいのものだ。これでたたらなかったら因果関係とか何とか云うものはトン〱で無有《(ママ)》と云う事になる」(同二十一日)のような記述がある。

「徒然なるままに」とか「退屈まぎれに」とか理由にもならぬ理由で、無差別殺人に走った日本兵士の行状は、まさに鬼畜の所行というべく、同じ国民の一人としてただ恥じ入るほかはない。

どんな強弁をもってしても、これを正当化する論理は構成できないだろう。

第二次大戦で、もっともお行儀が悪かったと定評のあるソ連兵も、帰還邦人の回想によると対住民についてはaとcどまりであり、cもほとんど単純な強姦で、殺害にまで至った例は少ないようである。それに対し、日本軍の蛮行はⅠとⅡのa〜dをすべて網羅しており、中国からどう責められても仕方のないところだろう。

よく引き合いに出される通州事件（十二年七月末、北京近郊の通州で百数十名の日本居留民が中国保安隊に惨殺された事件）も、実は日本の傀儡だった冀東《きとう》防共自治政府の保安隊が、日本機の誤爆に刺激されてひき起した事件*であり、お互い同罪の例にはならないようだ。

* 事件の詳細は寺平忠輔『蘆溝橋事件』、森島守人『陰謀・暗殺・軍刀』を参照されたい。

数字的検討——白髪三千丈？

さて南京アトローシティの規模、とくに犠牲者数をめぐって、歴史教科書の執筆者グループと文部省の検定官が「少なすぎる」「多すぎる」といがみ合うのが年中行事になっているが、昭和五十九年にはさらにエスカレートして、「大虐殺派」と「まぼろし派」が文部省を相手どって訴訟を起すさわぎとなった。板挟みになった文部省も辛い立場だろうが、ではかけ値のない実数はどのくらいと想定したらよいのか。

まず「虐殺」を「不法殺害」として理解すれば、Ⅱ（住民）のc、d、すなわち強姦殺害および（一般）殺害に、Ⅰ（軍人）のdのうち便衣兵と誤認された住民を加えたものを対象とするのが最低線で、人によってはⅠのc、dのすべてをふくめるべきだとの意見も出よう。

この観点に立って、各種の数字を比較すると、中国の初級中学用教科書が採用し、一九八五年八月江東門にオープンした南京大虐殺記念館がかかげている「一般市民三十万以上」（帝国書院版『世界の歴史教科書』シリーズ(22)、南京大学歴史系編著「日本帝国主義の南京における大虐殺」（一九七九年、内部刊行物）の「同胞四十万人前後」は、往年の大本営発表のようなものと考えてよかろう。* 大本営発表は戦果が誇大すぎて悪評紛々だが、必ずしも全部がデッチあげだったわけではない。

* 日本の高校歴史教科書（昭和六十年度）には、「捕虜をふくめ十数万」（東京書籍）、「戦闘員をふくめ十数万」（実教出版）という数字が採用されている。

「米航空母艦十一隻撃沈」と発表して、お祝いの日本酒まで特配したのに、あとで戦果ゼロと判った台湾沖航空戦の場合も、関係者によると、攻撃に参加した航空隊から上ってくる報告を足し合わせたもので、怪しいとは思ったが、カットする根拠もないので、そのまま発表したものだという。ましてや人口統計もしっかりしていないうえ、「白髪三千丈」の伝統を持つ中国のことだ。悪意はなくても、数字がふくれあがるのはやむをえまい。

やや控え目な数字としては、当事者だった台湾政府が英文の公式戦史（Hsu, *History of the Sino-Japanese War 1937-45*）にかかげている「十万以上」（一般人だけ）がある。

また東京裁判でも、中国検察官が提出した数字こそ四三万だったが、判決文では、南京城内の被害者数を非戦闘員一万二千、便衣隊二万、捕虜三万など計二十万以上（差数については説明なし）という数字を採用している。ただし、松井被告への個人判決では殺害数は計十万以上となっている。このうち一万二千は、国際難民区委員のベーツ博士が主張した「非武装市民」の被害に相当する。

日本側の弱味は被害者である中国政府の言い分に対抗できる公的資料が欠けていることであろう。加害者側の記憶や印象で、「誇大にすぎる」「見たことがない」「ありえない」と主張しても、説得力は乏しく、法的反証力はないにひとしい。せめて憲兵隊や法務部の調査報告書があれば、個々に突き合わせて具体的なツメが可能なのだが、久しく探しているのに、まだ見つからない。

わずかに杭州湾から南京城外へ向かった柳川第十軍の法務部陣中日誌が発見され、『続現代史資料(6)』（みすず書房）の「軍事警察」に収録されている。三か月余で軍法会議にまわされた殺人、強姦、放火などが六二件、一一八人を数えるが、第十軍憲兵隊長の上砂勝七中佐が、「わずかに現行犯で目に余る者を取押える程度」と自認しているぐらいで、全貌を察するには程遠く、アトローシティの主役である上海派遣軍のデータは行方不明のままだ。

今からでもおそくないから、日本側の公的資料をさらに発掘することに努め、近い将来に日中双方の共同調査に持ちこむべきだ、と筆者は思っている。

市民・難民の人口

今となっては南京アトローシティによる正確な被害統計を得ることは、理論的にも実際上も不可能に近く、あえていえば〝神のみが知る〟であろう。

南京は事件の直後から八年間、日本軍の占領下にあり、中国の行政当局による現場検証はできなかった。戦後東京裁判に間に合わせるため、急いで被害者の申し立てを収集しとりまとめたが、証言の多くは個人的体験と見聞の範囲を出なかった。日時、場所の特定すら困難なものが少なくなく、悪意はなくても「白髪三千丈」式にふくれあがったまま現在に至っている。

国際難民区委員会の報告も、見聞の範囲がほぼ難民区内に限られ、個別の暴行記録が主体になっていて、全貌を察するには難がある。

一方、日本側の記録は、小規模の非行についてはデータが乏しいかわり、敗残兵・便衣隊・捕虜の処分は、戦闘詳報が「戦果」の一部として記載している例が多い。そこで双方を突き合わせ、対象期間を昭和十二年十二月二日から翌年一月末、対象区域を南京城内とその郊外に限定した死者の数字を概算しておく。

この場合、まず南京地区を守備した中国軍の兵力と南京の住民人口をつかんでおく必要があろう。当時の日本軍は前者を約一〇万（佐々木到一回想録、飯沼日記など）と推定していたが、中国側や外国人居住者は約五万と見ていたようである。日本軍が戦場で入手した張群思少佐のメモも五万と記していた。五万と一〇万では二倍の開きがあるが、あるいは台湾の公刊戦史が記すように「当初は十万、落城時は三・五万〜五万」とするのが実態に近いかも知れない。

兵力計算を困難にする理由に、民兵の存在があった。正規兵はカーキ色のラシャ製軍服を着ていたが、戦闘直前にかき集めた予後備兵、少年兵をふくむ民兵は濃緑色の綿製軍服を着用、なかには私服のままの者もいた。局面によっては、正規兵よりも民兵の方が多く、とくに難民区に逃げこんだ者は民兵が主体だったようだ、という参戦者の証言もあるが、中国側が主張する兵力数に、この種の民兵がふくまれているかはたしかでない。

次に南京の住民人口については、南京市政府が一九三六年末に調査した百万六九六八人（一九万七四九六戸）という統計（南京日本商工会議所『南京』に収録）がある。城内の一〜八区と城外の燕子磯、上新河、孝陵衛の三区をふくむが、同じ統計で一九三八年八月の人口は三〇万八五四六人と約三分の一に激減している。

明らかに戦禍の後遺症だが、南京陥落時の公式統計はなく、国際委員会スマイス博士のいう二〇〜二五万という推定が比較的信頼できる。官吏や中流以上の市民はほとんど奥地か近郊農村へ脱出し、残留したのは主として下層市民で、さらにその半分近くが安全を求めて難民区へ待避した。スマイスは、ピーク時で収容所に二万七五〇〇人、そのほかの流入者六万八〇〇〇人、計九万五五〇〇人の難民がいたと述べている。

日本軍も難民の総数を一二万（松井日記）とか一〇万（中沢第十六師団参謀長証言）ぐらいと推定し、そのなかに二万五千人（『朝日新聞』昭和十二年十二月十六日）、一万数千（木村松治郎大佐日記十二月二十日）の便衣兵がまぎれこんでいると見積った。この見積りは守備兵力の総数と同様に過大すぎたと思われるが、便衣狩りを苛烈にした一因となった。

南京守兵の行方

松井軍は総攻撃開始以後における南京戦の戦果について、「敵の遺棄死体五三八七四」（『東京日日新聞』昭和十二年十二月二十七日）あるいは、「敵方遺棄死体八万四千、捕虜一万五百」（『朝日新聞』同十二月二十九日）と発表している。対応する中国側の数字としては、「南京防衛戦における中国軍の死傷者は六千人」という『蔣介石秘録』の記述しかない。負傷兵がすべて死んだと想定しても一〇対一前後の格差があり、疑問が残るが、この数字が南京城攻防のホットな段階だけを対象にしていると考えれば、日本兵の戦死者二千弱（表2参照）とほぼ釣りあう。また中国兵の損害の大部分が敗残兵掃蕩の段階で生じたことを示唆するものであろう。

	部　隊	期　　間	場　　所	板倉	秦
J　1	13師団	12.18	上元門、幕府山	0.4	0.8
J　2	歩33連隊	12.13〜12.15	下関など	0.3	0.3
J　3	9師団	12.13〜12.21	城内安全区掃蕩	0.3	0.7
J　4	16師団	12.22〜 1.5	〃	0.2	0.2
J　5	16師団	〃	城外敗残兵掃蕩	0.1	0.2
J　6	9師団			0.1	
J　7	114師団	12.12〜12.13	中華門周辺	0.1	0.1
J　8	6師団	12.14〜12.16	水西門など	0.1	0.3
J　9	歩38連隊				0.2
J　10	3師団				0.1
J　11	軍直属部隊				0.1
計				1.6	3.0
うち推定不法殺害				0.8	

注 (1) 便衣兵と誤認された兵士をふくむ
(2) 板倉は『ゼンボウ』昭和60年4月号による
(3) 18師団，国崎支隊を除外する

表5　捕われて殺害された中国兵の推計（単位：万人）

一方、日本軍の公表戦果が実数の二〜三倍にふくらむのは当時でも常識とされていた。こうした前提から、板倉由明氏は雑誌『ゼンボウ』に連載した「南京大虐殺の数字的研究」で、この拡大倍率を二・五と置いて、中国軍の守兵を五万、うち一・五万が戦死、捕われてからの殺害が一・六万、生存捕虜〇・五万、残りの一・四万が脱出成功者と算出した（表5および表6参照）。

基数を五万とすれば、おおむね妥当と思われるが、日本軍の公式記録を個別に割引せず、そのまま積みあげてみたのが表6の秦推計である。戦死者（遺棄死体）は『東京日日新聞』の公表数字（五・三九万）を、生存捕虜は『朝日新聞』の公表数字（一・〇五万）を、捕われて殺害された者の数字は、やはり戦闘詳報などを累計した表5の秦推計（三・〇万）を転用した。

　この三万という数字は、四万（上村日記　昭和十二年十二月十六日）あるいは四万二千（佐々木元勝日記　同十二月十六日）という捕虜の数が一万五百*に目減りした理由を処刑によるとすれば、その差数とほぼ一致する。

＊　一月六日に第一模範監獄の捕虜を視察した小原立一少尉は、監視員から最初は一万人いたが、現員は三六七〇人と聞いている（小原日記）。一万五百の捕虜はその後も目減りした可能性がある。

	部　隊	板倉推計	秦推計
A 戦死者（遺棄死体）	16 師団	0.5	(2.0^{+})
	9 師団	0.15	(0.45)
	6 師団	0.5（6師団・114師団）	(1.71)
	114師団		(0.5)
	11 師団（海軍）	0.1	(0.2)
	その他	0.25	
	計	1.5	5.39
B◇ 捕われて殺害		**1.6**	**3.0**
C 生存捕虜		**0.5**	**1.05＊**
D 脱出成功		**1.4**	**0.56**
計（A～D）		5.0	10.0

注(1)◇ Bの数字の一部はAに含まれている可能性がある
(2)＊ この数字はさらに半分ぐらいまで目減りした可能性がある
(3) 関連として第四章の表3参照

表6　南京守備軍の行方考察（単位：万人）

　南京守兵の総数も、ベースを揃えるため、日本軍が推定し台湾公刊戦史が認める一〇万を採用、A～Cとの差数（〇・五六万）を脱出成功者とみなした。飯沼日記（十二月十七日）の守兵一〇万、撃滅八万、散乱二万という概算も参考になろう。

不法殺害は四万？

次に南京市民を中心とする一般住民の被害について考察しよう。

この分野は日本側のデータがまったく欠けていることもあり、スマイス博士の「南京地区における戦争被害」の付表と、紅卍字会および崇善堂という民間慈善団体による死体埋葬記録によって推定するほかない。

スマイス調査は、昭和十二年十二月から翌年にかけて実施され、八月に発行された（洞富雄編『日中戦争史資料』第九巻「南京事件 II」に収録）。難点は、市街地で五〇戸に一戸、農村地区（江寧県以下の六県）では二〇六世帯に一世帯の抽出調査になっていることで、世論調査ならともかく、この種の被害をはかるのに適切かどうか疑問を付す人も多い。しかしほかに代るべきデータがないので、結論だけを紹介すると、日本兵の暴行による死者と拉致者（ほとんど行方不明）の計は、市街地で六六〇〇人、農村部（江寧・句容・溧水・江浦・六合各県の半分）で二六八七〇人である。近郊農村の死者が意外に多いことが注目されるが、これに関連する日本側の記録は皆無に近く、今後の解明を要する課題であろう。

埋葬死体数は両団体あわせて計一五万五千体という数字がよく引用される。この数字は、一般住民の戦闘、病気による死者に、おそらく戦死した兵士もふくむが、記録の正確性に疑問があり、

番号	日　付	場所　→殺害現場	死者数	証　言　者
C1	12．16	難民区→下　関	10,000	徐　親　子
C2	12．15	魚　雷　営	9,000	殷　有　余
C3	12．15	司法部→漢中門外	2,000	※伍　長　徳 陳　永　清
C4	12．17	和気工場→下関上元門	3,000	◇陸　　　徳
C5	12．16	華僑招待所→下関	5,000	※梁　廷　芳 白　増　永
C6	12．18	草　鞋　峡	57,418	魯　　　甦
C7	12．14	高等法院→漢西門外	1,400	仲　　　科
C8	12．？	上　新　河	28,730	盛　世　征
C9	12．16	四条巷（鼓楼）	200	謝　宝　全
C10	12．17	三汊河岸	500	畢　正　清
C11	12．？	燕　子　磯	50,000 (30,000)	陳　万　禄
C12	12.12～12.13	雨花台～中華門	10,000	
C13	12．16	陸軍監獄→江東門	10,000	

注 (1)　※は東京裁判の証人
(2)　◇は本多勝一『中国の旅』では12月下旬，証言者は陳徳貴
(3)　他に略奪品として，什器30万9000，衣服590万余，書籍14万8600，書画2万8400，骨董7,300，家畜6,200などを計上
(4)　他に強姦８万人以上
（出所：『証言・南京大虐殺』）

表7　中国側申し立ての主要な虐殺

板倉氏は、それを加減して三九八五九体と算出した。これは国際委員会のベーツやスマイスが利用した約四万人とほぼ合致している。*

＊　昭和十三年四月十六日付の『大阪朝日新聞』北支版に林田特派員の記事として紅卍会、自治委員会、日本山妙法寺が合同で片づけた死体数で城内一七三九体、城外三〇三一一体の数字がある。

ただし、葬儀団体の手にかかっていない死体もあるので、この数字は死者数の下限を示唆する参考データにしかならない。

板倉氏は結論として、「南京で死んだ人の数は一般人(城内＋江寧県)一・五万人、兵士三・二―三・五万人」で計約五万、うち日本軍による不法殺害は、兵士〇・八万、一般人〇・五万、計およそ一・三万人と推定、幅を持たせて一万～二万人としておけばよい、と述べている。

筆者としては、スマイス調査(修正)による一般人の死者二・三万、捕われてから殺害された兵士三・〇万を基数としたい。しかし不法殺害としての割引は、一般人に対してのみ適用(二分の一か三分の二)すべきだと考える。つまり三・〇万＋一・二万(八千)＝三・八～四・二万という数字なら、中国側も理解するのではないか、と思うのである。

それでも中国側が従来から主張している三〇～四〇万の数字とのへだたりは大きい。表7は、最新の文献である南京市文史資料研究会編『証言・南京大虐殺』に列挙されている集団殺害事例(二八件、一九万人)の一部を抜き出したもので、他に個別殺害が八五八件、一五万人あるという。計三四万になるが、難民区の人口二〇～二五万、守備軍の兵力五～一〇万と比較しても過大であることは明瞭である。

また数字の根拠を当ると、数少ない生存者の記憶による証言がほとんどで、故意にふくらませたとも思えず、被害者心理にありがちの誇張に由来するもの、と見当がつく。研究会の方もカットする具体的根拠がないので、そのまま採用したのであろう。この著作が「内部資料」扱いされてきたのも、考証抜きの数字なので自信が持てなかったせいか、と思われる。

表7でも、日本側の資料と照合して、誤認ないし誇張と推定できる例がいくつかある。たとえば、C8は主として十二月十三日の第六師団による殲滅戦（正規戦闘）の犠牲者と思われるし、C6とC11は、山田支隊による捕虜処分（八千）が重複して計上されているのではないか、と考えられる。その他の例も、概して死者数が数倍にふくれあがっているようだ。

わが方の大量処刑としては、十二月十六日をピークとする第九師団の便衣兵摘出による七千人が最大規模だが、これはC1、C5、C9に該当しよう。

C12の被害者は第百十四師団が処刑した捕虜に、多数の民兵が混入していたことから推して、中国側には市民の被害として計上されている可能性もある。

第八章　蛮行の構造

神にもなれば悪魔にも

ところで、南京アトローシティをめぐる諸論議で、すっぽり抜け落ちているのは、日本軍の兵士をこうした蛮行へかりたてた動機についての科学的分析であろう。これまでも、戦争目的の不明確性とか、上海戦の苦戦とか、便衣隊の横行、補給の欠乏、兵士の質の低下、中国人への蔑視観念、さらに国民性まで持ち出して、さまざまな角度から説明が試みられてきたが、もう一つ説得力に欠ける観があった。

早い話が、同じ条件のあてはまる中国戦場でいつも同様の事件が起きたわけではない。中国蔑視というが、太平洋戦争でも類似の残虐行為がなかったわけではない。国民性といえば、日清・日露両戦争における日本軍は軍紀の厳正で聞こえ、列国の称讃の的になったではないか、とすぐに反論が出てくるからである。

おそらくアトローシティに関する一般理論の構築は無理で、外的な要因だけでなく、兵士たちの集団心理を組み合わせて内在的に追究しないと結論は出ないだろうと思うが、この点で参考になるのは、曽根一夫氏の近著と、早尾軍医の報告書であろう。

十二年八月、上海に上陸して激戦場を生き抜き、南京へ向かう追撃戦に参加したのち、徐州、武漢と中国戦場を転戦した体験をつづった『私記南京虐殺』（正続）は、略奪、強姦、殺人をふくむ自身の残虐行為を率直すぎるほどの姿勢で語るとともに、そこに至る兵士たちの心情を冷静に記録している点で、類書にない特色を持つ。

従来も、公開された参加者の手記や遺稿はないではなかったが、多くは見聞記の形式をとっていたため実感に乏しく、自身の残虐行為を告白した元中国戦犯の告白記類は、情緒過多に流れ、どこまで信用してよいか疑問が抜けなかった。

とりあえず曽根氏の明快な指摘に頼って、上海戦では一応軍紀を守っていた兵士たちが、なぜ南京追撃戦の段階で残虐行為に走るようになったのか、集団心理の推移を要約、紹介しておこう。

一、上海戦では苦戦し、多数の犠牲を払ったが、日本居留民の保護という明確な戦闘目的があったので、軍紀は崩れなかった。

二、しかし南京攻略戦には納得できる戦闘目的がなく、故郷へ帰還する期待を裏切られ、苦戦を予期した兵士たちは自暴自棄的な心境になった。

三、追撃戦が急だったため、弾薬、食糧の補給が追いつかず、兵士たちは徴発という名目の略奪で空腹をしのぎ、幹部も黙認した。略奪のついでに強姦もやるようになった。
四、略奪、強姦の横行におどろいた軍司令部は禁令を発し、憲兵を巡回させて取締りを始めたが、補給は改善されないので、禁令は無視された。中級幹部や古参下士官は、生きた証拠を残さぬよう、強姦したら殺せ、と兵を指導するようになった。
五、残虐行為をくり返しているうち、兵士たちは不感症になり、軍人、市民を問わず無差別殺人を平気でやるようになった。

曽根氏は、著書のなかで、二十歳を越えたばかりの若い一人の兵士が戦塵にまみれて急速に変貌して行く姿を、的確に描いている。上海の初陣ではブルブル震えていた臆病者も、古兵の叱咤と戦友との競り合いですぐに一人前の勇士に成長し、ついでに強姦、殺人の常習者ともなる。しかし戦闘が終って気持が落ちつけば、街角の子供に菓子を与える「やさしい兵隊さん」に早変りするのだ。

七変化と呼んでもおかしくない一兵士の実像を確認して、筆者は「人間は神にもなれば悪魔にもなる」という西洋の古いコトワザを思い出した。クーニャンを殺してきたその足で、幼い女の子に菓子を与えカメラマンの宣伝写真にポーズをとるぐらいの演技力は、誰もが持ち合わせていたのである。

徴発は諸悪の根元

現地軍の要請で法務部、憲兵隊の協力を得て「将兵中に頻発せる犯罪事件」の原因究明に当った上海第一兵站病院の早尾乕雄予備軍医中尉（金沢医科大学精神科教授）が作成した「戦場神経症並ニ犯罪ニ就テ」（昭和十三年四月）と題する報告書も、曽根氏の観察をほぼ裏付けている。早尾軍医は出征兵士の平均的集団心理の変化を出征（高揚）→待機（一時的弛緩）→戦闘（緊張）→休戦（弛緩）→継戦（自暴・懐郷）のサイクルでとらえ、休戦による凱旋への期待が裏切られると犯罪が頻発する、と観察している。

たとえば強姦については、次のようにユニークな分析がある。

「戦闘休止シ精神ニ余裕ヲ生ジ休養ノ効果表ハルルト共ニ睾丸ノ組織ハ常態ニ復旧ス。此処ニ更ニ精神ノ緊張失ハルルヲ以テ性欲勃然トシテ起ルハ当然ナリ。餓鬼トナラザルヲ得ズ。是強姦ノ流行セシ所以ナリ。是ヲ敢テセザルハ其ノ人ノ修養ノ厚キヲ物語ルモノトス」

また軍紀崩壊の引金が徴発の濫用にあったことを指摘し、「実ニ徴発ナル教《(ママ)》ハ極メテ兵卒ノ心ヲ堕セシメタル結果ヲ示セリ」と言い、略奪と軍隊特有の「員数合せ」という習慣の関連性を追究する。こうして「放火、掠奪、殺人、窃盗、強奪、強姦等凡ユル重犯行為思フガママニ行ハレ」という惨状に至る。

つまり徴発の名目で民家を荒しまわるうちに女を見つけて襲い、その犯跡をくらますために殺して焼き払う、という連鎖反応をひき起すわけである。

このように、徴発が諸悪の根元であることに気づいた指揮官は少なくなかった。砲兵旅団長として華中に出征した澄田睞四郎少将は、次のように述べている。

「上司から命令したのが《徴発》であり、然らざるものが《掠奪》だなどという理屈が、兵隊さんに呑みこめる道理はない。兵士達は、こんなことから、自然掠奪が、大した悪事ではないという気持を持つことになり、一事が万事、延いては良心の麻痺を来して、軍紀風紀の頽廃を生じ、遂に放火、殺人（強姦）果ては虐殺なども、さほどの悪業とは、思わないような心境に立至ったと推するのは、筆者の僻目《ひがめ》だろうか」（『任官六〇周年陸士第二十四期生小史』）

したがって、心ある指揮官たち、とくに中小隊長は、兵士たちが飢える寸前に追いつめられる段階まで、徴発（略奪）を許そうとしなかった。のちに「軍神」と呼ばれた西住小次郎中尉のように絶対に部下の略奪を許さず、稀に事例を発見すると、監視兵をつけて返却に行かせた例外もあったが、それは西住隊が比較的補給に恵まれた戦車隊だったせいもあり、大多数の指揮官は「略奪は禁じるが徴発はやる」という苦しい使い分けで糊塗せざるをえなかった。

その典型は、「火災、掠奪ノ防止ニ注意スルコト」（参謀部）と「速ニ南京ニ於テ糧秣ヲ徴発シ諸隊ニ補給スベシ」（副官部）と二つの指示が並ぶ師団命令（第百十四師団　いずれも昭和十二年十二

略奪品を運ぶ南京市内の日本兵（『ライフ』1938年1月10日号）

月十三日）であろう。

もっとも早尾報告書は、一方で「兵卒ノ大部分ハ性善良」と認め、それを堕落させたのは「戦功ヲタテシ将兵ニ対シ、当局ハ余リニ迎合的態度」をとったことにある、と指摘するのを忘れていない。

下手人は特定できない

少し経験を積んだ戦場指揮官なら、兵士たちが〝善良〟と〝邪悪〟の二面性を秘める危険な集団であることを知悉していたはずだ。

むしろ指揮官としての腕の見せどころは、兵士たちの悪魔性を封じこめながら、そのエネルギーを戦場で爆発させるよう誘導するところにあった。封じこめるといっても、軍紀を盾にとってムチだけをふるっても、兵は動かない。兵の欲望を満してやる温情というアメも欠かせない。いわばムチとアメを巧みに使い分けるコツが必要だったが、南京の戦場では両者のバランスが狂い、ついで軍紀の急速な崩壊を招来した。しかも下級指揮官ばかりでなくトップレベルの指揮官まで巻きこまれてしまったところが、ほかに例を見ない特徴であろうか。

かくて論議の焦点は、否応なしに、指揮官の責任論に移ってゆく。

東京裁判に引き出された二五人のA級被告のうち、死刑を宣告されたのは東条元首相以下七人だが、そのなかに元中支那方面軍司令官松井石根《いわね》大将がいた。ほかの被告とちがい、訴因は南京アトローシティだけ、つまり事件の最高責任者と判定されたのである。

松井の指揮下で南京攻略戦に参加したのは四個師団、予備もふくめると七個師団を数えるが、師団長クラスで責任を問われたのは、中国の軍事法廷で死刑にされた谷寿夫第六師団長だけである。谷は『機密日露戦史』の著者として知られる兵学者で、終戦直後に病没した中島第十六師団長の身代りにされたと噂された。谷自身も法廷への上申書で、そう受けとれる弁明を書いているが、お行儀の悪さでは甲乙つけがたかったというのが実態らしい。

長勇参謀のように戦死したり、柳川第十軍司令官や中島中将のように病没したため、連座を免れた人もいるが、松井と谷の二人だけで済ませたのは、中国側から言わせれば責任者を最低限に押えたということか。いわゆる百人斬り、三百人斬りの下手人を除くと、下級将校や下士官兵で訴追された者はいない。当事者と上級責任者の双方を徹底的に追及したイギリス、オランダ、フィリピンなどのBC級戦犯裁判とは対照的である。

昭和五十七年、教科書事件が起る頃まで中国は、当時南京を守っていた国民政府軍にも責任がある、と強調していた。つまり守将の唐生智が部下を置き去りにして脱出したため、落城の後始末に当る責任者がいなくなって、無秩序状態が生じ、日本軍の残虐行為を誘発したというのである。たしかに唐将軍が旅順やシンガポール戦のように、軍使を立てたのち守兵をひきいて整然と投降していれば、事態はかなり変っていたかも知れぬが、そうしなかったからといって、日本側の責任が解除されるわけではない。中国側の思惑とは別に、あくまでわが国固有の法律的、道徳的尺度から究明すべき責任論なのである。

すでに見てきたように、アトローシティは、南京に向かう追撃戦の段階から、占領後の数週間にわたって随所で多発しているが、名乗り出たり軍法会議にまわった例外を除くと、下手人は特定できない。

参加者の間では「予後備兵が悪かった」「前線より後方部隊の方がひどかった」と語る人もあり、お行儀の悪い特定の部隊（十六師団を筆頭として、赤羽工兵隊、内山砲兵旅団、百一師団の谷川連隊など）を名指しする人もいるが、いずれも狭い視野からの見聞で、参加部隊の汚染度は似たりよったりではなかったか、と思われる。

ここで問われるのが指揮官の責任だが、一部の兵や特定の部隊だけならともかく、全軍規模で軍紀が崩壊したのだから、責任は中隊長や連隊長クラスの中級指揮官を越えて、師団長、軍司令官レベルに向かわざるをえない。十人近い師団長のなかでは、中島第十六師団長のサディスト的言動が目立つが、とくに問題になるのは最高指揮官松井大将の責任だろう。

南京攻略に向かった日本軍は、松井大将の指揮する上海派遣軍（五個師団基幹）と、柳川中将の指揮する第十軍（三個師団基幹）から成っていたが、指揮統一のため、十一月七日中支那方面軍が編成され、松井が方面軍司令官を兼ねた。十二月二日には上海派遣軍司令官に皇族の朝香宮中将が発令され、七日に着任したので、松井は兼任を解かれている。

松井大将は泣いた

こうした指揮関係の動きを前提として、東京裁判の判決は、松井に対し(1)不知、(2)不作為、(3)不統制、の三つの責任を問うたが、筆者はさらに(4)作戦指導の責任をつけ加え、計四つの責任を再検討してみたいと思う。

(1)の不知の責任は、「法の不知をもって罪を免れえず」という近代法の原則に関わる。実際には、不知が確認されれば、情状酌量で減刑される可能性もあるが、不知の証拠をそろえるのは容易ではない。松井も証人を立て、自身も入城式の日に憲兵から「若干」の暴行、略奪があったことを聞いただけで、「俘虜の虐殺に就ては、予は全然かかることを聞知せしことなし……況《いわん》や一般人民殊に婦女子等」とほぼ全面不知を主張したが、法廷は「何が起っていたかを松井が知っていたという充分な証拠があると認める」と判決した。

しかしこの件については、松井が嘘をついていると推定できる証言がいくつもある。

入城式の翌日（十二月十八日）には慰霊祭が挙行されているが、すでに書いたように、この席で松井は全幹部を集め、「兵の暴行」を「泣いて怒った」と、死刑の直前に花山教誨師へ告白している。

同盟通信上海支局長として慰霊祭に参加した松本重治氏は、この日の松井訓示について、「『おまえたちは、せっかく皇威を輝かしたのに、一部の兵の暴行によって、一挙にして、皇威を墜してしまった』という叱責のことばだ。しかも、老将軍は泣きながらも、凜として将兵らを叱っている」（『上海時代』下）と回想している。やはり同席した大使館の福田篤泰官補も、松井が「陛下に御迷惑をかけて申し訳ない、と泣いた」（『一億人の昭和史』）と述べている。訓示のニュアンスは聞いた人によって少しずつちがうが、「泣いて怒る」規模のアトローシティを松井が知って、ひどい衝撃を受けたと見るのが妥当だろう。

次に⑵の不作為の責任は、不知が否定されたあとでないと適用されないわけだが、東京裁判の判決は、「これらの恐ろしい出来事を緩和するために、かれは何もしなかったか、何かしたにしても、効果のあることは何もしなかった」と断定した。そして松井が軍紀回復のために何度か命令を発したのは認めたが、「これらの命令はなんの効果もなかった」と言い切っている。つまり、不作為と不統制の責任を一括して問うたのである。軍隊は命令で動く組織である。そこで、「なんの効果」も期待できぬ命令を連発している司令官の姿は、カリカチュア以外のなにものでもない。

さすがに松井はこの屈辱を自認せず、次のようなノーラン検察官との問答で判るように、命令体系の欠陥にかこつけて逃げようとした。

松井　方面軍司令官として作戦指揮権はあったが、軍紀、風紀を直接監督する責任は持たなかった。

ノーラン　しかし監督の権限はあったのではないか。

松井　責任を回避するのではないが……希望する以外に権限はない。……わたしは陸相からも参謀総長からも問責されたことはない。

ノーラン　あなたの口供書に「調査と処罰をなさしめたり」とあるが、権限がないのにやったのか。

松井はノラリクラリと官僚式逃げ口上を並べた末に、ノーランからとどめを刺された形だが、むしろ自身の無能、つまり不統制の責任を申し立てた方が、すっきりしたのではあるまいか。

それにしても、松井は公然と反抗する中島師団長や私物命令を乱発する長参謀に手を焼きながら、なぜ懲罰も解任もせずに堪えていたのだろうか。

満州事変後の陸軍部内に横溢していた「下克上」の風潮の後遺症か、疑問の残るところだが、おそらく松井が負うべき最大の責任は、独断専行に近い形で南京攻略戦を強引に実現させた作戦指導上の失策ではなかろうか。軍中央部は戦場を上海に限定するつもりだったから、兵站補給の準備がない。曽根手記が語るように、兵の略奪が始まり、禁令を出したのがかえって裏目に出て無差別殺人へエスカレートしてしまう。

陸軍中国通の最長老だった松井は、首都を占領すれば中国は屈伏すると信じていたが、この予想も狂い、日本は果てしない泥沼戦争に足をとられてしまう。松井ならずとも、泣いて怒りたい心境になったろう。

国際感覚と下克上

だからと言って、すべての責任を現地軍の最高指揮官である松井だけに押しつけるのは酷であろう。健康な組織なら、トップの目が届かない末端部分でも自制と自浄機能が作動するものであり、部分的な腐朽が全体に拡散することはない。

この意味で、昭和の日本軍は近代国家における近代的軍隊としての資格を欠いていた、と言わざるをえない。とくに南京事件を通じて痛感するのは、他者への配慮と自律能力の不足、言いかえれば国際感覚の欠如と「下克上」現象であった。

日清・日露戦争時代の日本軍は、神経質と思われるほど国際関係に注意を払い、とくに国際法規を守ることに熱心だった。それによって早く欧米先進諸国へ仲間入りする資格を獲得し、国民的悲願だった条約改正を実現したいという実利上の配慮もあった。しかし国際連盟脱退（一九三三年）を転機として「世界の孤児」となった日本は、国際関係に配慮する精神的余裕を失ってしまったかに見える。しかも孤立への反動として狭量な日本主義、国粋主義の風潮が台頭し、青年将校たちの心をとらえた。それに満州事変と派閥抗争の所産でもある「下克上」が結びつけば、不軌暴走は避けられない。

不用意に日中戦争へ突入してしまった日本は、見方によれば、深刻な危地に身を置いていた。陸軍中央部が懸念した参戦介入こそなかったが、ソ連は十二年末から西北ルートを通じ、空軍を主とする軍事援助を開始した。米、英、仏などの諸国も、日本の行動には批判的であり、とくにルーズベルト大統領は、十二年十月に日本を伝染病の保菌者になぞらえた「隔離演説」で、半ば公然と敵意を表明した。すでに日本と防共協定を結び、のちに軍事同盟に入るドイツも、この段階では最新兵器を供与し、軍事顧問団を送りこむなど、むしろ中国の方に好意的だった。

このように圧倒的に不利な国際環境のなかに置かれながら、陸海軍はそれをさらに悪化させるような刺激的行動を次々にくり返した。それでも海軍はパネー号事件では、日米開戦になっては大変だとあわて、丁重に謝まって危機を切り抜けたが、陸軍は強気で押し通す。たとえば、パネー号が爆撃された数時間前に、南京より上流の蕪湖付近で揚子江を航行中のイギリス砲艦レディーバード号が、江岸の日本軍重砲から砲撃されて被弾し、数名の死傷者を出した。この砲兵隊（野戦重砲兵第十三連隊）の隊長は、桜会のリーダーとして、子分の長勇とともにいくつかの未発クーデター事件に連座した橋本欣五郎予備大佐だった。

乱暴者として定評のあった橋本のことだから、独断砲撃だろうと噂がたち、本人も英艦と知りつつ撃ってやった、と得意気に吹聴した（田々宮英太郎『橋本欣五郎一代』）らしく、さすがに外務省は橋本の処分を迫った。陸軍省はウヤムヤにしてしまうが、それも道理で、第十軍司令官から前日（十二月十一日）の午後六時に「蕪湖付近ヲ通過スル船ハ国籍ノ如何ヲ問ハズ撃滅スベシ」との乱暴な命令（丁集作命甲号外、「池谷史料」）が出ていたからである。

第三国船が中国軍に協力しているのを確認しての攻撃ならともかく、英国旗をかかげた軍艦を砲撃すれば、戦争の口実にされても仕方のないところだ。柳川軍には、ほかにも焦土作戦の指示や南京の毒ガス攻めの提案など、非常識な発想が目立つ。

世界世論の力しかない

その底流には現地軍の間に、イギリス、ついでアメリカ、ドイツなどが権益保護の名目で中国の抵抗を支援し、日本軍の軍事行動を妨害している、という思いこみがあった。

たしかに外国の国旗や建物を利用して抵抗した中国兵もいたようだが、国際法上の戦争を避け事変で押し通したため、軍事行動の自由がかなり制約されたのは事実であった。また陸軍は即戦即決で片づくはずの戦争が拡大し、長期化する理由を国民に説明する必要があった。それには英米ソなどの外国勢力が中国を背後から操って戦わせている、という図式で説明するのがわかりやすかった。

十二年末から十三年にかけて、陸軍から機密費をもらった右翼が、日本各地で強烈な反英運動を展開したのは、こうした国内対策を狙ってのことだった。

国際慣行を無視する陸軍、とくに出先の不始末を尻ぬぐいする役割を引き受けさせられたのは外務省であった。広田外相は、パネー号事件やレディーバード号事件の始末で、何度も米、英大使に頭を下げる破目になったが、この頃の外務省は、すでに「陸軍省外務局」と陰口を叩かれるほど発言力が低下していた。両事件の場合もアメリカはともかく、イギリスに謝る必要はない、とうそぶく陸軍に、広田は抵抗する気力も乏しかったようで、その投げやりな態度に石射東亜局長らの中堅幹部は憤慨し、局課長一同が宴席で「ダラクした大臣」(石射『外交官の一生』)に詰めよるシーンもあった。

南京における日本軍の非行が伝わると、石射東亜局長は後宮《うしろく》淳陸軍省軍務局長に、広田外相は杉山陸相へのルートで、くり返し善処を要望し、日高参事官は松井方面軍司令官、朝香宮軍司令官、飯沼参謀長、中島師団長、現地の憲兵隊長などにも働きかけた。陸軍中央部もトラウトマン工作や次期作戦への悪影響を心配して、異例の〝戒告〟電を発し、担当官を派遣したが、すでに見たようにさしたる効果はなかった。

中支那派遣軍司令部が作成した「昭和十三年中軍人軍属軍紀風紀考察ノ資料」（『陸支受大日記』昭和十四年〔密〕一六号）の月別犯罪統計を見ても、件数は一月が最低で、二月、三月とカーブはかえって上昇している。

松井が岡崎総領事に、「何ら弁解の辞もない」と詫び、朝香宮が帰国後、広田外相を訪ねて陳謝した（『広田弘毅』）ように、出先陸軍のトップは了解していたものの、中堅幹部以下を押えるだけの力を持たなかったのである。

一月に入って、列国外交団が南京に帰ってきてからも、既定の捕虜・便衣兵処刑はやまず、下関の銃殺現場に近いイギリス領事館から苦情が出たので、下流に移すという姑息な方法をとった程度であった。処刑現場もとくに立入制限をするでもなく、誰でも見物ができるようになっていた。

一月十九日グルー駐日大使は、南京での日本軍の非行を止めさせるには、世界世論の力しかない、と述べた現地の日本外交官の告白を本国に伝えている（米外交文書）。

結局、南京アトローシティは自然鎮火を待つだけという、不名誉な状況で終熄した。

ナチス・ドイツとの対比

東京裁判の南京事件段階を取材した『東京新聞』記者団は、アウシュビッツ虐殺に代表されるナチス・ドイツの計画的犯行と対比して、「南京における暴虐は、計画され予定され科学的に秩序整然と行はれた悪行ではない。むしろ戦場の興奮が無軌道に奔騰し爆発した〈皇軍〉の獣性の表現であったとみてよいのではないか」(『アジア失楽園』)と総括している。

同様の見方は今も通用しているようだが、果してこの比較考察は正しいのだろうか。戦争犯罪の側面から両者を比較するには、特異性と共通性の双方を注意深く検討してみる必要があろう。たしかに、独特の人種理論に由来したナチス・ドイツの大量虐殺《ホロコースト》は、スケールの点では比較を絶している。その鋒先はまずユダヤ人に向けられたが、「劣等人種」(Untermensch)の枠はしだいに拡張され、ロシア人や東欧諸民族、アジア系人種に及んだ。区別が困難なので、のちには黒い頭髪と茶色の目を持つ人間はすべて〝絶滅〟の対象にされた、とグルンバーガーは述べている(Richard Grunberger, *A Social History of the Third Reich*, London, 1971)。

日本軍の場合は、「チャンコロ」思想に代表される中国人とアジア人への蔑視感情は、ナチスの人種偏見に近い一面があり、この意味で中国戦線にヨーロッパ東部戦線と相似した現象が多発したのは肯ける。ただし、日本軍にはアジア民族を白人支配から解放するための連帯を形成する、という建前があった。明らかに、ナチス流の〝絶滅〟思想とは正反対の理念であり、それがホロコーストへ拡大するブレーキになったのはたしかだろう。

しかし、戦場における狭義の戦争犯罪については、日独いずれがより悪質であったかを単純に比較するのは困難である。ドイツ軍には、日本軍と異なり、国防軍のほかにナチス直属の親衛隊（SS）など雑多な部隊がいて、軍規も別々になっていたが、概して規律は厳正で、末期に至るまでヒトラーを頂点とする上部の統制力は行き届いていた。日本軍に見られた下克上や幕僚専制はなく、将軍たちが兵士たちの「軍紀風紀の乱れ」を歎く現象は稀であった。

とくに強姦と略奪の取締りはきびしかったが、前者は「ドイツ人の血と名誉の純潔を保持する」のを目的として作られたニュルンベルク法（一九三五年九月制定）と関わっていた。この法律はドイツ人と「劣等人種」との性的関係を禁じたもので、皮肉なことに、それが戦場における強姦を抑止する機能を果したのである。

独ソ戦でドイツ軍が獲得した捕虜は五百万人にのぼるとされるが、そのうち三百万以上が収容所で死亡した。意図的に飢餓と病気で絶滅させられたもので、収容所にはカニバリズムさえ発生したというが、日本軍の即時処刑と比較してどちらがより残酷だったか、一概には決めつけられない。

ドイツ軍が手こずったのは、パルチザンと呼ばれたゲリラの活動であった。中国戦線の便衣兵ないし民兵に相当するが、マシュー・クーパーによると、対応策について二つの路線が競合した(Matthew Cooper, *The Phantom War*, London, 1979)。

第一は、寛大な占領統治を実施することで民衆の協力を引き出し、ゲリラを自然消滅させる、という路線で、緒戦期にはウクライナなどでドイツ軍を〝解放軍〟として歓迎する現象も見られたほどだから、決して非現実的な発想ではなかった。そのかわり、ナチスの人種政策とは背反した。

第二は、威圧と恐怖に頼る路線であったが、復讐感情の悪循環を作り出し、結果的に民衆の総ゲリラ化を招いた。日本軍の対中共戦略と似ているが、戦局の悪化につれて、第一の方式をとっていた国防軍の司令官クラスも、しだいに第二の方式へ傾き、パルチザンと容疑者は容赦なく「射ち殺せ、吊せ」との軍令を発すようになる。

ナチズムに熱狂したSS隊員や若手将軍と戦場倫理を異にした国防軍の長老将軍との格差に、日本陸軍における世代差を重ね合わせ、その類似性を指摘することも可能だ。

要するに、日独を比較して、計画性・科学性の差はあるとはいえ、戦場犯罪としての悪質さは甲乙つけがたい、というのが、筆者の率直な感想である。そして、こうした日独両軍の暴虐性を、侵略戦争におけるファシズム軍隊の必然的産物としてとらえるとすれば、それは敗戦による全体制の崩壊によってしか根絶できなかったはずである。

ポスト南京の諸対策

ともあれ、南京戦が終ったのちも戦争はつづいたのであり、アトローシティが一過性の「奔騰」や「爆発」として終る保証は失われていた。日本はこの段階で短期戦をあきらめ、親日傀儡政権を立てて、おもむろに蔣政権と中共軍の枯死を待つ持久戦略へ移りつつあった。そうなれば中国の民心をひきつけるためにも、日本軍はモラルを再建し、軍紀・風紀を正す必要に迫られた。南京事件のような暴行をくり返せば、米誌『アメラシア』でフィリップ・ジャッフェが指摘したように、「反日を懲罰するのが目的なら、これは新しい反日の種を蒔いているようなもの」（一九三七年十二月号）だからである。

このジレンマに気づいた陸軍中央部は、おくればせではあったが、硬軟とりまぜた各種の対策に乗りだす。そのいくつかを列挙してみよう。

〔一、作戦休止と部隊の新陳代謝――〕

南京攻略戦の直後から、松井中支那方面軍司令官は、徐州への北上という積極戦略を、柳川第十軍司令官は、上海・南京に二個師団を残し撤兵する消極案を上申し、現地軍の次期作戦構想は分裂したが、大本営は十三年二月二十日の御前会議で、少なくとも秋までは大作戦を休止し、兵員の新陳代謝と訓練に専念する方針を決定した。

この「作戦休止案」を立案した河辺作戦課長によれば、汚染した兵士たちを交代させ、「軍隊士気の一新是正をする」のが動機だったという。

その一環として、南京戦に参加した中支那方面軍と上海派遣軍、第十軍司令部は廃止されることになり、二月末内地へ帰還した松井、柳川の二人は召集解除、朝香宮は軍事参議官へ転補された。指揮下の各師団では第百一師団が復員しただけで、他はそれぞれ新戦場へ向かい、華中には中支那派遣軍（司令官畑俊六大将）が新編された。

ところが、この作戦休止は、二か月もしないうちに変更され、徐州作戦（五月）とひきつづく漢口作戦（秋）へ発展、兵員の新陳代謝もほとんど実行されずに終った。この間に中島、谷師団長は軍司令官へ、佐々木旅団長は師団長へ、飯沼参謀長は陸軍省人事局長へ栄転している。

〔二〕「従軍兵士の心得」から「戦陣訓」へ――」

昭和十二年末、華北の連隊長から大本営教育課長へ発令された遠藤三郎大佐は、「従軍部隊の軍紀の刷新は現下の最大急務」と判断して、大急ぎで「従軍兵士の心得」と題した小冊子を作成、十三年夏までに百数十万部を印刷して全軍に配布した。無学の兵士にもわかりやすい文章で、「敵意なき支那民衆」に対し、「万一にも理由なく彼等を苦しめ虐げる様なことがあってはいけない。武器を捨てて投降した捕虜に対しても同様である。特に婦女を姦し私財を掠めあるいは民家をいわれもなく焚くが如きことは、絶対に避けねばならぬ」（遠藤『日中十五年戦争と私』）と戒めている。

どの程度の効果があったかは不明だが、依然として不軍紀行為が横行することに頭を悩ませた教育総監部は、今村均中将を責任者として島崎藤村が加筆した「戦陣訓」を作り、十六年一月、東条陸相の名で全軍に配布した。

「戦陣訓」は、「生きて虜囚の辱を受けず」の表現で、捕虜になることを初めて明文で禁じたことや、軍人勅諭に屋上屋を架したものとして、当時から評判が悪いが、それを承知のうえで公布に踏み切るだけの動機が存したのである。

〔三、陸軍刑法の改正――〕

昭和十七年二月二十日、法律第三十五号として公布された「陸軍刑法中改正法律」は、対上官暴行や逃亡の刑罰を加重したほか、第九章「掠奪ノ罪」を「掠奪及強姦ノ罪」に改めた。そして従来は掠奪の併合犯しかなかった強姦を、第八十八条の二として独立させ、「戦地又ハ帝国軍ノ占領地ニ於テ婦女ヲ強姦シタル者ハ無期又ハ一年以上ノ懲役」に、強姦致死は「死刑又ハ無期若《もしく》ハ七年以上ノ懲役」と規定した。

しかし、親告罪であることに変りはなかったため、後難を恐れた中国人婦女が告発する例は稀で、軍紀にきびしい日本軍幹部のなかには、被害者を説きつけて告訴させた例もあった（『岡村寧次大将資料』)。

〔四、慰安婦の大量投入――〕

平時から兵士の性処理に遊廓などを活用してきた軍幹部が、戦地の強姦予防に慰安婦の投入を着想したのは自然であった。第一次上海事変でも小規模な例があったとされるが、千田夏光氏の調査によると、日中戦争では、軍の要請で御用商人が北九州の遊廓から集めて十二年末、上海に開設したのが慰安所(正式名称は「陸軍娯楽所」)第一号とされている。

上海派遣軍では、長参謀が主任となって幕僚会議で方針を決め、十三年正月の前後に南京でも慰安所が開設され、またたく間に各駐屯地に広がった。その一つである常州慰安所の「使用規定」(十三年三月)なるものを見ると、「慰安ノ道ヲ講ジテ軍紀粛正ノ一助トナサントスルニ在リ」と宣言している。

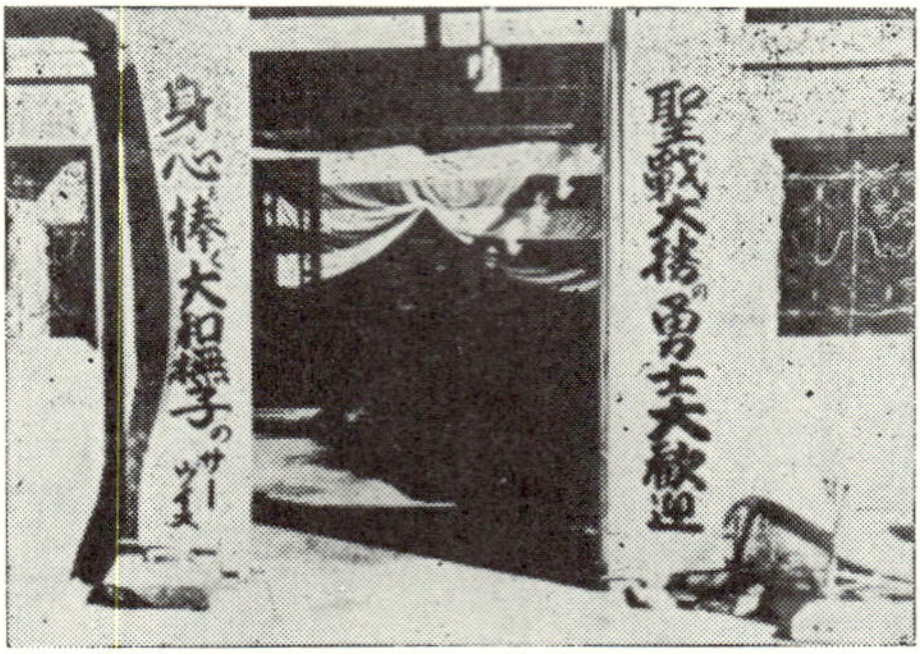

慰安所正門の風景

それなりの効果はあったようだが、十三年春以降、戦線が拡大すると、部隊が慰安婦をつれて進撃するのが慣例化し、なかには第一線より進みすぎた彼女たちの一行が包囲されて救出部隊がかけつける珍事も起きたという。

近代戦史に珍しい慰安婦随伴の日本軍という姿は、南京事件がきっかけになって確立されたといえそうだ。

焼くな、殺すな、盗むな

しかし、このような諸対策がその後八年もつづいた日中戦争の戦場で、どのくらい効果をあげたかとなると、いささか疑問である。

昭和十三年夏、第十一軍司令官として漢口作戦に出征した岡村寧次中将は、作戦中に「掠奪、強姦等の非行なお跡をたたない」のを知っていただけに、南京と並ぶ大都市で、列国外交団も駐留する漢口への突入に当って払った苦心のほどを次のように書いている。

「（第六師団は）南京攻撃戦で前科のある師団でもあり、如何にして漢口入城に際して立派に軍風紀を維持せしめるかについては、私も稲葉師団長も中島旅団長も相当苦心した。……いよいよ入城前に師団を訪問、旅団長と協議、市街に入れるのは一番良い都城連隊の二個大隊に限るとした」

（『岡村寧次大将資料』）

軍参謀長からも違反者には、「寸毫《すんごう》ノ仮借《かしやく》ナク臨ムニ厳

年　度	非　違	犯　罪
昭和 13	9,340	776
14		452
15		386
16	723	335
17（1—6月）		186

注　昭和13年度犯罪の主要内訳は賭博168，傷害及び同致死151，掠奪138，強姦及び同未遂124

（出所：中支那派遣憲兵隊「軍事警察勤務教程」昭18.7.1）

表 8　中支における軍人・軍属の非違犯罪（単位：人）

罰ヲ以テスベシ」との通達が行ったせいか、「慰安婦をつれているのに強姦をやる」と悪評の高かった第六師団も、「今夜はまるで猫のようにおとなしく、事故は皆無と報告」され、面目を施した憲兵隊は賞詞をもらった（『憲友』三三号）。

岡村将軍は、同じ回想で、戦局が長期対峙の形勢に移った昭和十四年以降は、不祥事件が目立って減った、と観察している。

たしかに中支那派遣憲兵隊が調査した統計報告（表8参照）によれば、非違犯罪件数は逐年低下しているが、「罪質はむしろ悪化した」と注釈がついている。中国側（国民政府）が三大暴虐として、(1)南京戦、(2)徐州戦、(3)第三次長沙作戦（十九年夏）をあげているのを見ても、岡村の観察は皮相にすぎたといえよう。

とくに戦争中期以後の華北戦線では、中国共産軍が農民層をとりこんだゲリラ戦を執拗に展開したため、手こずった日本軍は悪名高い「三光作戦」と呼ばれる苛烈な対ゲリラ戦法で対抗した。「三光」とは「殺す、焼く、盗む」の総称で、歴代の支那派遣軍総司令官は、清朝の故事にならい「焼くな、殺すな、盗むな」を標語として全軍へくり返し呼びかけたが、単なるかけ声に終った。師団長、軍司令官として転戦、中国大陸で終戦を迎えた澄田睞四郎中将は、晩年の回想記に次のように書いた。

「日本軍は、事変の出だしから隠れもないあの南京虐殺事件は論外としても、残念ながら掠奪、放火、殺人（強姦）、虐殺など、あらゆる悪業の仕放題だったといってよい。……遅蒔きながら、これではならぬと気がついた軍司令官や師団長などの高級指揮官は勿論、心ある下級部隊長も一斉にこれら悪業の徹底的追放を叫び、軍紀風紀の粛正に大いに努力したものの、所詮犯罪の根は深く、これが根絶は愚《おろ》か、その減少さえも容易ではなかった」

憎悪は憎悪を呼びやすい。ティンパーリーの訳書の序文に「およそ中華民族の子女たる限り、この血肉の長城の前に、必ずや無限の悲憤を新たにしつつ一層奮い立たずにいられぬであろう」と書いた郭沫若の予告どおり、南京事件とひきつづく残虐行為は、日本軍の思惑に反し、中国の兵士と民衆の憎悪と抗日意欲をますます堅めるという逆効果しか生まなかった。

南京戦以後、中国軍は負傷兵で歩けない者は自軍の手で殺して退却するようになったという。捕虜になれば日本軍に虐殺されるだけと判ったからである。住居を失った民衆はゲリラに走った。作らなくてすむ敵をわざわざふやして、さらに苛烈な三光政策を誘発するという悪循環を断ち切れぬまま、日本は敗戦の日を迎えたのである。

あとがき

史上「南京事件」と呼ばれているものが三つある。最初は一八五三年、太平天国軍の南京争奪に際し、三万人以上が虐殺されたと伝えられる事件である。次は一九二七年三月、蔣介石のひきいる国民党軍が南京を占領したときに起きた外国公館の襲撃事件だった。日本領事館も暴兵に略奪されたが、警備兵が抵抗しなかったため、痛憤した海軍士官が切腹を試み、幣原協調外交排撃のきっかけを作った。戦前期の日本では「南京事件」といえば、通常はこの事件を指した。

最後が本書の対象としたもので、一九三七年末、日中戦争の最中に南京で日本軍がひき起した残虐事件である。「南京（大）虐殺事件」とか「南京アトローシティ」とも呼ばれ、呼称は必ずしも一定していないが、前の二つは一般にはほとんど忘れられていることもあり、本書ではあえて「南京事件」の書名をえらんだ。

ただし本文中では、時に応じ「南京アトローシティ」も併用した。アトローシティの語意が単に「虐殺」だけでなく、略奪、強姦、放火など各種の戦争犯罪を広く包含し、実情に合っていると認めたからでもある。

筆者としては先入観や政治的配慮を排し、そのとき南京で何が起きたのかという観点から、事実関係を洗い直し復元することをめざし、資料の収集と執筆に当った。さりとて入手しえた範囲のデータを羅列しただけでは、単なる資料集になってしまうから、「史料批判」(テキスト・クリティーク)の手法に従って検証を加え、著者なりの解釈も示した。

この意味で本書の核心部分は第五章と第六章であるが、それだけでは南京事件の位置づけが明確にならないので、第一章と第二章ではジャーナリストと東京裁判の法廷が形成した事件像を紹介、第三章と第四章では南京戦に至る歴史的背景を要約的に記述した。また第七章と第八章では、論争の焦点となっている被虐殺者(不法殺害者)の数を概算し、アトローシティの原因論と責任論に触れた。

新書という制約から、量的に十分な書きこみはできなかったが、それなりの特色は出したいと考えた。とくに従来の研究書には、被害者である中国側の証言や主張を軸に組み立てたものが多く、全体像が見えにくくなる傾向があった。そこで、本書では加害者である日本側の戦闘詳報や参戦者の日誌など、いわゆる第一次史料を軸として構成し、日本側史料でも後になって書かれたり語られたいわゆる第二次史料は、原則として補足、参考の範囲で利用するにとどめた。

これら第一次史料の発掘と利用については、相当の苦心を重ねたが、快く協力して下さった各方面の方々に厚く御礼を申し述べたい。南京事件の解明はなお途上にあり、将来の研究に待つ点が少なくない。思いもよらぬところから、新資料が飛び出してくる可能性は残っている。筆者が約四万人と概算した被害者数も、積み上げ推計に基づいているだけに、新資料の出現で動くことになるかも知れず、あくまで中間的な数字にすぎない。

日本が満州事変いらい十数年にわたって中国を侵略し、南京事件をふくめ中国国民に多大の苦痛と損害を与えたのは、厳たる歴史的事実である。それにもかかわらず、中国は第二次大戦終結後、百万を越える敗戦の日本兵と在留邦人にあえて報復せず、故国への引きあげを許した。昭和四十七年の日中国交回復に際し、日本側が予期していた賠償も要求しなかった。当時を知る日本人なら、この二つの負い目を決して忘れていないはずである。

それを失念してか、第一次史料を改竄してまで、「南京〝大虐殺〟はなかった」といい張り、中国政府が堅持する「三十万人」や「四十万人」という象徴的数字をあげつらう心ない人々がいる。もしアメリカの反日団体が日本の教科書に出ている原爆の死者数（実数は今でも不明確だが）が「多すぎる」とか、「まぼろし」だとキャンペーンを始めたら、被害者はどう感じるだろうか。

数字の幅に諸論があるとはいえ、南京で日本軍による大量の「虐殺」と各種の非行事件が起きたことは動かせぬ事実であり、筆者も同じ日本人の一人として、中国国民に心からお詫びしたい。そして、この認識なしに、今後の日中友好はありえない、と確信する。

最後に、巻末の主要参考文献の項で示したように、本書のために御協力いただいた方々と諸機関、および刊行について尽力された中央公論社の横山恵一、岩田堯、木村史彦の諸氏に感謝します。

一九八六年一月

秦　郁彦

本文使用写真提供／朝日新聞社・麻生徹男・井手純二・金丸吉生・木村久邇典・国際基督教大学図書館・サンケイ新聞社・高橋文雄・防衛庁戦史部・毎日新聞社

第九章　南京事件論争史（上）

アイリス・チャンとラーベ

二〇〇五年、拡張と改装にかかり、世界遺産への登録をめざしているとされる南京市の「侵華日軍南京大屠殺遭難同胞記念館」（以後は「虐殺記念館」と記す）には、アイリス・チャンとジョン・ラーベの銅像が飾られた。

その一〇年前に私が訪問したときには見かけなかったこの二人が、今や南京市民の恩人と見なされ、記念館の象徴的地位を占めていることに、いささかの感慨を覚える。

時として史実自体よりも、それをめぐる論争ないし論争史のほうが重要で、しかも人びとの関心をひく場合がある。南京事件はその好例と言えるのかもしれない。旧版を送りだしてから二〇年、こうした観点から南京事件論争史をまとめる時期が来ていると考え、若干の補正をふくめ第九、第十章を新たに書き足す形式で増補版を書くことにした。

導入部としてアイリス・チャンと私が遭遇した一九九七年の狂騒ぶりを紹介したあとは、ほぼ時系列にそって書き進めることにしたい。

一九九七年はアイリス・チャンの『レイプ・オブ・南京』(*The Rape of Nanking* by Iris Chang)とジョン・ラーベの『南京の真実』(*Der Gute Deutsche von Nanking* by John Rabe)の二冊が刊行され、南京論争が一挙に国際化した年であった。

南京事件六〇周年のふし目ということもあり、東京、南京、台北、香港、ニューヨーク、プリンストンなど世界各地で事件がらみの記念イベントや学術討論会が開催された。このうち私が報告者として出席したのは、米国ニュージャージー州プリンストン大学でのシンポジウムであったが、そこではからずもアイリス・チャンの初舞台に遭遇した。

学術シンポジウムという触れこみだったのに、行ってみると司会者こそプリンストン大学の教授だったが、運営の主体は中国系アメリカ人(チャイニーズ・アメリカン)が組織している「南京大虐殺の犠牲者を記憶する同盟」(Alliance in Memory of the Victims of the Nanking Massacre、以後アライアンスと略称)などの反日団体と知れた。会場を仕切っていた八人の委員(ほとんど理工系学部の女子学生)も数百人の聴衆も、八割ぐらいがチャイニーズ・アメリカンだから異様な空気が漂っていた。

日本から行ったのは、秦と笠原十九司《とくし》(宇都宮大学教授)の二人で、私は「南京虐殺事件——

数の考察」、笠原は「南京大虐殺の歴史的要因」の題で報告したが、風当りはもっぱら秦に集中した。二人の見解がかなり大幅に食いちがったので、当然と言えるのかもしれない。

たとえば犠牲者数について、秦がゼロから一〇〇万人に至る諸説を列挙した表を紹介したあと、軍民の不法殺害者は約四万人と述べたのに対し、笠原は「一〇万以上、それも二〇万近いかあるいはそれ以上の軍民」と主張した。

次に原因論へ移ると、笠原が「日本軍の皆殺し思想」「女性蔑視」「上海戦いらいの補給難と復讐感情」などを挙げたあと、秦が「付け加えれば、部下を放りだして逃亡した唐生智司令官にも原因がある」と述べたところ、会場のあちこちから憤激の声があがった。

その後の質疑のようすは、笠原の『南京事件と三光作戦』（二二六ページ）に詳述されているので、一部を引用してみよう。

アイリス・チャン

会場から異議、抗議の声があがり、一時騒然とする。……秦氏と私にたいして、日本の中国侵略の罪について、日本政府が公式に謝罪するときがあるかどうか、という質問が出された。私が秦氏に発言を促すと、氏は発言を避け、「あなたでいい」と私に発言をまわしてきた。……日本政府・国民も公式謝罪がおこなえるよう希望していると結ぶと、会場から拍手がおこった。（中略）

ついで司会者が「謝罪問題について秦教授のお答えを」と促すと、会場から「謝罪せよ！」というヤジが飛び……秦氏は謝罪問題については回答せず……終了後、何人かの人が私のところにきて握手を求め、「立派ないい報告だった」と言葉をかけてくれた。（傍線は秦）

実際には会場の空気は、「一時騒然」とか「ヤジが飛び」などというなまやさしいものではなかった。ブーイングの嵐で私の発言はほとんど聴きとれなかったらしい。それでも報告が終ると、私のところにも白人や日本人留学生が何人もきて、「立派ないい報告だった」と言葉をかけてくれたことを付言しておきたい。

謝罪についての質問を笠原にまわしたのは、質問者の表情から求めている内容が察知できたのと、学術討論から外れたテーマで日本人同士が争う姿を見せたくないとの思いもあったからだ。

アイリス・チャン（一九六八〜二〇〇五）が演壇に登場したのはそのあとだが、二十九歳の美女が歯切れよくぶったアジテーター調の弁舌は観衆を魅了した観があり、私は「やるものだなあ」と舌を巻いた。五〇万部のベストセラーになった『レイプ・オブ・南京』が本屋に並ぶ直前だったが、受付には早刷りの二〇冊ばかりが積んであり私も一冊もらったが、彼女と直接にやりあう機会はなかった。

あとでわかったことだが、南京の難民区で国際安全区委員会の委員長だったドイツ人ジョン・ラーベ（一八八二〜一九五〇）の日記や文書を発掘し、チャンに提供した仕掛人は前記のアライアンスだった。この作戦は成功する。

予備知識に乏しいアメリカの読者は、チャン本の残酷シーンに大きな衝撃を受けたらしい。『ニューヨーク・タイムス』の書評で、オービル・シェル教授がわざわざ引用したくだりは次のようなものである。

ジョン・ラーベ

兵士たちはレイプしたばかりでなく、女の腹を断ち割り、胸をスライスし、生きたまま壁に釘で打ちつけた。父親たち（以下はすべて複数）は自分の娘を、息子は母親をレイプするよう強制され……生き埋め、去勢、器官切開ばかりか、集団的に火あぶりするのも日常的シーンとなった。より悪魔的な残虐行為――たとえば鉄のフックを人々の舌にひっかけて吊《つる》すとか、腰のあたりを土に埋め、ドイツ種のシェパードに嚙みつかせバラバラに引き裂くのを見物する……。

中世の魔女裁判も顔負けのこの劇画的グロシーンを彼女がどこから仕入れたのか、注を引いてみると、簡単に「著者による『生き残り《サーバイバー》』からのインタビュー」としか書いてない。それでも、カリフォルニア大ジャーナリズム大学院長の肩書を持つ書評子が信じこんだのは、チャンの筆力と評すべきか。

一方、ラーベについては同じ『ニューヨーク・タイムス』が、ユダヤ人を救ったドイツ人工場主になぞらえ「南京のシンドラー」と賞讃した。しかし英語訳が出なかったせいもあってか、専門家には高く評価されたものの、一般にはさしたる反響を呼ばず、南京のラーベが日中双方の乱脈ぶりを辛辣《しんらつ》に記録し、「ここはアジアなのだ」と自慰する公平な観察眼は見落されてしまった。つまり大虐殺派のチャンたちが発掘したラーベは、皮肉にも中間派に属すべき証人だったのである。

時移り二〇〇五年五月、内外の新聞はアイリス・チャンの自殺を報じた。在米中国人の歴史を題材にした第二作が不評だったため、次作に第二次大戦中の「バターン死の行進」をえらび、執筆中の突然死であった。

南京事件論争史でチャンが演じた役割は「在米中国人ネットワークが仕立て上げた反日アイド

ル」（高浜賛）というところだろうが、南京をナチのユダヤ人ホロコーストと同列に並べる過激さには、わが国の大虐殺派も辟易《へきえき》してしまった観がある。邦訳が実現しなかったのも、事実ミスの訂正を日本の出版社が申し入れたのを彼女が拒否したためだった。ついでに事件の国際化という点では、先達のティンパーリーが果した役割に注目せねばなるまい。

ティンパーリーと三〇万人説の起源

本書の第一章で扱ったように、南京事件の第一報は首都陥落の直後に脱出したアメリカ人記者によって報じられた。ついで、南京難民区に残留した国際安全区委員会（委員長はラーベ）が提供した諸情報を収録したティンパーリー（一八九八〜一九五四）の著書『戦争とはなにか――中国における日本軍の暴虐』（*What War Means: The Japanese Terror in China*）によって欧米社会に広まった。

公表はされなかったとはいえ、南京や上海に駐在する日米独の大使館員からも本国政府へ報告電が送られていたが、かえって漢口（ついで重慶）へ撤退していた中国政府には、正確な情報が届いていない。

ティンパーリーの本は、一九三八年七月にロンドンと漢口（印刷は香港）でほぼ同時に刊行された。後者は中国語へ翻訳する期間が必要なので、事前のすり合わせがあったのではないかと想像されていたが、最近になって台湾で国民党中央宣伝部の関係資料に当った北村稔（立命館大学教授）によって輪郭が明らかになった。

中央宣伝部国際宣伝処長だった曾虚白の自伝（台北、一九八八）などを利用した北村稔『〈南京事件〉の探究』（文春新書、二〇〇一）に東中野修道らの追加調査を加え総合すると、ティンパーリーは三八年一月に上海から香港経由で漢口へ飛び、宣伝部と話しあい資金援助を受けて英文版と中国語版を刊行する段取りを決めたようだ。

中国で発行された『近代来華外国人名辞典』（一九八一）がティンパーリーについて「一九三七年盧溝橋事件後、国民政府により欧米へ派遣され宣伝工作に従事、つづいて国民党中央宣伝部顧問」とある点から、北村は彼が早くから宣伝部の依頼を受けた「影のスタッフ」要員として行動していたと結論した。だが『ガーディアン』紙の死亡記事には彼の在職期間は一九二八〜三八年、三九年から国民党中央宣伝部のアドバイザーと記され、時期が微妙にずれている。国際人道主義とか新聞記者としてのスクープ願望が重なりあったことも一概に否定できないし、似た動機は南京から彼に情報を供給したマギー、ベーツ、フィッチたちにも適用できるのかもしれない。しかしティンパーリーの活動ぶりを注意深くたどっていくと、彼が早くから宣伝工作員として深くコミットしていたらしい姿も浮かんでくる。ヒントは二点ある。

ひとつは、事件の態様や規模の原型を作りあげ海外に伝播《でんぱ》させたのが、出所と根拠のあやふやな彼の著書だったこと、もうひとつは南京の国際安全区委員会が犠牲者数を四万人前後と伝えていたのに、ティンパーリーはあえて三〇万という数字を打ち出したことである。

ティンパーリー著の英文版は、冒頭部分で「華中の戦闘だけで中国軍の死傷者（casualties）は少なくとも三〇万人を数え、ほぼ同数の民間人（civilians）の死傷者が発生した」と書いている。このうち軍人の死傷者については、南京陥落直後の一九三七年十二月十七日に蔣介石が漢口で発表した「我軍退出南京告国民書」で、抗日戦争開始いらいの全軍の死傷者は三〇万人に達したと述べている数字を、ティンパーリーが採用したのだろうと北村は推測する。

この数字は、国民政府の何応欽軍政部長が一九四六年八月東京裁判へ提出した各年別の死傷者統計に、一九三七年の戦死者が一二万四一三〇人、負傷者二四万三二三二人とあるのがほぼ符合する。

しかし北村は「ほぼ同数の民間人」というほうは典拠が見当らず、ティンパーリーの脚色かと推測した。ヒントになるのは、外務省が広田弘毅《こうき》大臣名で三八年一月十九日にワシントンなど欧米各地の出先大使館へ打った暗号電二〇六号である。それは十六日にティンパーリーが本社あてに打とうとした電報を上海の日本検閲官が差し押さえ、英総領事館と係争になっている件を伝えていた。添付された十六日付のティンパーリー電には「私が数日前に上海へ帰っていらい、南京などの日本軍によるフン族の蛮行を思わせる残虐行為の詳細について、信頼できる目撃者の口頭および手紙によって調査を進め」たが、「三〇万を下らない中国人シビリアンが虐殺された」（Not less than three hundred thousand Chinese civilians slaughtered）とあった。

情報源は南京のベーツやフィッチのようにも見えるが、二人ともこのように誇大な数字を口にした形跡はないので、あるいは漢口の中央宣伝部との謀議に基づく意図的なプロパガンダなのかもしれない。

さすがに上海の日本大使館は、以前からティンパーリーを要注意人物と見なし、彼の不自然な動きにも気づいていた（『軍事史学』一六三号の中田崇稿）。彼が友人ドナルド（蔣介石の顧問として一九三六年の西安事件で蔣救出に尽力した英国人）の招きで漢口へ行き、ドナルドの後任として中国政府のプロパガンダを担当する仕事についたらしいこと、日本軍と意図的にトラブルを起こし世界的な話題にするつもりかと思われるので、出先大使館に知らせておくと念押ししていた。

この広田電と添付されたティンパーリー電の存在は久しく知られていなかったが、はからずもアイリス・チャンが米国立公文書館（RG457）で英文の暗号解読文*を発見、著書に引用（原著の一〇三ページ）したのが初出らしい。

＊　萩原健司のナショナル・アーカイブス調査によれば、解読の日付は一九三八年二月一日、秘解除は一九九四年九月である。

ただし彼女はこの広田電を悪用した。添付電のほうだけを取りあげ、「私が数日前に……」の主語をティンパーリーではなく広田に読み替え、日本の外相が三〇万人の民間人虐殺を確認していたかのようによそおったのである。

一方、牧師で南京大学教授を兼ねていたマイナー・ベーツ（東中野のエール大学での調査によると国民政府顧問でもあったらしい）は、同じ本の中で全体の虐殺規模について「非武装の四万人近い人間が殺され……うち約三割は決して兵士ではなかった」と記述している。匿名で書いたのは、ひきつづき日本軍占領下の南京で生活する都合からだろうが、東京裁判に出廷したときは不法殺害四万二千人のうち一万二千人が民間人、残りは捕虜の殺害だと証言した。

ベーツは、一年半後に雑誌記事で捕虜の殺害数を三万五千と修正したので合計は四万七千人になるが、おおむね一九三八年初期段階の数字を踏襲していると言えよう。根拠は紅卍字会《こうまんじかい》による死体埋葬記録で、いずれにせよティンパーリーの三〇万とのへだたりは大きいが、東京裁判期までは表9－1で見ると、二系統の数字が子引き、孫引きをふくめ登場してくる。

戦中期に広く読まれたのはE・スノーの著書だが、出所は難民区国際委員会（ベーツなど）だと本人が断わっている。『抗敵報』や『新中華報』など中国共産党系の印刷物や米中合作映画も、おそらく出所は同じだと思われる。スノーは四万二千人の大多数が婦女子だったと変型しているにせよ、いずれもベーツの系列に属す数字と言ってよかろう。

一方、ティンパーリーの華中（上海～南京戦）における民間人殺害三〇万人説の流れは戦中に

文　献	日　付	軍人	民間人	計	
ベーツ　I	1938.7	2.8	1.2	4.0	ティンパーリー著
II	46.7.29	3	1.2	4.2	東京裁判証言
III	48.2.6	3.5	1.2	4.7	
(ティンパーリー電)	(38.1)		(30)		ただし華中全体
ノース・チャイナ・デイリーニュース	38.1.22			1.0	
China Forum	38.3.19			8	
抗敵報	38.4.30			4.2	中共軍機関紙
ラーベのヒトラーあて上申書	38.6.8			5〜6	
(新中華報)	(38.6.30)		(30)		中共党機関紙
中央日報	38.12.14			20	国民党機関紙
E・スノー　a	41			4.2	*Battle for Asia*
b	41		(30)		〃
A・スメドレー	43			20	『中国の歌ごえ』
Battle of China	43		4		米中合作映画
朝日新聞	45.12.8		2		GHQ 提供記事
南京地方法院調査報告　I	46.2			30	東京裁判検証1706
II	46.9.1			39.2	
中国軍事法廷判決	47.3.10			34	谷中将裁判
東京裁判判決　a	48.11.12	5+	1.2	20+	
b	〃			10+	松井大将への諭告

表9－1　南京における不法殺害者数（カッコ内は華中全体）
（単位：1万人）

も細々と流れているが、東京裁判の段階で南京だけで「軍民あわせて三〇万」にほぼ統一される。

ただし終戦までの約八年、中国国民政府（および延安政権）が公式に南京事件の規模、とりわけ虐殺数について言及した事例はほとんど見かけない。

理由は諸説あるが、軍民を問わず多大な人的損失の公表で士気の低下を恐れたこと、南京戦以後も中国軍の連戦連敗がつづき、南京への関心が相対的に薄れたことなどであろうか。

東京裁判の呪縛

アメリカが主導した東京裁判では、中国における日本軍の戦争犯罪は必らずしも重視されなかった。一九四五年八月まで日本の支那派遣軍は上海、南京、漢口をふくむ中国本土の要地を占領しており、山間の重慶から八年ぶりに南京へ戻ってきた国民政府は、裁判の予審段階と開廷（四六年五月）までの短期間に必要な訴追材料をそろえるだけの余裕が乏しかった。また終戦直後から始まった国共の対立はやがて内戦に発展し、裁判どころではなくなったという事情も影響したであろう。

それでも検事団で中国を担当したモロー検事（米国人）は、開廷前に中国へ出張して日本軍の毒ガス戦や細菌戦の資料収集に努めたが、訴追に必要な材料を集めきれず、不発に終る。

唯一に近い例外は南京事件であった。中国政府からは、陳光虞検事が「南京地方法院検察処敵人罪行調査報告」を提出した。四五年十一月から四六年二月にかけ生存者の証言を集め、紅卍字会の埋葬記録などを整理して「調査未了」と断わってはあるものの、「被殺者確数三四万人」、「確定既に三〇万に達し、此外尚《このほかなお》未だ確証を得ざる者合計二〇万人を下らざる」、「集団屠殺二〇余万人」といった各種の数字が同じ報告書に混在していた。さらに九月には、陳検事が南京の罪行調査委員会で三九万一七八五人という数字を報告し、五〇万以上という見積りも持ちだしたらしいが、これらの数字は具体的証拠があったわけではないと南京大学歴史系発行の研究書（『証言・南京大虐殺』参照）は論評している。

こうした混乱ぶりをもてあましたのか、東京裁判の一般判決も非戦闘員一万二千、便衣兵二万、捕虜殺害三万以上、避難民五万七千（以上の計は約一二万）と報告書から拾い出したあと「後日の見積りによれば……最初の六週間に、南京とその周辺で殺害された一般人と捕虜の総数は二〇万以上」「強姦事件は二万件」と認定した。一説によると二〇万は証人として出廷した許伝音博士（国民政府官吏）が、殺害された「中国人一般人の総数は二〇万人内外」と陳述したのを採用したものだという。

ところが松井石根《いわね》大将に対する論告では「何千という婦人が強姦され、一〇万以上の人々が殺害され……」となっていて、大幅に食いちがう。

裁判官の困惑ぶりがしのばれるが、法廷技術の上ではA級被告の個人的戦争責任を問うのが目的であるから、松井の死刑宣告には一〇万でも二〇万でも大差はないので、統一する必要はなかったのだとも言えよう。

日米の協力不足で南京戦に参加した部隊の戦闘詳報や人的情報を十分に得ることができなかった国民政府は、谷寿夫《ひさお》第六師団長や「百人斬り」などの将校三人を南京の軍事法廷でBC級戦犯として裁いた。そして東京裁判の判決に先だって一九四七年三月の谷判決にさいし、集団殺害一九万人以上、個別的殺害一五万人以上、計三〇余万人と認定した。

谷判決を丸くした三〇万の数字と算定の手法は、その後の中国側刊行物にほぼ継承され、やがて公定数字として定着する。だが前記の南京大学歴史系著が「三〇万という数字が比較的に具体性をもっていたので、〔それ以後〕一般にいつも引用されることになった」（二六四ページ）と自認するように、根拠はかなりあやふやと評せざるをえない。

たとえば個別的殺害の一五万は慈善団体の紅卍字会（四万三千体）と崇善堂（一一万二千体）が埋葬したとされる死体の合計だが、崇善堂のほうはラーベ資料や日本特務機関、当時の新聞報道にも登場しないため、一時は実在したのか疑う声があった。

その後、存在だけはほぼ確認されたが、作業員数は紅卍字会の一二分の一程度の規模なのに、紅卍字会の二・六倍、つまり三〇倍の作業量をこなしたのはいかにも不自然で、信頼性に乏しいと原剛は指摘している（『南京「虐殺」研究の最前線』の原論文）。また、この埋葬者数には軍人の戦死者や民間人の病死者、砲爆撃の巻き添えを食った死者も入っているし、崇善堂を紅卍字会の下請組織とすれば、数字の重複もありうる。いずれにせよ、不法殺害の犠牲者は算定のしようがない。

集団殺害の一九万人についても、疑問が多い。犠牲者二〇万以上と判定した東京裁判の判決が内訳として認めたのは捕虜三万、便衣兵二万、民間人一万二千の計六万二千で、差数の一四万人については説明がなく、一五万五千という慈善団体の埋葬数（六万二千との重複には触れずに）を参考的に挙げているにすぎない。

差数といえば、その後の中国側の数字には内訳と総計が符合しない例が多い。一九九五年に中国で刊行された『侵華日軍暴行総録』は、総計を三〇万としているが、内訳を詳しく紹介した八大集団虐殺（数字は南京の歴史档案館資料を引用）を足しても、一九万どころか一一万～一三万にしかならない。しかも、この八大虐殺のうち最大かつもっとも有名な事件は一九三七年十二月十七日夜、流れ弾に当たって足に負傷し、洞穴にかくれた魯甦という警察官の証言である。彼は「目と鼻の先のところ」で五万七四一八人が虐殺されるのを目撃したというのだが、暗夜に正確なカウントができるはずもなく、相当な誇張と考えるのが自然であろう。

日本側記録で該当するのは、幕府山で山田支隊に捕えられた一万四七七七人の捕虜の一部が揚子江岸（上元門～草鞋峡）で射殺された事件（本書第五章参照）を指すと思われる。したがって最大限をとっても、犠牲者は一万五千人を超えず、秦はやや多めに八千人と見積っている。

数のうえでは、草鞋峡につぎ二万八七三〇人と二位になる「上新河の大虐殺」も、三七年十二月十三日未明に下関《シャーカン》から南下してきた中国第七十四軍（兵力約六千）が北上する日本の第六師団歩兵第四十五連隊と正面衝突の形で白兵戦を演じ、二千余の死体を残し四散した戦闘を指すと思われる。中国側は「敗残兵と難民」と称すが、純然たる戦闘行為だから虐殺の対象外なのに、すでにこの段階から軍人の戦死者もふくめた犠牲者を虐殺の被害者と見なしていたことがわかる。

その他の事件は数千人、数百人のレベルだから、どう足し合わせてみても一〇万の大台に乗るとは思えない。日本側の大虐殺派もさすがに三〇万人説にはついて行けず、東京裁判判決と同じ論理で二〇万人説をとっている人が多いようである。たとえば洞富雄《ほらとみお》は「（崇善堂の数字は）だれしもいちおう疑問符をつけたくなる」と言いつつ、「やや誇張はあるかもしれぬが、これを虚構の資料と断じてはならない」と述べる。しかしそのあとに論証抜きで「以上を合算すると、日本軍の南京占領によって、二〇万人をくだらない中国軍民の犠牲者」（『決定版・南京大虐殺』一四五ページ）と飛躍した結論にたどりつく。東京裁判の判決と同じ数なら、三〇万人説を堅持する中国とかろうじて折り合えると考えての政治的配慮なのかもしれない。

一九六〇年代までは低調

東京裁判と南京法廷のあと、日中両国をふくめ内外の南京事件に対する関心は急速に薄れていった。

李玉（北京大学教授）の「抗日戦争の研究に関する中国側資料」と題した論文（二〇〇〇年）は、研究史を三期に区分する。①第一期（一九四九～六六年）の文献は僅少で単行書は一三冊にすぎない。第二期（一九六六〜七九年）は文化大革命期にあたり、他の分野もふくめ学術研究は不毛だったとされる。第三期（一九八〇年以降）に入ると文献は急増し、八四年から九三年までの一〇年間に抗日戦争に関する著作は五四六冊を数えたというが、第一、二期には南京事件を主題にした著作はほとんどなく、概説史のなかでいくらか触れられているにすぎない（巻末の主要参考文献を参照）。

その場合も、事件は概して国民政府批判の立場から書かれている。たとえば六〇年代に使われた初級中学用の歴史教科書（帝国書院から一九八三年に邦訳刊）は「国民党守備軍一五万人は、ひとたび敵軍に包囲されると、すぐにあわてふためいて退却した……殺害された者は三〇万人を下らなかった」と書いている。一九七九年版（ほるぷ出版より邦訳刊）もほぼ同文だが、拙劣な防衛作戦、指揮官（唐生智）の逃亡を責める基調は、一九三八年に毛沢東が『持久戦論』で展開した論旨を踏襲するものであった。

マルクス主義が優勢気味だった日本の歴史学界は中国共産党寄りの姿勢が顕著で、一九五三年に刊行された歴史学研究会編『太平洋戦争史』シリーズ（東洋経済新報社）は第二巻の標題を「中日戦争」と名づけたくらいで、戦争の経過は執筆者の野沢豊が中共党系の文献に依存して書いたためか、華北における八路軍の戦闘は詳しいが、南京をふくむ国民政府軍の戦場はほとんど無視している。

しかも「戦果」の誇張ぶりは並々ではなく、たとえば一九三七年末までに中国軍は日本軍七万を死傷させ、戦車一万八千台を撃破したと書いた。歩兵中心の日本軍戦車は列国に比し立ちおくれ、保有量は一〇〇台前後の水準にあったのにである。一台当りの乗員を四人として一万八千台に掛けると、中国戦線の日本兵は全員が戦車兵だったという話にもなりかねない。誇張もここまでくると、御愛嬌と言うべきかもしれない。

そのかわり南京事件についての記述は皆無で、巻末の年表に「12・13日本軍南京占領、南京虐殺事件」とあるだけ。さすがに一九七二年の改訂版（第三巻）は、前年の本多勝一「中国の旅」連載に触発されたのか、四ページにわたって詳述し（執筆者は笠原十九司か）、上海～南京の中国兵死傷三〇万、非戦闘員もほぼ同数と書いたあと、「十余日にわたる人間地獄」「未曾《みぞう》有の大虐殺事件」で、「スノーによると三〇万の民衆が殺された」、「東京裁判判決では一一・九万人」、「軍民二十余万殺害」（胡華）と三種類の数字を並べた。

『太平洋戦争史』と執筆陣が重複する『昭和史』（岩波新書）では、初版（一九五五）も新版（一九五九）も記述はほぼ同じで、スノーの数字を引用しているが、南京占領を一二月一〇日と誤記しているくらいで、記述は三行ばかりと素っけない。

他ならぬ秦の処女作である『日中戦争史』（一九六一）では「南京占領と残虐事件」の節を設け三ページを割いているが、次のように記述してある。

「南京アトローシティ」として、当時世界にけん伝された中国人（捕虜）虐殺暴行事件が発生した。その実態の一部は極東軍事裁判によって明らかにされ、また、エドガー・スノーやティンパーレイの著書によって鮮明に記録されているが、事件の全貌についてはなお不明の点が少なくない。

中国側の資料（『改造日報』一九四五・一二・二四）は虐殺者数四三万人（うち第六師団二三万、第一六師団一四万）という数字をかかげているが、この数字には上海戦いらいの正規戦闘による殺害、捕虜の虐殺、便衣隊の掃蕩《そうとう》が一般市民の被害にかなり加算されているものと見られ、市民の被害は死者一万二千ないし四万二千の範囲と推定される。また家屋の破壊・放火・略奪・婦人にたいする暴行もともなった（後略、注も省略）。

一九六〇年代の日本側文献で見逃せないのは、教科書裁判で有名な家永三郎（一九一三〜二〇〇二）の『太平洋戦争』（岩波書店、一九六八、英訳がある）だろう。沖縄、慰安婦、毒ガス、七三一部隊と並んで南京事件も取りあげられているが、「中国人数十万人を虐殺」と記す程度に終っている。

つまり、この時期まで日中ともに南京事件を本格的に検討する気運は乏しく、東京裁判段階の情報しかなかったこともあってか、日中戦争史におけるエピソードの一つとして扱われていたらしいようすが窺《うかが》える。しかし一九七一年から七二年にかけて、まず日本で事件をめぐる最初の論争が起きた。

本多勝一と『中国の旅』

第一次論争と呼んでもよい一九七〇年代初期の論争経過を、加々美光行が一九八四年に書いた『証言・南京大虐殺』への「訳者まえがき」から抜粋してみよう。

朝日新聞の本多勝一記者が七一年六月から、日本軍の中国における戦争犯罪の調査を目的として訪中し、その結果を「中国の旅」と題して同紙に連載し、南京事件については同年十一月四日から十六日にかけて一〇回にわたり掲載したのである（七二年単行本に）。

このほかにもこの時期、南京事件に関するいくつかの報告が連続的に現われた（参戦兵士の岡本健三、田所耕三、記者・カメラマンの河野公輝、鈴木二郎らの雑誌論稿）。……中国の日本軍国主義復活批判は急速にトーンを弱め……行きつく先は一九七二年九月二十九日の日中国交回復であった。

発端となった『中国の旅』について本多が『世界』の二〇〇三年九月号で語ったところによると、ベトナム戦争の取材中に「中国を侵略した日本の過去について不問にしてはならない」と思いたったのが動機だったという。文革さなかの中国で朝日以外の新聞社支局は閉鎖され、新たな入国は不可能に近かった。しかし西沢隆二（日本共産党幹部）の口利きで入国許可をもらった本多は香港から北京に入り、四〇日かけ満州事変からの時間的順序に近い形で各地を取材した。とは言っても、スケジュールは中国が設定し、行く先々には証言者が待機しているというお仕着せの旅行である。取材の目的については、本多自身が「戦争中の中国における日本軍の行動を中国側の視点から明らかにする」ことにあり、「日本軍による残虐行為のあった現場を直接訪ね歩くのが眼目でしたから、日本側の資料や反証の紹介は直接の目的ではありません」と割り切っていた。だが割り切った告発スタイルが、中国政府側の言い分を検証抜きで取りついだだけだとして反発を招く。批判派との論争は激化し、対立は感情的レベルにまでエスカレートした。

それにしても、本多ルポの与えた衝撃効果は大きかった。新聞ばかりでなく、『朝日ジャーナル』や『週刊朝日』にも転載され、単行本が一〇年間に二六刷を重ねるベストセラーになったことだけでも、浸透度の高さを推し測れよう。

本多が南京でインタビューしたのは四人の被害者で、「電線にぶらさげて火あぶりしたり硝酸をぶっかけた」「腹をたち割られ、心臓と肝臓を抜きとられた」「飢えた軍用犬も放たれ、エサとして食うために中国人を襲った」式の目撃談が次々に紹介されたのだが、おそらく読者にもっとも衝撃を与えたのは、中国側の提供で掲載した数十枚の残虐写真だろう。

もっとも、その後の研究で大部分が国民党宣伝部が製作したヤラセ写真のたぐいだったことが判明している。

四人のうち中心的な語り部役を果しているのは、事件当時に九歳だったという姜根福（南京大学の労働者、毛思想宣伝隊所属）という人物である。他の三人が身の上話で終始しているのに対し、三〇万人の被殺数や百人斬り事件の概要を紹介、他の被害者からの伝聞も要領よく伝えているところから、政府と党の方針を忠実に代弁したと見てよい。

最後に「毛主席の恩は天と地よりも大きく……」とか「日本の人民と反動政府を見分けています」としめくくっているのだが、なぜ当時九歳の少年を差し向けたのか理解に苦しむ。

次に本多ルポをきっかけに白熱気味となった論争の概況を、再び加々美の筆を借りて追ってみることにしよう。

「中国の旅」を厳しく批判する議論が月刊雑誌『諸君！』誌上に登場した。イザヤ・ベンダサン氏の連載シリーズ……がそれである。当初それは、南京事件のような虐殺事件を倫理問題とすることの当否、あるいは謝罪の当否を問う問題として提起されたが、すぐに南京事件の一部、具体的には向井、野田両少尉によるいわゆる「百人斬り」競争事件を、捏造《ねつぞう》された嘘、事実でない伝説であると主張する議論へと発展……このベンダサン氏の議論を受けて登場したのが鈴木明氏の『〝南京大虐殺〟のまぼろし』(『諸君!』の初出は一九七二年四月号、単行本化は七三年)であった。

洞(富雄)氏の前記の著作『南京事件』は鈴木氏の論文と時期を同じくして(七二年)四月に刊行された。……要するにベンダサン(山本七平の別名)、鈴木明、山本七平の諸氏が論証しようとした点は、いずれも南京事件のなかに多分に虚構が含まれているという点にあった。

ヒアリングを軸に構成され、大宅ノンフィクション賞をもらった鈴木著は主として百人斬りの「まぼろし」的部分を追究したもので、必ずしも南京事件全体を「まぼろし」と断じたわけではなかったが、書名に由来するイメージのせいもあってか、否定派を「まぼろし派」と呼ぶのが定着していく。

本人もそれを意識してか、その後の南京論争からは抜けたが、一方では「(洞氏が)逐一文献的に詳細な検討をおこなって反証をあげたのに……まったく無視」(加々美光行)との批判を招くことになる。

その洞富雄(早大教授、一九〇六~二〇〇〇)は『日中戦争史資料』シリーズ(一九七三)に二巻を割き「南京事件Ｉ」では東京裁判関係の資料、「南京事件Ⅱ」ではティンパーリー、スマイス、ダーディン、徐淑希などの邦訳資料を編集する一方、『〝まぼろし化〟工作批判・南京大虐殺』（一九七五）などの論考を精力的に送りだす。

一九八四年には「南京事件調査研究会」（洞、藤原彰、本多勝一、吉田裕、姫田光義、笠原十九司、江口圭一ら）を組織し、現地視察に出かけたりする活動を進めた。「まぼろし派」に対置される「大虐殺派」の形成である。

洞は『南京事件』（一九七二）では「三〇万人、三四万人という数字が実数にちかいのではなかろうか」と書いていたのが、『決定版・南京大虐殺』（一九八二）では「死んだ中国軍民は、二〇万人をくだらなかったであろうと推測される」とやや後退し、二〇万は調査研究会の統一見解となっていく。

三派の全員集合

『中国の旅』をきっかけに始まった一九七〇年代の第一次論争は、途中から南京事件の一エピソードにすぎない百人斬りの虚実をめぐる論議へ焦点が移ってしまった。それも山本七平『私のなかの日本軍』上下（一九七五）に代表される、日本刀の斬れ味をめぐり、数人斬るだけで刀が使いものにならなくなるとか、捕虜の据え物切りなら何人でも斬れるといった奇態な水掛論へ移行したまま下火となっていく。

白熱した論争が再発したのは一九八三年から八四年にかけてである。第二次論争の誘因の一つは一九八二年夏の教科書検定にさいし、文部省が「侵略」を「進出」に書きかえるよう要求したとされる事件で、文化大革命の混乱と後遺症から立ち直りつつあった中国（および韓国）からの強硬な抗議を受けた日本政府は動揺した。

そのうち「侵略→進出」は取材記者の誤報であることが判明するが、時の鈴木善幸首相は、それに先だち北京を訪れて謝罪、アジアの近隣諸国に関する教科書記述の検定基準を改める近隣諸国条項の追加という宮沢官房長官談話を公表して、事態の沈静化をはかった。この間に中国とそれに呼応する日本の学界・マスコミによって、南京事件は久々に脚光を浴びる。

文革期に沈黙していた中国の研究者が次々に事件関連の論文や著作を発表し、わが国へも流入した。なかでも政治協商会議南京市委員会文史資料研究会がシリーズの一冊として八三年に内部発行した『侵華日軍南京大屠殺史料専輯』第四輯は、八四年に『証言・南京大虐殺』（青木書店）として邦訳が発行された。南京市に「遭難者３０００００」と入口に大書した虐殺記念館が開館したのも、一九八五年である。

しかし動あれば反動が起きるのは避けられない。前記のような流れに異議を申し立てる形で、大虐殺を否定する言論と運動が台頭する。先頭に立ったのは、東京裁判で死刑になった松井大将秘書の経歴を持つ田中正明（一九一一〜二〇〇六）であった。

八四年六月に刊行した著書『〝南京虐殺〟の虚構』は、副題が「松井大将の日記をめぐって」とあるように、松井の名誉回復が初志だったようだが、渡部昇一、小堀桂一郎や右翼陣営の支援を受けて、「まぼろし派」（本人は虐殺否定派と自称）の代表的地位を固めた。

実は秦が論争に参入したのも、『諸君！』八四年十月号の「〈南京大虐殺〉とは何だ」と題した特集に書いた「松井大将は泣いたか」が最初である。この論稿は、次のような書き出しになっていた。

「自らの残虐行為を赤裸々に」「犠牲者は三十余万人」「掃射→クシ刺し→焼く」「〝語り部〟記録映画に」「〝南京大虐殺〟はなかった」「作られた〝南京大虐殺〟の虚偽をあばく!!」と並べてみたのは、この夏、あちこちのマス・メディアにおどった南京〝大虐殺〟事件を報じる見出しの一部である。

戦後、何度目かのリバイバル現象とはいえ、半世紀に近い昔の歴史的事件なのに、きのうか今日起った事件かと錯覚しかねないホットな扱いに、いずれが虚か実か、判じかねて戸惑う人も少なくなかったと思われる。

もって当時の過熱ぶりがしのばれるが、「事件後すでに約半世紀。〝あった〟〝なかった〟の空論を断つ時が来たのではないか」というリードの主旨をめざしたのか、『諸君！』は翌年の四月号に「〝虐殺派〟〝中間派〟〝まぼろし派〟全員集合」と題した座談会を企画する。

洞富雄、秦、鈴木明、田中正明の四人に司会半藤一利（文藝春秋編集委員長）という顔触れで日曜日の午後、出前のコーヒーだけで八時間論じあい、くたくたに疲れたが結論は出なかった。

争点はいくつかあった。中島今朝吾《けさご》（第十六師団長）日記の読み方、松井大将への戒告と御嘉賞、南京の人口、便衣兵の摘出などだが、洞、秦、鈴木の三人が規模はともかく、かなりの数の虐殺があったとする点では一致していたので、否定派の田中が孤立した感があった。

なにしろ中島日記をふくむ日本側の「不法殺害の証拠」が続出するので、それをすべて否認するのは容易ではない。中島日記に投降者七、八千を「処理」したとあるのは「即殺害とは限らないですよ」とか、天皇から松井大将に戒告と御嘉賞の双方が出たことについて「さあ、そんなバカなことがあるでしょうか。常識では考えられません」式に反論するしかなかったのは、いささか気の毒に思えた。

こうした田中流の反論では対抗しにくいと考えたのか、一〇年後の第三次論争期で東中野修道らの「新まぼろし派」は、数的に圧倒的な比重を占める入城式直前の便衣兵狩りは、便衣兵自体が国際法違反だから捕虜としての待遇を受ける権利を持たず、「虐殺」のカテゴリーから外すべきだという論理で武装するようになった。

またこの座談会でもそうだったが、「まぼろし派」の人びとは、他の二派を批判、攻撃はするものの、文字どおりまぼろしのゼロなのか、多少はあったとしたら何人ぐらいなのかについては口をつぐむ傾向があった。一〇〇人や二〇〇人のレベルでも、現在の基準では「立派な大虐殺ではないか」と反撃されるのを知っているから、数は禁物だったのだ。

偕行社と『南京戦史』

第二次論争の意外ともいえる副産物は、陸軍士官学校卒業生の親睦団体である偕行社（会員約一万八千人）が、機関誌の『偕行』（月刊）誌上で参入を宣言したことであった。会員は平均するとやや右寄りの傾向はあるが、藤原彰のような左派も入っていて、不偏不党と中立を建前にしている。したがって内部では賛否両論があったらしい。秦も当時の事務局長から意見を聞かれ、「親睦組織が南京のような政治的テーマを扱うのは危険ですよ」と忠告したことがあった。

この企画が持ちあがったきっかけは一九八四年三月、中学・高校歴史教科書の南京虐殺に関する記述抹消を求めて文部大臣を相手どり東京地裁へ提訴した原告の田中正明、畝本正巳（元防衛大教授）の働きかけからららしい。畝本は陸士四十六期生の元陸軍少佐で、軽装甲車隊の小隊長として南京攻略戦に参加している。

結局、偕行社は正式に南京事件と取りくむ方針を決め、『偕行』の八三年十月号と十一月号で公表、理事長名による情報提供などの協力を呼びかけた。とくに参戦経験のある会員に期待して、「事の真相を公正に描き出す」のを主旨とするが、たとえば「どんなことを自分で見た」とか「12月○日○時頃、○○部隊に所属して○○付近にいたが、そのようなことは何も見なかった、聞いたこともない」という情報を寄せて欲しいと要望していた。

傍点の部分はわざわざゴチック活字を使って強調しているから、シロの証言が欲しいという期待感が丸見えと言われても、しかたあるまい。

ところが、八四年四月から「証言〈南京戦史〉」の標題で畝本連載が一一回つづく過程で、シロばかりでなく灰色ないしクロのデータも集まってきた。またこの連載に刺激されてか、マスコミが次々にクロの資料や証言を掘りおこす事態が出現した。

なかでも八四年末、雑誌『歴史と人物』（中央公論社）が掲載した「南京攻略戦・中島第十六師団長日記」は少なからぬ衝撃を与える。

中島はかねがねサディズム的性癖のある将軍、南京虐殺の中心人物と噂されていたが、初公開のこの日記には「大体捕虜ハセヌ方針ナレバ」とか「此七八千人（投降捕虜を指す）之ヲ片付クルニハ……適当ノケ（カ）処ニ誘《みちび》キテ処理スル予定ナリ」とか「時恰《アタカ》モ捕虜七名アリ直《ただち》ニ試斬《ためしぎり》ヲ為《な》サシム」など、噂を裏づけるような記述が散在していた。

一方、『偕行』編集部は松井司令官の専属副官だった角良晴《すみよしはる》少佐（のち大佐）が六回にわたりマックロを主張した投書を送ってきたことなどで、方針転換をはかる。そして連載最終回の八五年三月号に編集委員を代表して、加登川《かとがわ》幸太郎元中佐が執筆した総括的考察を掲載した。

角は九十歳近い老人でもあり（まもなく死去）、不正確な記憶が混入しているとはいえ、松井大将が捕虜の釈放を望んだのに、部下の長勇《ちょういさむ》参謀が「ヤッチマエ」と勝手に命令したこと（第五章参照）、松井大将と同乗した車が江岸の道に累々と横たわる死体の上を約二キロ走ったことなどを記していた。

全体のトーンから虐殺の存在を確認した加登川は「この大量の不法処理には弁解の言葉はない。旧日本軍の縁につながる者として、中国人民に深く詫びるしかない。まことに相すまぬ、むごいことであった」と書いた。

『歴史評論』（八六年四月号）で、この経過を紹介した君島和彦らは「極めて高度な政治的判断」と皮肉ったが、宮崎繁樹明治大学教授（偕行社会員）は『朝日新聞』の「論壇」（八五年三月二十日付）で、旧軍人が日本軍の虐殺を認めて詫びたのは、真実追究の良識だと評価した。

このように外部では加登川論文は好評だったが、会の内部から強烈な反発が起きた。直後の『偕行』には「ボケ投書（角大佐を指す）に飛びつくな」とか「汝ブルータスもか、の憤《いきどおり》を感じた」といったたぐいの投書が掲載されている。こうした反発の動きに便乗したのか、松井日記の

氏　名	陸士期	南京戦時の配置	分　担
畝本　正巳	46	軽装甲車2中隊	執筆
土屋　正治	46	9D中隊長	9D
犬飼総一郎	48	16D	16D
鵜飼　敏定	48	6D小隊長	6D
春山　善良	48	11D小隊長	11D
板倉　由明	部外	1932年生れ	調査
原　　剛	防衛庁戦史部		協力
加登川幸太郎	42	陸大学生	顧問
高橋　登志郎	55		編集委員長

表9－2　偕行社版『南京戦史』の編集関係者一覧（D＝師団）

改竄《かいざん》事件（後述）を契機に編集陣から遠ざけられた田中が、老将軍や地方偕行社幹部に「皇軍の名誉を傷つける本を偕行社が出してもよいのか」という主旨の手紙をばらまき訴えた作戦がきいて、連載を単行本化する作業は一時頓挫《とんざ》した。

やっと一九八八年十一月の総会で了承がとれ、翌年十一月に偕行社編『南京戦史』として刊行される。二冊から成り、第一冊は畝本連載を補正した通史（四三〇ページ）、第二冊は資料集Ⅰ（松井日記、中島日記など一八篇の参戦者日記、作戦命令、戦闘詳報、中国・米英側記録など七八九ページ）という大冊だった（一九九三年に資料集Ⅱを続刊）。

不法殺害の規模について、加登川論文は三千ないし六千と見る畝本推計と一万三千とする板倉推計の両論を併記していたが、単行本はすべて不法殺害とは言えぬがとの条件つきで、「捕虜や敗残兵、便衣兵を撃滅もしくは処断」した兵士を約一万六千、民間人の死者を一万五七六〇人と推定した。八六年二月に刊行した秦『南京事件』（中公新書）の不法殺害約四万という推算も、影響を与えたかと思われる。

ともあれ、『南京戦史』は最終的に中間派の立場をとったこと、資料集に軍関係の公文書や日記などの第一次資料を大量に収録したことで高い評価を受けた。編集委員など関係者（表9－2参照）のなかには、他部隊はともかく出身部隊の不名誉な記録は排除しようと画策した人もいたやに聞くが、学術文献として通用するレベルの資料集となったのには、防衛庁防衛研究所戦史部の資料を提供した原剛、兵士たちの手記や日記類を精力的に発掘した板倉由明の果した役割が大きい。

第十章　南京事件論争史（下）

仁義なき泥仕合へ

さて第二次論争の後半は、中間派を挟んだマボロシ派と大虐殺派の泥仕合に発展する。秦は『南京事件』（一九八六）を執筆する過程で、この種の感情的な対立や紛議を目撃して、南京事件には人の理性を失わせる魔性が宿っているのではないかとさえ思った。

偕行社の『南京戦史』が難産した経過が暗示するように、アマ、プロをふくめ事件にとりつかれた研究家たちはいずれも事実の究明を看板に掲げていたが、先入観に沿う方向で取材したり、資料を読みこむ傾向があった。たとえば阿羅健一『聞き書　南京事件』（一九八七）は、現場にいた陸軍の将校など六六人からのヒアリングを収録したもので、ほぼ全員がシロの証言者だった。

秦は証言者の顔触れを目次で見た瞬間に、「結論はシロだな」と直感したが、阿羅が「数千人の生存者がいると思われる」兵士たちからヒアリングしなかった理由を「あとがき」で知り、仰天した。「すべてを集めることは不可能だし、その一部だけにすると恣意《しい》的になりがちだ。そのため残念ながらそれらは最初からカットした」と釈明していたからだ。シロの結論を出す方針をあらかじめ設定していた、と言われてもしかたあるまい。

秦の経験では、将校は概して口が堅く、報道、外交関係者は現場に立ち会う例は稀で、クロの状況を語ったり日記やメモを提供したりするのは、応召の兵士が多かった。その兵士たちも郷土の戦友会組織に属し、口止め指令が行きわたっている場合は、言いよどむ傾向があった。

一九三七年十二月十五、十六日に実施された難民区の便衣狩り作戦（第九師団の戦闘詳報には「七千余ノ敗残兵ヲ殲滅《せんめつ》セリ」とある）を調査するため、実行に加わった金沢歩兵第七連隊の生存者に面談したときも、戦友会長経由だったせいか、なかなか率直な証言がとれず困った。

しかし、その一人がこっそり秦に教えてくれた他県在住の兵士二人と会え、虐殺の生々しい光景を記した日記と証言を得ることができた。このとき入手した井家又一日記と水谷荘日記は、偕行社版の『南京戦史資料集』に収録されている（その後、二〇〇六年にＮＨＫが「日中戦争」の番組制作にさいし、小西与三松、鍋島作二〔いずれも歩七〕の日記と証言を発掘し紹介した）。

この件に限らず、歴史家は半ば本能的にクロの情報を集めたがるものだが、検証抜きにそれらを羅列するだけでは全体像をとらえられない。「大虐殺派」の作業には、概して被害者側の言い分を尊重するあまり、誇張したり不自然な数字や描写を検証抜きで受け入れる傾向が強い。本多勝一、洞富雄、笠原十九司らの著作を見ても、中国側の証言を日本側参戦者の証言と突きあわせようと試みた例が少ない。

陸士五十五期の職業将校で中国で戦った経験があり、偕行社会員でもあった藤原彰ですら、参戦者のヒアリングに手をつけなかったのは『偕行』プロジェクトの逆で、シロ証言が出たら扱いに困ると踏んだからではあるまいか。

ともあれ、南京論争をめぐる三派の言い分のうちホンネの部分をつなぎあわせていくと、⑴正確な数字は誰にもわからない、⑵規模の大小は別として、南京で虐殺事件が発生した、という共通の認識がある点はたしかなようだ。ところが立場上ホンネを表明しにくい人たちの争いであるがゆえに、仁義なき泥仕合と化し、とばっちりが中間派にも飛んでくるという構図になる。

では大虐殺派とマボロシ派のいずれが楽かとなると、疑いもなく前者のほうだろう。なぜならクロを証明するほうがシロの証明よりはるかに有利だからだ。つまりたしかな目撃者や記録が二つ以上あれば、一〇〇のシロ証言はくつがえるはずなのだが、必らずしもそうはならない。比較すればマボロシ派のほうに熱烈な支持者が集まるため、結果的に両派はほぼ拮抗《きっこう》する勢力を保ちつつ、不毛の論争を継続できるのである。

わが国の商業ジャーナリズムがこの論争に終始関心を払いつづけ、時として煽《あお》りたてたという側面も見逃せない。「南京……」と題がつけば一定の読者がついたこともあって、現在まで刊行された関連の著作は一〇〇冊を軽く超え、「南京産業」とからかわれているが、アイリス・チャンなどの例を除くと、ほとんど「国内消費」（domestic consumption）の域にとどまったのも注目してよい。

南京論争のもうひとつの特徴は、すでに書いたように多くが原理主義的傾向さえ見られる建前上の論議に終始し、その結果、本質から離れたいわばリング場外の乱闘に走りがちなことだろう。

渡部昇一は田中正明の『〝南京虐殺〟の虚構』に寄せた推薦文で「本書を読んで、今後も南京大虐殺を言い続ける人がいたら、それは単なる反日のアジをやっている左翼と烙印《らくいん》を押してよいだろう」と言い切った人だが、このなかで『朝日新聞』と本多勝一への批判に及んだのをきっかけとして、両人の間に強烈な応酬が始まった。

渡部が「悪質なヨタ記事を流し……見えるものを見ようとせず、根拠なき悪口雑言を書き始めるといったタイプの記者」と書けば、本多は「鉄面皮なニセ学者」とやり返す。

田中対本多の「無責任なレポーター」（田中）対「明白なインチキ人間」（本多）となれば、もはやののしり合いと言ってよい。板倉対本多や洞対田中のやり合いも見ものだが、きりがないから省略しよう。

副産物としての珍事件

第二次論争期には、副産物として悲劇とも喜劇ともつかぬいくつかの珍事件が発生している。

ここでは代表的なエピソードをいくつか紹介してみよう。

1、教科書誤報事件の波紋

一九八二年六月二十六日の各新聞は、いっせいに文部省の八一年度検定によって高校の社会科教科書で、日中戦争における日本の「侵略」という表現が「進出」に書きかえられたと報じた。

本来、教科書検定はマスコミが大々的に取りあげる材料ではなかった。しかし一九六五年から始まった家永(三郎)教科書の検定をめぐる長期の法廷闘争が関心事だったこともあり、毎年六月から七月にかけてマスコミが検定結果を大々的に報じる慣例ができあがっていた。

そのさいマスコミ各社(計一六社)が手分けして各教科書の問題点を拾い出す作業をやっていたのだが、この年は日本テレビ記者の取材ミスで、存在しない書きかえを各社がいっせいに誤報する始末となった。

しかし各社が誤報に気づいても放置している間に中国や韓国が騒ぎはじめ、モスクワ放送までが「歴史の偽造」として対日批判に乗りだす。文部省は「伝えられるような書きかえはなかった」と弁明したが、中韓両国政府の抗議を受けて苦慮した日本政府は、八月二十六日に「宮沢官房長官談話」の形式で、政府の責任による教科書の「是正」を約束した。

具体的には、文部省の検定基準に、「近隣のアジア諸国との間の近現代の歴史的事象の扱いに国際理解と国際協調の見地から必要な配慮がされていること」（いわゆる「近隣諸国条項」）という規定を付け加えたのである。そして適用にあたっては①「侵略」の表現、②南京事件、③強制連行、④沖縄戦などの十一項目については検定意見を付さない方針を示した。

では書きかえがなかった事実を最初に指摘したのは誰か。小山常実『歴史教科書の歴史』（二〇〇一）によると、板倉由明だったらしい。板倉は七月下旬からマスコミ各社にあたって確認し、彼の提供情報を受けて渡部昇一がテレビや雑誌でアピールした（たとえば『諸君！』一九八二年十月号の「万犬虚に吠えた教科書問題」など）ことで情勢は変った。

ほとんどのマスコミが知らぬ顔で押し通したのに対し、『サンケイ新聞』だけが九月七日の紙面で「読者に深くおわびします」と題して、訂正と謝罪をしている。小山によると、このサンケイの「おわび」が大きな影響をもたらし、中国も韓国も攻撃を中止して、事態は沈静化していったという。

それにもかかわらず、宮沢談話と「近隣諸国条項」は一人歩きして、翌年からの教科書検定は大幅に緩和され、なかでも南京事件に関する記述はフリーパスも同然となってしまう。

すなわち一九七五年以前は、南京事件を取りあげた教科書は家永教科書をふくめ、小中高を通じ皆無だったのが、七五年から中学、高校各一社、八〇年検定では中学が五社、高校が一社と漸増しつつあった。しかし記述スタイルは「戦線外で平服で銃撃する者（便衣兵を指す）があったので、占領の混乱時に、日本兵は女・子どもをふくむ多数の住民を殺した」（日本書籍・中学校用）が代表するように、脚注の部分で扱ったり、人数は「多数」とぼかしたり、「混乱のなかで」とか便衣兵の役割に言及するなど、かなり抑制した書き方になっていた。

だが八三年度検定から、トーンはがらりと変る。まず南京事件を取りあげた教科書が中学では七社全部、高校は五社のうちの四社と激増した。記述は詳しくなり、一〇万、二〇万、三〇万以上といった被害者数を記す教科書がふえた。

採択では、文部省の検定より影響力が強いと言われた日教組の八四年版白書が「アウシュビッツ＝ナンキン＝ヒロシマ」と位置づけ、南京を書くのは「絶対条件」と注文したこともあってか、南京についての記述は全般に過激、偏向の度を加えていった。

2、田中正明の松井日記改竄事件

一九八五年十一月二十四日の『朝日新聞』は、翌日付で発表される雑誌『歴史と人物』（八五年冬号）に板倉由明が執筆した「松井石根大将『陣中日記』改竄の怪」の要点を報道した。陣中日記の原本は松井大将の自筆で、自衛隊板妻駐屯地資料館に保管されていたのを田中が借り出し、走り書きの日記を判読して芙蓉書房から出版したばかりのところだった。

雑誌の編集部は、専門の読解者に手助けしてもらい、同じ原本と対照したうえ、解説を板倉に依頼した。その結果、南京虐殺を否定する方向で九〇〇ヵ所以上の削除、加筆、誤記、文章の移動などがなされていることが明らかにされた。

板倉は同じ誌面で、「誤読、脱落はありえても、もとの日記に書いていないことを付け加え、それに注釈までしているのではどうしようもない」と評し、田中は「言い逃れになるかも知れないが、体調などの悪条件が重なりミスしたもので、決して虐殺は虚構だという自分の主張に合わせて加筆や削除したのではない。申し訳ない」と釈明した。

本多勝一は、さっそく翌日の紙面で「松井大将が生きていれば、さぞ改ざんを怒り嘆くだろう」と追い討ちをかけ、洞富雄も『赤旗』紙上で「このエセ研究家にあえて一撃を加えた見識に……敬意を表したい」と述べた。さすがの田中も再起不能におちこんだかと噂されたが、支援者たちに励まされて再起の日は意外に早かった。

一年半後に、田中は『南京事件の総括』を刊行し、虐殺派、中間派のライターたちを威勢よくなで切りにしたあと、「あとがき」で改竄事件に言及した。

すなわち「そのほとんどは私の筆耕の誤記や誤植、脱落……等の不注意によるものであります」と弁解しつつ「字句に多少のズレはあっても、松井大将の真意を曲げることなく、その目的は完全に果し得た」と自讃した。

その田中を全面支援する学者もいた。たとえば序文を寄せた小堀桂一郎東大教授は「校正刷で拝読し、題名に偽りなく、この難問題に就《つい》て文字通りの総決算が提出されているのを見た。そして心から敬服し、感謝し、且つ頼もしく思った。田中氏は耿介《こうかい》たる義の人にして又烈々たる情熱の人」と最大級の讃辞を呈している。

そして「虐殺派の人びとは……ありもせぬ二十万、三十万の〝大虐殺〟がさもあったかのごとく宣伝しています。これこそ歴史の改ざんでなくてなんでしょうか」と開き直った田中は、老軀を駆って一九九〇年代まで健筆をふるっていたが、二〇〇六年一月、九十四歳で亡くなった。

3、『朝日新聞』と都城連隊戦友会の苦い対決

発端は一九八四年八月五日の『朝日新聞』報道である。見出しは「南京虐殺　現場の心情　宮崎で発見　元従軍兵士の日記」と控えめだったせいか、一般読者からはあまり注意されなかったが、宮崎県下とくに都城歩兵二十三連隊戦友会の周辺には衝撃を与えたようだ。

記事では参戦した元上等兵（当時二十三歳）の遺族が提供した当用日記から「今日もまた罪のないニーヤを……半殺しにしたのを壕の中に入れて頭から火をつけてなぶり殺しにする……」（本書一五五、二〇三ページ参照）といった目をそむけるようなシーンが記録されている。

また十二人の生首がころがった写真など三枚も提供され、撮影場所は記されていないが、元兵士は生前に家族へ「南京虐殺の際の写真」と語り、思い悩んでいたという。連隊会はすぐに行動を起こし、二週間後に八十六歳の坂元昵元大隊長が先頭に立って、日記の持主を探すため現地調査に向かう。

しかし朝日が取材源を秘すため出身地や没年を少しずらしていたため、心当りの別人を該当者と思いこみ、新聞の自作自演を疑った連隊会は、宮崎支局へ乗りこんで抗議と訂正を申し入れた。支局長は日記を本物だと説明、筆跡がわからないよう五メートルぐらいの距離から日記を見せたりしたが、連隊会の疑いは解けない。交渉を重ねて翌八五年二月、朝日側が「都城連隊は……無関係と表明」の記事を出すことで合意、第一ラウンドは終った。

ところが同年末、「訂正」記事が出たのは宮崎版だけで全国版には出ていなかったとわかり、『世界日報』という新聞が介入してきたこともあって第二ラウンドが始まる。ふしぎな話だが、この時点までには連隊会も『世界日報』も、問題の日記が宇和田弥市のもので、一九七八年に連隊史を作ったさい、遺族から問題の日記を借り出し、二カ所を引用したことに気づいていた。

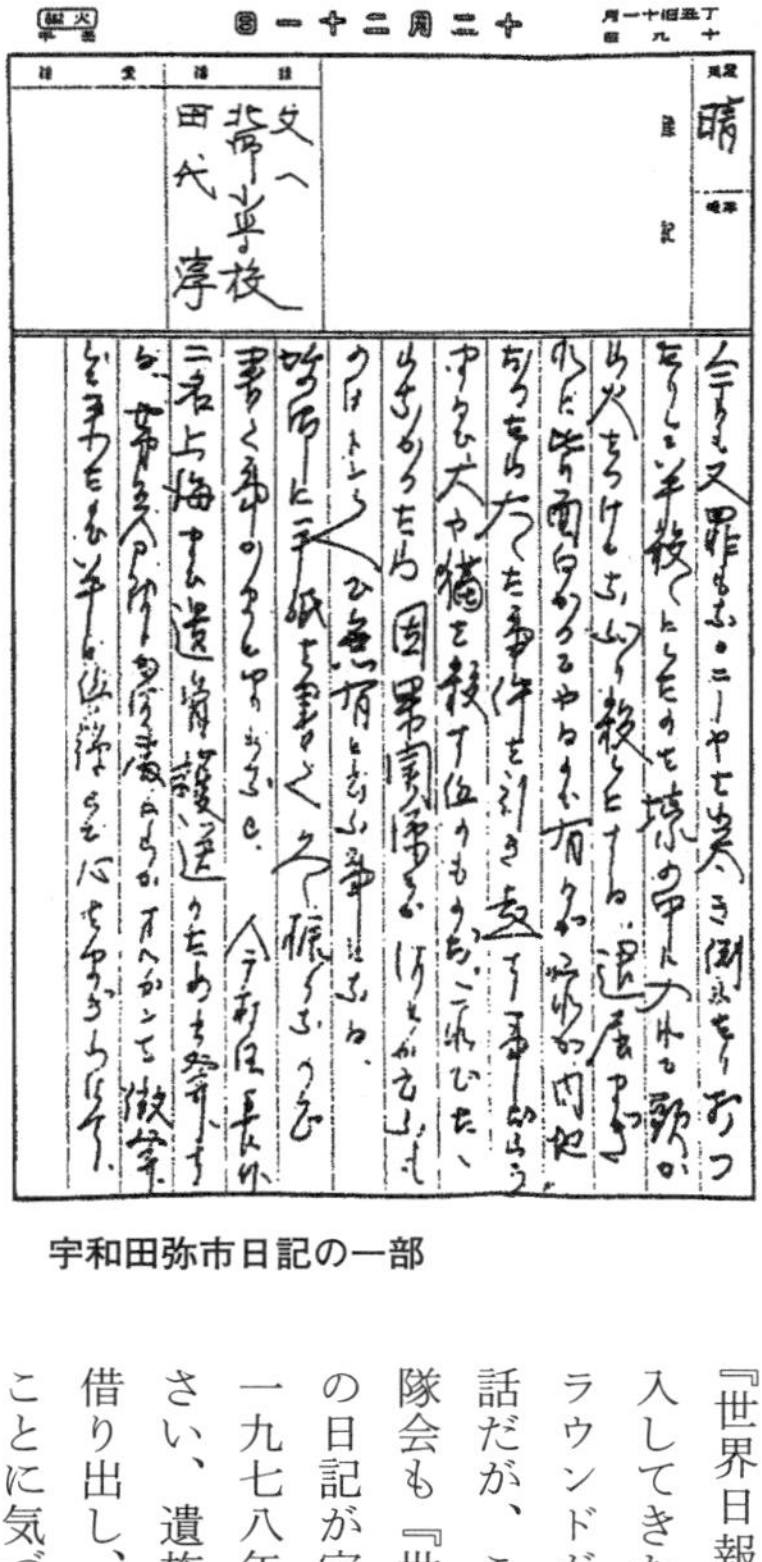

宇和田弥市日記の一部

それなのに、あくまで日記を見せろと粘り、不買運動から訴訟提起まで突進したのは不可解の至りだが、その気迫に負けたのか朝日の対応も拙劣だった。生首写真が実は昭和初年、満州で銃殺された馬賊の首で、写真は市販されていたことを『世界日報』が伝え、朝日が「お詫び」記事を出したことも影響した。

連隊会は勢いに乗じて「日記もニセもの」を立証しようと小倉簡易裁判所に対し、朝日西部本社が保管している日記保全の申し立てをやり、簡裁はそれを認め、写真に撮らせるよう言い渡したが朝日は直ちに抗告、こちらも認められた。

連隊会としては、本訴に持ちこむかどうか協議したが、これ以上は体力と資金がつづかないと判断して、朝日と話しあい、八七年一月二十三日付の全国版に「取り下げに当り〈連隊は南京虐殺とは無関係〉と表明した」という記事を出す条件で引きさがった。

以上の経過は、元中隊長の吉川正治が書いた手記（『文藝春秋』八七年五月号）に詳しい。吉川はすべての責任を朝日にかぶせているが、連隊会のほうも途中から日記は本物と知りながら突っ走ったのだから相打ちであろう。どうやら真相は、連隊会からただされた宇和田未亡人が、面倒を恐れて日記は焼き捨てたと述べたこと、その前に連隊史のため宇和田日記を借り出して読んだ人が、読んだと言いそびれたことにあったようだ。

なお南京戦に参加した師団のうち、第六師団だけは偕行社版の『南京戦史』に不法殺害を思わせる手記、日記のたぐいが宇和田日記をふくめ登載されていないので、連隊会は第六師団を担当した編集委員の努力に感謝したという話が伝わっている。

国際化の時代へ

南京事件論争史における第三期のピークは、アイリス・チャンとラーベの著作をめぐる論議が盛りあがった一九九七年であろう。それまでは論争が主として日本国内に限られていたのが、欧米諸国と中国を巻きこむ国際的性格を帯びたのが、特徴と言える。

それを仕掛けたのは、すでに前章の冒頭部分で触れたように、事件六十周年というふし目を意識したアライアンスなど中国系アメリカ人の反日組織であった。

彼らはジーメンス社の中国支社長で、事件当時の南京難民区国際委員長だったジョン・ラーベの日記などを保管していた遺族に働きかけ、英・独・中・日各国語訳の出版計画を斡旋するとともに、『レイプ・オブ・南京』を執筆中のアイリス・チャンに提供した。南京、東京、カリフォルニア、プリンストンなど世界各地でのシンポジウムと三点セットで盛りあげる構想だったようである。このもくろみは、チャンとラーベの本がいずれも世界的な話題となり、ベストセラーの仲間入りをしたこともあって一応は成功したと見てよいが、逆効果を生んだ部分もあった。

前宣伝は巧妙だった。九六年十二月、ラーベ日記の一部を新聞報道、元ナチ党員という問題点があるにもかかわらず、ユダヤ人を救った映画の主人公になぞらえ、ラーベには「南京のシンドラー」の尊称が与えられ、賞讃の声が広がる。

しかし、歴史家たちはまもなくチャンとラーベの史観や事実認識に少なからぬギャップがあることに気づく。たとえばラーベは、一九三八年六月八日付のヒトラー総統あて上申書で「中国側の申し立てによりますと、一〇万人の民間人が殺されたとのことですが、これはいくらか多すぎるのではないでしょうか。われわれ外国人はおよそ五万から六万人とみています」(ラーベ『南京の真実』三一八ページ)と述べていた。三〇万人以上を主張するチャンに比べ格段に少なく、大虐殺派とマボロシ派の双方を当惑させた。

笠原十九司は「ラーベがあげた数字は、城内と城壁周辺という狭い範囲でかつまだ早い時期にカウントされたものだ」とコメントした。ところが中国側に配慮してか、九七年十二月の東京シンポジウムで「ラーベは五万～六万と言っているが、彼の目が届かない郊外や彼が南京を去ったあとの犠牲者を足すと三〇万ぐらいになるはず」と述べたところ、中国代表団の孫宅巍が異議を申し立てた。「三〇万は南京城内だけの数字である。地域や時期を勝手に広げてもらっては困る」というのだ。この例にかぎらず、中国はこの頃から日本の親中派に配慮せず、三〇万という数字に代表される公定解釈には一切の妥協を許さぬきびしい態度を貫くようになった。

次は、南京における各種の暴行についての見解の食いちがいである。チャン本はすでに紹介したように、日本軍によるお定まりの残酷シーンを単調にくり返すだけだが、ラーベの観察はより複眼的である。

彼は伝道師や教師が主力を占める国際委員会のメンバーが理想家肌で教条的傾向が強かったのに対し、実務家的能力にすぐれ、日本と準同盟国関係にあったドイツ人という利点をフルに発揮した。乱暴を働く日本兵を「ヒトラー」と叫んでひきずりだし、「とても手に負えません」と泣き言を吐く日本の外交官に、屈せず迫って被害届を突きつけ督励するなど、大車輪の活躍ぶりを見せる。

しかし親中反日の傾きがあった英米人とちがい、ラーベは中国や中国人に対しても遠慮しない。中国軍が退却にさいし民家や物資を焼き払った「空室清野」作戦を批判し、無統制の敗残兵と化した中国兵（便衣兵）がやった略奪、放火、レイプなども見逃さず、部下を放りだして逃亡したり難民区に潜入したりした中国軍幹部がいた事実も認めている。そして双方に絶望したラーベは、「とにかくここはアジアなのだ……」と自身に言いきかせた。

ドイツの週刊誌『シュピーゲル』（44号、一九九七）が、書評欄で「中国がこの数字を握りしめて離さないのは、文化大革命で毛沢東主義者が自国民にやってのけた〈大量虐殺〉から目をそらせる効果を狙ってのことだろう」と評したように、ラーベ本の国際的影響は中立的と評してよいのだろう。一方、対照的なチャン本が米英の読書界に与えた効果についてJ・フォーゲル（カリフォルニア大サンタバーバラ校教授）は、次のように痛烈な評価を与えた。

（チャン本に）大量の賛美のことばが続いた。しかし、近代日中関係史を研究したことがある者なら、本書が耐えがたいほどのまがいものであり、多くの点で重大な欠陥をもっていることを、はっきりと認識できなければいけなかった。……この本の中での観点というのは、ディアスポラの中国人が特にアメリカ合衆国のような文化的るつぼにおいて、自らの場所を確保しようと試みるさいの、新しい声の指標……不幸なことに、アメリカにおけるアイデンティティ・ポリティックスは、最近になって比較犠牲者学のアプローチを採用している。……彼らは称賛しないことを恐れたのである。

そしてフォーゲルは『ニューヨーク・タイムス』の書評でこの本を称賛した学者のひとりであるシェル教授を槍玉にあげ、「アメリカの学問において悲しむべき日であった」と言い切った。

ともあれチャン本の出現を契機に、南京論争の構図は大きく変動した。吉田裕はフォーゲル論文の邦訳（『世界』九九年十一月号）に寄せた解説で「（チャン本に対する）最初の率直な反応は、やはり反発だろう。単純な事実誤認があまりに多く……『まぼろし』論者の恰好《かっこう》の標的に終りかねない」が、「さかしらに彼女の著作の誤りだけを指摘することにも、やはり大きな心理的抵抗感がある」と動揺ぶりをかくさない。

洞富雄、藤原彰を中心に結成された大虐殺派の南京事件調査研究会は、世代交代により笠原、吉田が活動の中軸になりつつあったが、犠牲者は二〇万人を下まわるという共通理解にトーンダウンする過程で、三〇万を譲らぬ中国との溝を深めていく。その結果、中国側は日本側内部の新たな支持運動体を掘りおこし、やはり世代交代した「新マボロシ派」の面々と対決する手法をとるようになる。

「つくる会」教科書の登場

すでに言及したように、一九八二年の教科書誤報事件にからみ「近隣諸国条項」が設定され、近現代史、なかでも南京事件に関する中学・高校教科書の記述は左傾化の度を強めた。八〇年代以降の南京論争史を手際よく概観した上杉千年は、その理由を「文部省検定から（非公式の）日教組検定に転換した」（『日本「南京」学会会報』第12号）せいだと説明している。

たとえば八四年度から使用された東京書籍の教科書は、洞説に依拠しつつ次のように記述していた。

ナンキンを占領した日本軍は、数週間のあいだに、市街地の内外で多くの中国人を殺害した。

その死者の数は、婦女子・子供をふくめ一般市民だけで七〜八万、武器を捨てた兵士をふくめると、二〇万以上ともいわれる。また中国では、この殺害による犠牲者を、戦死者をふくめ、三〇万以上とみている（後略）。

その他の教科書の表現も多少の変動はあっても同工異曲で、一九九七〜二〇〇一年度使用の教科書は、中学生用歴史教科書の七社七冊のうち六社六冊が「虐殺人数」を明示した。

こうした風潮に危機感を持った藤岡信勝（東大教育学部教授）は一九九五年に自由主義史観研究会を設立、その一環として九六年十二月「新しい歴史教科書をつくる会」（初代会長西尾幹二）が結成された。「東京裁判史観とソ連共産党の歴史観とを足して二で割ったような」（西尾）自虐史観を排し、健全なナショナリズムに立脚した中学生用の日本史教科書を発行するというのが「つくる会」の目的であった。

私は初期の検討会議に招かれて意見を述べたことがある。南京事件については「マボロシ派」的見解が大勢を占め、慰安婦問題もろとも教科書には書くべきではないという意見もあったが、それでは検定を通らないだろうとの判断から東京裁判の項目で取りあげることになる。しかし白表紙本（検定用の原案）の検定段階で文部省側から本来の場所でも触れるように説得され、二カ所に分け次のような記述におちついた。

「日本軍は……（昭和12年）12月、南京を占領した（このとき、日本軍によって民衆にも多数の死傷者が出た。南京事件）」（二七〇ページ）

「東京裁判では、日本軍が一九三七（昭和12）年、日中戦争で南京《ナンキン》を占領したとき、多数の中国人民衆を殺害したと認定した（南京事件）。なおこの事件について資料の上で疑問点も出され、さまざまな見解があり、今日でも論争が続いている」（二九五ページ）

「つくる会」の教科書は二〇〇一年四月に文部省による一三七カ所の修正を受けて検定に合格したが、中韓両国をふくむ内外の猛烈な採択阻止運動で各地の教育委員会がひるんだこともあり、一〇％の目標にほど遠い〇・〇四％の採択率に終った。「戦後五十五年かけて営々と築いてきた日教組と教科書会社間の談合的利益構造」（月岡洋一郎）を壊せなかったとも言えよう。しかし六月に版元の扶桑社が書店に出した市販本は五〇万部を超えるベストセラーとなり、「つくる会」の史観に対する国民の支持が低くないことを立証した。

四年後の二〇〇五年にも、検定と採択は似たような経過で推移したが、採択率はわずかとはいえ〇・四％に上昇した。小泉純一郎首相の靖国参拝をめぐる反日攻勢のなかで、中韓両国の歴史教科書における反日的記述ぶりが知られ、反発を買ったことも影響したと思われる。

中国の教科書は、長く国定だけであったが一九八六年以降、部分的に検定制度が導入された。だが江沢民政権が打ち出した愛国主義教育の基本方針で「教師は教室において、日本軍の南京における暴行を記した本文を真剣に熟読させ、生徒をして、日本帝国主義に対する深い恨みを植えつけるようにしなければならない」と記した「教師指導本」で反日感情を鼓吹している。

中国では、公私を問わず近現代史の争点に関する解釈は画一的で、教科書だろうと研究者の学術論文だろうと、国定史観の枠をはみだしたものは見かけない。南京事件の記述も八〇年代に比し教条性・過激度は強まる傾向さえ見られる。

では対応する日本の教科書はどうか。上杉千年によると、一九八四年から使用した中学校教科書は七社全部、九七年度使用分が七社のうち六社が南京の犠牲者数を記述していたのが、二〇〇二年からの使用本は八社のうち二社だけに減った。二社のうち日本書籍本は二〇万人、清水書院本は数万、十数万、三〇万人を併記するスタイルだが、全般にトーンダウンする傾向が目だつ。

犠牲者数に触れると無用の摩擦をひきおこすリスクがあるとの認識が浸透してきたこと、中国側の主張する三〇万の内訳が曖昧で、「中国人民」とか「軍民」と呼ぶ例が多く、戦闘による軍人の死者も包含しているらしいと気づいてきたことも理由だろう。なかには例外もある。

高校の日本史教科書としては定評のある山川出版本で、執筆者が伊藤隆（東大名誉教授）から弟子の加藤陽子（東大准教授）へ交代したさい、大幅な書きかえが行なわれた。二〇〇三年度から使用された『詳説日本史』であるが、前任者が「日本軍は非戦闘員をふくむ多数の中国人を殺害し」と一行ですませていたのを、加藤は分量を三倍近くふくらませ「日本軍は南京市内で略奪・暴行をくり返したうえ、多数の中国人一般住民（婦女子をふくむ）および捕虜を殺害した（南京事件）。犠牲者数については、数万人〜四〇万人に及ぶ説がある」と書き直した。

執筆者はここ数十年、内外の論客が血相を変えて叩きあっている論争の経過に無関心だったのであろうが、それにしても出所不明の「四〇万」にはおどろかされた。「理科の教科書に〈月に兎がいるという説もある〉と書くに似ている」、と皮肉った上杉千年の評が当っていると言えようか。

「やらせ」の残虐写真

ここで、「つくる会」の運動の副産物として二〇〇〇年十月に誕生した「日本〈南京〉学会」の活動に言及しておきたい。

初代会長の東中野修道（亜細亜大学教授）は、吉田松陰や東ドイツに関する著書のある思想史研究者だった。したがって南京は専門外ということもあり、当初は大虐殺派の論拠を検証して論破するのを主眼とする傾向が目だち、事件の全体像をとらえようとする視点に乏しかった。集まった会員も大虐殺派や中国への対抗意識が強い戦闘的な運動家や局所に熱中するマニアが多く、

「旧マボロシ派」と一線を画した「新マボロシ派」の誕生と評された。

実際に南京事件生き残りの語り部をニセ被害者と呼んで訴訟問題をひきおこしている（日本側が敗訴した李秀英ケースと継争中の夏淑琴ケース）。しかし実証面を重視する会員もいて新資料の発掘、データベース分析の導入、写真の検証作業などの分野で注目すべき成果も出した。次に三つの事例を紹介しよう。

1、国民党中央宣伝部の役割

すでに第九章でティンパーリーとの関わりについて、台湾の資料を使った北村稔の研究を紹介したので省略する。

2、虐殺写真の検証

南京大虐殺の証拠写真として出まわっている各種の残虐写真には真偽、出所の不確かなものが多く、従来も誤用を指摘された事例は珍しくなかったが、東中野を中心に学会の写真分科会が三年がかりで一四三枚の写真を総合的に検証した成果は、『南京事件「証拠写真」を検証する』（二〇〇五）として刊行され、反響を呼んだ。

写真マニアたちによる「写された影の長さを計測して季節を特定し、関連刊行物との照合によって写真の初出をつきとめる」式の手法は成功した。たとえばアイリス・チャン『レイプ・オブ・南京』に収録されている残虐写真一〇枚のうち、九枚が実写とは言えぬことが突きとめられた。それにしても、これだけ大量に欠陥写真の手口が見破られたのは、作業中に台湾で見つかった「撮影課工作概況」と題する国民党中央宣伝部国際宣伝処の文書によって一九三八年春、プロパガンダ写真をつくる大がかりな撮影工作が始まったという事実が判明したせいでもある。

冬季に起きた南京事件なのに夏を思わせる背景が多くなってしまったこと、アマチュアの学生や農民、労働者を日本兵に仕立てたため服装や武器の考証はもとより、演技もぎこちなくなるのは避けられなかったようだ。ともあれ、この写真検証は学会の企画のなかではもっとも有意義なプロジェクトだったと評せよう。

『南京大虐殺図証』（吉林人民出版社）**表紙の真偽の不確かな残虐写真**

3、データベースによる解明

この数十年、乱立したままの内外諸情報を争点別にデータベース化したうえで再検分する手法を考案したのは、『南京事件の核心』（二〇〇三）の著者冨沢繁信である。

画期的な新資料が見つかったわけではないが、既存の情報を数量化しただけでも、定着したイメージがかなり変ることをこの作業は立証した。たとえば中国軍が実施した清野作戦（焼却、破壊など）に関する海外報道が三八件、ラーベ日記に一六件あること、中国人便衣兵などの難民区への潜伏を報じる外国文献が七五件もあることがわかった。

一方、難民区の公私にわたる記録を足し合わせた殺人は二カ月間で九四件（うち目撃二）、強姦は二四三件（うち目撃一七）だったのは意外で、「強姦は一晩で千件」とか「日本兵による放火がなかった日は一日もない」というティンパーリーの記述は誇大にすぎたことが明らかである。

もっとも、「日本兵は夜外出する勇気のあるものはおらず、夜活躍するのは中国の悪者だけで、彼等が略奪等の悪行をなし、昼間それを泥棒市場で売りに出し、日本兵はそれを金を出して買って行く」という郭岐大隊長の手記を引用して、「南京事件の核心は宣伝のための虚報」とまで飛躍するのは疑問である。

東史郎と百人斬り裁判

二十一世紀に入る前後から、南京事件をめぐる内外の構図はかなり変貌してきた。A大虐殺派、B中間派、C（新）マボロシ派（中国は虚構派と呼ぶ）の鼎立《ていりつ》関係は変らないが、国内ではCとBの影響力が伸びたかわりにAは低落しつつある。

この状況を少しでも食いとめようと、中国は新たな親中派の運動家グループと連帯しつつ、歴史教科書問題で攻勢を強めているというのが二〇〇五年から〇七年にかけての現況と言えよう。

中国が従来からの大虐殺派と距離を置くようになったのは、この派の研究者たち（南京事件調査研究会）が、かつては「二〇万以上」という表現で、暗に三〇万を包容していたのが、実質的に「二〇万以下」へ切り下げたこと、彼らがアイリス・チャンや後述の東史郎《あずましろう》、松岡環《たまき》ら最左派に批判的立場をとったことへの不信と反発かと思われる。

板挟みになった笠原十九司は、近作の『南京事件と三光作戦』（一九九九）で「南京大虐殺よりも重大で深刻」で「ナチスのホロコースト」に似た日本軍の八路軍占拠地域に対する「焼きつくし、殺しつくし、奪いつくす」を意味する三光作戦を調べて裁くべきだ、と方向転換を示唆した。もっとも「笛吹けど……」で、中国側は連帯する運動家グループを立てながら、南京を抗日戦争の象徴に押しあげる方針を変えていない。

一九八五年八月に開館した虐殺記念館も、九三年に秦が立ち寄ったときは閑散としていた。その六年後に中村粲《あきら》が訪ねたときも同様だったらしいが、二〇〇三年に入場無料としたこともあって、最近の入場者数は年間二二〇万人を超える盛況だという。そこで〇五年から面積を三倍に拡張、展示物を一〇倍にふやす工事を始め、ユネスコの世界遺産への登録をめざしていると聞く。

なお、抗日戦争関連の戦争博物館は中国全土に二一〇カ所もあるとされるが、南京には二〇〇七

南京虐殺記念館に掲げられた「遭難者30万人」の数字

年に「南京民間抗日戦争史料陳列館」が新たに開設された。

事件関連のイベントも盛んだが、資金面をふくめ協賛している日本の親中グループの活動ぶりは、時沢和男の論文(『正論』二〇〇四年十一月号)に詳しい。なかでも二〇年間に南京訪問二十数回という松岡環(大阪の小学校女性教師)は、「南京大虐殺六〇ヵ年全国連絡会」代表など市民団体を糾合して活動した功績を評価され、〇四年八月には記念館から表彰された(『人民日報』日本語版の八月十六日付)。〇六年九月には、本多勝一と故洞富雄の二人が記念館から「特別貢献賞」をもらった。

この団体は田英夫(参議院議員)、土屋公献(元日弁連会長)らの斡旋で九九年末、全国一万二千人余の署名を付して小渕恵三首相あてに「南京大虐殺の被害者への謝罪と賠償」「教科書に正しく記載する」「日中両国研究者の真相調査」を要望している。

また松岡は、南京戦に参加した日本軍兵士一〇二人のヒアリング証言を集めた『閉ざされた記憶を尋ねて』(二〇〇二)と、被害者一二〇人の証言を収録した『切りさかれた受難者の魂』(二〇〇三）を編纂し、日中両国で同時刊行した。前者は大多数が九十歳近い老人で、「妨害や危害を懸念」して全員が仮名なので、検証のすべもないが、新マボロシ派（阿羅健一ら）はもとより、身内とされる小野賢二からも「これほど間違いやおかしな表現の多い本もめずらしい。人間のやることだから間違いはあるが、この本は度を越えている」と酷評された。

だが中国語版を読んだ人たちが、大虐殺を裏づける元兵士たちの貴重な告白と受けとめてもふしぎはないだろう。時沢は「中国人の批判を百パーセント受け入れる人間を多く作り出す」のが松岡グループの目的だと評しているが、最初から政治性を帯びていた南京事件はもはや学術論争の次元を脱し、「歴史認識」をめぐる日中対立のなかで時に法廷闘争を伴う政治的紛争の領域へ移行しつつあるのかもしれない。ここでは、この種の事例を二つばかり紹介しておく。

1、東史郎と郵便袋裁判

元参戦兵士のなかには、マスコミや運動体に担がれて不正確かつ誇大に罪行を告白する「語り部」として登場する例が少なくない。田所耕三、中山重夫、曽根一夫、舟橋照吉などで戦友会などとトラブルを起こしているが、もっとも有名になったのは東史郎上等兵（第十六師団歩二〇連隊第三中隊）であろう。

発端は一九八七年で、京都周辺の集会での発言をきっかけに日記と手記が日共機関紙の『赤旗』に連載され、自著の『わが南京プラトーン』、下里正樹『隠された聯隊史』（いずれも一九八七）、『南京事件・京都師団関係資料集』（一九八九）に収録された。

東が告発したのは、南京占領直後の一九三七年十二月二十一日、上官のH分隊長が最高法院前で捕えた中国人を郵便袋に詰め、ガソリンをかけて火をつけ、近くの沼まで運んで手榴弾三個を結びつけて放りこみ爆殺したという残虐行為だった。

他にも翌年三月、前線で中国人二人（三人とも）を軍刀で斬首したことを告白するなど、あちこちで旧日本軍批判の発言を重ねているうち、最初は匿名にしていたH伍長の実名（橋本光治）まで公表するに至った。

ところが生存していた当の橋本が事実無根だとして九三年四月、東京地裁に提訴する。三年後の判決は、南京事件の存在は否定できぬが、郵便袋による殺害は物理的に不可能であり、日記も数年後に書いたものと判定して名誉棄損の成立を認め、橋本の勝訴となった。

東は控訴したが第二審（一九九八年）、最高裁（二〇〇〇年）とも敗訴に終った。しかしこの間の約七年、双方の応援団は華々しい狂騒劇をくり広げた。とくに東は訪中するたびに英雄として各地で熱烈歓迎を受けたが、九九年四月には中国中央テレビの討論番組で東と顔を合わせた水谷尚子（人民大学大学院の日本人留学生）が、法廷は郵便袋殺人のみを裁いたもの、南京事件を否定したのではない、と説明したことに激高した視聴者たちから脅迫される事件が起きた。なお東は九四年にアメリカ講演旅行を試みたさい、中国が不問に付した斬首事件を理由に入国禁止の処分を受けている。東は二〇〇六年一月、九十三歳で没した。

2、百人斬り裁判

一九三七年十一月から十二月にかけ、南京への進撃途上にあった歩兵第九連隊の二人の少尉（向井敏明、野田毅）が、百人斬り競争を約束しあい実行したとする『東京日日新聞』（現在の毎日新聞）の報道記事を唯一の証拠として、戦後の南京軍事法廷は二人の抗弁を受け入れず、一九四八年一月、銃殺刑に処した。

向井敏明（左）、**野田毅両少尉**

七一年、本多勝一記者は中国旅行中に南京で聞きこんだ百人斬り伝説を『朝日新聞』の連載でむし返し、ひきつづく論争の過程で、それが捕虜の「据え物斬り」だったと主張する。論争はその後もつづくが、その間に百人斬りは南京虐殺の象徴的シーンへ昇格、虐殺記念館では軍刀を持つ二少尉の等身大写真が飾られるようになった。

二〇〇三年四月、二少尉の遺族が「信憑性《しんぴょう》に乏しい話をあたかも歴史的事実とする報道、出版が今も続き、名誉を傷つけられた」として毎日、朝日、本多らを提訴した。原告の弁護人が東裁判の被告弁護人と同一人であることが示すように、裁判をめぐる構図も似かよっている。しかし〇五年八月二十三日、東京地裁は「当時の記事内容が一見して、明白に虚偽であるとまでは認められない」として、原告の請求を棄却した（〇六年十二月最高裁が棄却）。

南京守兵数からの再計算

最後に本書の初版（一九八六年二月）が刊行された時点以降に出現した新たな情報と手法、それによって解明が進んだ史実、さらに今後の課題として残っている未解明部分のうち目ぼしいものを拾い、整理しておきたい。

南京事件に取りくんだ組織的な研究プロジェクトとしては⑴偕行社の『南京戦史』、⑵南京事件調査研究会（左派）、⑶日本「南京」学会（右派）の三つが挙げられる。⑴は一九八四年に機関誌『偕行』で連載が始まり、八九年に『南京戦史』（叙述体）、『南京戦史資料集Ⅰ』を刊行した。九三年には『南京戦史資料集Ⅱ』を送り出して、このプロジェクトは終了した。

二冊の資料集は防衛研究所戦史部が所蔵する参加部隊の戦闘詳報（残っているのは参加全部隊の約三分の一）や作戦命令、松井大将、中島師団長など参戦者の日記、回想記が軸で、米英の新聞記事も拾っているが、中国軍の資料は手薄であった。日本軍の資料についても精疎があり、とくに第十三師団、第六師団関係の資料が少ないのは惜しまれる。

いずれにせよ、基本資料集としてはこれほど網羅的なものは他に見あたらず、価値は高い。叙述体として書かれた『南京戦史』は、編集委員間の意見対立もあって、資料集を十分にこなしているとは言いがたい面もあるが、概して中間派的なアプローチにおちついている。

資料集には研究者の利便に配慮して立場の食いちがう資料をあえて並列して記載した例もあり、その見識は評価できる。たとえば、一九八九年に中国側から撫順《ぶじゅん》収容所の戦犯だった太田寿男少佐（第二碇泊場司令部）の供述書が流され、一部のマスコミが大きく報道したことがあった。

「十二月十五日に着任して十五万（大多数は住民）の死体処理を目撃した」というのが供述書の要旨だったが、太田の着任は二十五日だったことを記入した部下の梶谷健郎軍曹の日記の出現で、太田ばかりでなく戦犯の供述書全般に対する信頼性がゆらいだ。いずれも資料集Ⅱに収録されている。

⑵の南京事件調査研究会は、「南京城内外で死んだ中国軍民は、二〇万人をくだらなかったであろう」とする「南京事件研究の草わけ」洞富雄の持論を支持する線で一九八四年に結成された。主要メンバーは藤原彰、吉田裕、笠原十九司、江口圭一、本多勝一らで、共著、単著で一〇冊前後の著作を出しているが、たとえば『南京大虐殺否定論 13のウソ』（一九九九）というタイトル

が示唆するように、マボロシ派や中間派の所説に対する対決的姿勢をかくしていない。そして八四年末と八七年末に訪中調査団を結成して現地を訪問、南京の研究者たちと交流、その後も交互にシンポジウムなどを重ね、それなりの成果も出した。

ひとつは解明が不十分だった南京守備軍の実情が、孫宅巍（江蘇省中国現代史学会秘書長）の研究や元将領からのヒアリングなどでかなり明らかになったことである。その他の中国側文献情報とあわせて南京守備軍の崩壊プロセスを復元すると、大要は次のようなものだったかと思われる。

当初は死守方針を明示していた唐生智司令官が、前日に受けた蔣介石からの指示によって軍長、師長以上の高級指揮官を召集、主力は南方へ、一部は北へ渡江して日本軍の包囲を突破せよとの撤退命令を伝達したのは、十二月十二日の午後五時頃である。

突囲発動の時間は十三日の日の出前を予定したが、撤退命令に先だって雨花台陣地を破られた第八十八師の一部が下関へ向かい退却に移ったのが他部隊へも波及して、夕方には全軍潰乱《かいらん》の様相を呈した。しかも司令部の幹部やスタッフが早々と逃散（午後八時頃に渡江）して通信連絡が切れたこともあって、整然たる正面突破の退却作戦は不能となってしまう。

そして大多数は渡江しようと下関方面へ殺到、特務隊などに阻止されて同士撃ちを演じ、舟便を得られなかった多数の敗残兵は便衣に着がえ難民区にもぐりこんだ。笠原は虐殺被害者の多くが「日本軍のいう掃蕩作戦において、敗残兵、負傷兵、投降兵、捕虜の状態で殺害された」（「南京防衛戦と中国軍」）兵士、雑兵、軍夫、民夫など（一括して民兵とも呼べる）であったと観察している。では被虐殺者や脱出者をふくむ南京守備軍の行方を算定すると、どうなるのか。孫宅巍は正規兵以外の雑兵や軍夫なども入れ、守備軍の総数を約一五万と判定し、笠原らの日本側研究者も同調した。

次ページの表10－1が示すように、内訳については、孫、笠原の間に若干の差違はあるが、脱出成功者（D、逃亡、捕虜をふくむ）の数が意外に多いかわりに戦死者（A）が少ない。差し引きして、Bの「捕われて殺害」（不法殺害）が激増したのは、守備軍を一五万にふくらませた結果とも言えよう。両人とも民間人の犠牲者（F）には触れていないが、三〇万ないし一〇数万という総計（G）からA＋Bを引いた数を想定しているのであろうか。

そうだとすると、Fは孫の場合に二一万、笠原の場合は十数万－（八万～一〇万）＝数万（？）となり、さらに「六〇万～七〇万」（孫）、「四〇万～五〇万」（笠原）とする南京の人口見積り（H）と連動してくる。

Hについては他にも城内三六万（うち難民区二〇万）、城外一九万の推定（鍾慶安「文献和研究」一九八五）があるが、いずれもGを基数にしたツジツマ合わせかという疑いが残る。

ついでに秦の新推計は、旧推計（本書二一一ページ）に比べ、脱出成功者を大幅にふやして三万としたかわりに戦死者をそれに見合うだけ減らしたものである。中国側戦史や犬飼総一郎論文

	譚道平	孫宅巍	笠原十九司	『南京戦史』	秦新推計（旧推計）
A 戦死者	3.6	1	2	3.0	3.0 (5.4)
B 捕われて殺害（不法殺害）		8	8～10	1.6	3.0 (3.0)
C 生存捕虜				0.6	1.05 (1.05)
D 脱出成功者	4.5	6	4	1.8	3.0 (0.56)
E 南京守備軍数	8.1	15	15	6.6～7.1	10.0 (10.0)
F 不法殺害された民間人		(21)		1.6	1.0 (0.8～1.2)
G 死者計（A＋B＋F）		30	10数万	(6.2)	7.0 (9.2～9.6)
H 南京の人口[(1)]		60～70	40～50		

注 (1) 張連紅の研究論文（『抗日戦争研究』2002年第4期）は、各種の情報を整理して1937年11月末の南京市人口を30万～40万で推計している

表10－1 南京守備軍と民間人の行方（単位：万人）

の記述から将官級の幹部で戦死五名、渡江脱出一四名、陸路脱出一名、難民区滞在を経ての脱出八名（うち軍長二）、生存捕虜一名（以上はすべて判明者のみ）という分布も参考にした。

南京守備軍の数は、台湾公刊戦史の一〇万を踏襲したい。編制に入っていても、攻防戦に加わらず四散した兵（主として民兵）が数万いた可能性は否定できないが、南京事件とは無関係と見て対象外とする考え方からである。

ともあれ、日中の大虐殺派が個別被害申し立ての積算と埋葬記録を組みあわせる手法ばかりでなく、守備軍の内訳から推算していく新手法を取り入れたのは評価してよいと思う。

なお、張連紅（南京師範大学教授）によると、中国で一九八〇年から二〇〇五年まで、南京事件を扱った研究論文は四〇〇余本で、各年の平均は一五本だが、一九九五年には六〇余本、二〇〇五年には五〇本が発表されているという。

残された論点

中国社会科学院研究員の馬俊威は、共産党機関紙の『人民日報』ネット版（二〇〇一年八月十四日）で「われわれは常に〝歴史カード〟を手に日本を叩ける。このカードは相当長期にわたって使えるだろう」と誇示したことがある。南京事件がこうしたカードの役割を果しつづけるであろうことは、容易に想像がつく。

国内的にも左右の運動体にとっては、手離せぬ政治論争の主題として生き残るだろうが、学術論争としてはほぼ大勢が定まり、関心の対象から遠ざかっていく傾向にある。しかし現時点および近い将来において、なお課題として残っている論点を『諸君！』二〇〇一年二月号の特集記事を手がかりに拾ってみる。

1、難民区の便衣兵狩り

南京陥落の当日から始まった敗残兵の掃討作戦で最大規模の犠牲者が生じた事例は、歩兵第七連隊による十二月十六日の難民区における便衣兵摘出作戦（本書一三二ページ以下）だろう。取調べや裁判を経ることなしに便衣兵と見なした中国人約七千人（畝本正巳はうち一割弱が誤認された「良民」と推定）を、即決で処刑したことへの是非をめぐる論争である。

『諸君！』特集のアンケートからコメントの数例を拾う。

「残敵掃蕩戦で……戦闘の延長」（阿羅健一）

「ハーグ陸戦法規が示す交戦者の資格に違反しているので、捕虜とは認められず、助命されなくても仕方がなかった」（東中野修道）

「交戦者としての特権を失うのは事実でしょうが、捕虜でなければ、必ず殺されるというわけでもないはず」（松本健一）

「便衣兵を即時処断し得るのは〈現行犯〉の場合に限られる」（中村粲）

「軍律会議で審問し処罰すべきである」（原剛）

なぜか、この論点について大虐殺派の論客はそろって回答を避けているが、他の文献に「摘出者は逃亡兵、敗残兵……ハーグ条約に違反」（藤原彰）、「投降勧告もせず殺害したのは不当」（吉田裕）と主張しているのを見つけた。しかし吉田も彼らが脱出したのち再起してくる可能性に言及し、概して歯切れが悪い。

法律専門家の意見もやや曖昧さを脱しえず、アンケートでは高池勝彦（弁護士）が「究明された結果、違法もありうる」と答え、佐藤和男（青山学院大名誉教授）は「多数の便衣兵の審判が不可能……潜伏敗残兵の摘発・処刑は、違法な虐殺行為ではない」（『正論』二〇〇一年三月号）と述べている。

当時の国際法専門家の見解では、立《たち》作太郎が前者に、信夫《しのぶ》淳平は後者に近いが、情状を考慮する余地はあるとしても、「全然審問を行はずして処罰をなすことは、現時の国際法規上禁ぜらる所」（立『戦時国際法論』一九三一）と解釈するのが妥当かと思われる。

2、幕府山の捕虜たち

旧版で取りあげた主要な「虐殺事件」のうち、難民区の便衣兵狩りに並ぶ規模の犠牲者を出した幕府山の捕虜処分は、旧版（一四〇ページ以下）の段階では不明の部分が残り、「疑問点を箇条的に整理」する形にしておいた。

その後、阿部輝郎『南京の氷雨』（一九八九）、小野賢二他『南京大虐殺を記録した皇軍兵士たち』（一九九六）の刊行で、疑問点はかなり解明された。とくに後者は歩六五連隊の下級将校と兵士の日記一九編を利用した貴重な成果だが、過半が仮名にしてあるのは惜しまれる。

「現場は一か所か二か所か」という疑問に対し、笠原十九司『南京事件』と板倉由明「南京事件

――虐殺の責任論」(いずれも一九九七)は阿部、小野の調査を取り入れ、十二月十六日夜の海軍魚雷営と、十七日夜の大湾子(上元門と燕子磯の中間で八卦洲に向かいあった江岸)の二か所が現場だと判定した。この推定に今のところ異論は出ていない。

犠牲者数については、当初の一万四七七七人(魯甦証言の五万七四一八人に該当か)のうち民間人をすぐに釈放して半減、十六日の火事に紛れて逃亡する者もいたとされるが、十六日に残った捕虜(敗残兵が主体)の約三分の一、十七日に三分の二(合計して畝本は二千、板倉は四千、秦は八千人と推定)が殺害された。

これを計画的殺害と見るか、両角連隊長の回想記が強調するように釈放の意図を誤認しての反抗から生じた突発的事故なのか、見解は依然として割れている。概して大虐殺派は前者を、マボロシ派と中間派は後者に傾いているが、「どちらだったのか、私にはよくわからない」が「どうやら解放意図が一転しての失敗だったようである」と書く阿部や、「皆殺しにしようという意図も計画も感じられない」とする板倉のように迷う人がいるのも、やむをえないのかもしれない。

3、崇善堂の埋葬記録

東京裁判に提出された慈善団体の紅卍字会による四万三〇七一体、崇善堂が一一万二二六六体という埋葬記録は、二〇万～三〇万規模の虐殺を裏づけるデータとして重視されてきた。

しかし紅卍字会の活動が日本軍の公記録や新聞にも出現するのに対し、崇善堂については活動を示す確実な傍証が見つかっていない。それでも大虐殺派は数字に多少の誇張があるとしても、「相当の遺体を埋葬したことは疑いない」（井上久士）との立場を崩していないのに対し、マボロシ派と中間派は、「崇善堂という組織はあったが、南京占領下では、ほとんど活動していない……（埋葬記録は）百％捏造である」（阿羅健一）とか「崇善堂は、紅卍字会の約十分の一程度の人数」で「下請け作業」（原剛）をしたにすぎないとして証拠能力をほとんど認めていない。

4、犠牲者総数の再論

南京事件における日本軍の不法行為による犠牲者数は、今となっては「神のみぞ知る」としか言いようがない。とくにスマイス報告以外には手がかりのない民間人（一般人）の計数は、今後も新たな展開は期待できない。秦は本書の初版が出た一九八六年の時点で〇・八万〜一・二万人と試算し、軍人捕虜の不法殺害三・〇万に足して、全数を三・八万〜四・二万人と推計した。

それから約二〇年後の時点で再推計を試み表10－1のように、戦死者と脱出成功者の計数を入れ替えたが、民間人の不法殺害〇・八万〜一・二万の中間値をとって一・〇万とし、総数を四・〇万とした程度にとどまった（表10－2参照）。なお旧版では特記しなかったが、この計数は新史料の出現などを予期し、余裕を持たせたいわば最高限の数字であった。

この二〇年、事情変更をもたらすような新史料は出現せず、今後もなさそうだと見きわめがついたので、あらためて四万の概数は最高限であること、実数はそれをかなり下まわるであろうこ

表10－2　南京事件における不法殺害者数

約20万	藤原彰、高崎隆治、故洞富雄
10数万～20万	笠原十九司
少なくとも10数万	吉田裕、井上久士
10数万	姫田光義、（石島紀之）
約10万	江口圭一
約4万	秦郁彦
2万～3万	原剛
1万～2万	板倉由明
1万前後	岡崎久彦、田辺敏雄、桜井よしこ、中村粲
数千人	故畝本正巳
数百人	松村俊夫
40～50	渡部昇一
限りなく0に近い	東中野修道、藤岡信勝、高池勝彦、田中正明、冨士信夫、大井満、阿羅健一

出所：『諸君！』2001年2月号アンケート

とを付言しておきたい。

三〇万（あるいはそれ以上）を固守する現中国政権の公定数字とは一〇倍近い開きがあるが、他の計数でも一〇倍の誇張率は決して珍しくない。たとえば国民党政権時代に何応欽軍政部長が東京裁判へ提出した日中戦争の全期間における軍人（官兵）の死傷者は三二〇万人（一九七八年の何による補正は約一万人増）で、現政権の公定数字である三五〇〇万人は約一〇倍に当る。

また三五〇〇万人を殺傷するには、中国戦線の日本兵は全員が「百人斬り」のスーパー勇士に変身しないと計算が合わなくなる。東史郎事件が代表するように、中国政府は物理的に不能な構図や計数でも宣伝と割り切ってか、平然と突きつけてくる例が多いので、要注意と言うべきだろう。

関連して大虐殺派とマボロシ派の主張には、重要な盲点が説明不足のまま、今なお流通していることを、指摘しておきたい。

前者では、総数（二〇万〜三〇万）と個別に積み上げた犠牲者数（一〇万余）との差数が説明されていないことと、崇善堂の不自然な埋葬能力の二点が代表例である。

また、後者では「南京市の人口以上に虐殺するのは不可能だ」という誰も否定できない定理をふりかざし、難民区の人口（一貫して二〇万〜二五万）を南京の全人口と見なし、被害者数を極小化しようとしている例である。神戸大震災の直後に、用意された避難所へ行かず半壊の自宅を離れなかった住民が多かった例を引くまでもなく、難民区（面積的には城内の八分の一にすぎない）以外の市域から離れなかった住民が相当数いたと考えるべきだろう。

展望

二〇〇七年に入った時点で、南京事件論争史の現状をどうとらえたらよいのだろうか。できれば当事国である日本、中国に属さない第三者の冷静な論評が望ましいと考えていたところへ、恰好の論考が目についた。オーストラリア人の歴史家デイヴィッド・アスキュー（立命館アジア太平洋大学准教授）が『諸君！』の〇五年十二月号に寄稿した「南京大虐殺の〈亡霊〉」と題した論文である。京都大学法学部、同大学院に学んだアスキューは四十歳という若い世代にふさわしく、新鮮な切り口を見せる。

アスキュー論文は、関連文献を国別、言語別に仕分け、中国（語）、英語、日本（語）の三カテゴリーに区分して南京論争の現状を概観しているが、次に一部を要約紹介する。

1、死体数を極大化する中国語研究

中国では国家の意に反する形で、あるいは国家の公式見解から独立した形で南京の事件を論ずることは、まだまだ不可能。日本の「大虐殺派」をも上回る「死体数の極大化」が行なわれており、議論はそのときそのときの政治情勢を反映している。

2、「第三者」としての英語研究

英語のライターの間でも、チャイニーズ・アメリカンを中心に「大虐殺派」の影響は大きいが、この数年の間に一部の歴史家――アスキュー、ボブ・T・ワカバヤシ、ジョシュア・フォーゲル、T・ブルックなど――が英語で、政治的利害を排した第三者的立場から「中間派」的路線の論考を発表するようになった。

3、元気がない日本語の大虐殺派

日本では「大虐殺派」「マボロシ派」「中間派」の三派に大別されているが、むしろ市民運動左派、市民運動右派、学術研究優先派に区別するのが適切。

左翼陣営の世界的な権威失墜、日本の政治的な保守化を背景に、「大虐殺派」には元気がなく、次の世代（笠原十九司の後継者）が未だに出現していない。これと比べて、「マボロシ派」には大変な勢いがあり、田中正明から東中野修道などへの世代交代に成功した。

アスキュー論文は、最後に期待をこめて「政治的利害を排した第三者（とくに英語による研究）による南京論は、政治的利害を超えられない日中両国の議論の現状に風穴を開けられるだろう」としめくくっている。

彼が言うように「より健全で建設的」な南京論が続出するのは、私もまた望んでやまないところである。

増補版あとがき

本書の初版が刊行された一九八六年から、二十一年が経過した。この間に二十三版を重ねるロングセラーとなったのは、多少の起伏はあるものの南京事件に対する内外の関心が一貫して高かったのが主な理由だろうが、新書判というハンディさも影響していよう。

初版を送りだした時には、遠からず新史料の出現で書きかえる機会が来るだろうとの予感がないでもなかったのだが、期待は裏切られた。あいも変らぬ原理主義張りの論争はくり返されたものの、事実関係の面では画期的なデータの新発見はなかったからである。

こうした状況に対応して、今回の改版では旧版（第一〜八章）には手を加えず、南京事件の主要な争点をめぐる論争の全過程を概観した第九章と第十章を追加することにした。ついでに旧版に対する若干の修正を取り入れてはいるが、両章のタイトルを「南京事件論争史」（上下）と名づけたゆえんである。

事件史と論争史は重複する部分はあっても、別のジャンルと見なすこともできる。人によっては論争史のほうが魅力的だと感じるらしい。とくに本書のように七〇年前に起きた一過性の事件をめぐって、ホットな論争が数十年もつづくのは珍しく、その分だけ論争史の比重が高まるのは当然だろう。

しかし、それを客観公正の視点から描きだすのは必ずしも容易な作業ではない。他ならぬ著者も長年にわたり、いわゆる中間派の一論客として論争の渦中に身を置いてきただけに、記述にはそれなりの神経を使った。

中間派はとかく左右の双方から叩かれる損な立場だが、事実の確定に役立つ情報を広く収集するには悪くない場所ではある。そこで、こうした立場を活用して、研究者というよりレポーターの視点で論争史をたどったつもりだが、それでも各派の論客たちから多少の異論が出るのはやむをえないと観念している。

なかでも大虐殺派の総本家と見なされている中国の反応は気になるところだが、折しも南京事件が中国の国家戦略に占める地位が流動しはじめた。その方向がまだ見きわめ切れないのは、現象面で硬と軟の相反する流れが交錯しているからでもある。

硬の流れは二〇〇五年春から夏にかけて、中国本土各地で盛り上がった反日騒動に代表されよう。東シナ海のガス田開発をめぐる対立、中国潜水艦の領海侵犯、小泉首相の靖国参拝や歴史観をめぐる不協和音などで、日中関係は国交回復いらい最悪とされる緊張状況を呈した。しかし北京オリンピック（二〇〇八年）を控えた中国の胡錦濤政権は、国内の反日運動を抑えこみつつ、悪化した日中関係の修復に乗りだす。〇六年秋に成立した安倍晋三政権もそれに応じ、表面的には両国関係は好転したかに見えるが、底流はあまり変っていないという観測もある。

二〇〇七年は南京事件の七〇周年に当ることもあり、事件を主題にした映画が七本か八本（アイリス・チャンを原作とするものが多い）制作、上映されるという情報がある反面、〇六年末と予告されていた虐殺記念館の新装開館はおくれ気味という軟の動きもある。

関連して〇七年一月に東京財団の招きで中国から来日した二人の南京事件研究者（程兆奇、張連紅）が公開講演で、犠牲者三〇万は「政治的数字」で「正確な人数は確定できない」と述べたことが新聞報道された。三〇万の数字は中国の金科玉条と受けとめられていただけに、関係者の間では、波紋を呼んだ。著者も会談する機会があり、両人が実証主義を強調していたのが印象的だった。日中の歴史家会議が始まったのも同じ時期だが、こうした現象が自由化の兆候なのか、一時的な政策配慮にすぎないのか判断は分かれているようだ。

また南京映画の多くが中国系アメリカ人によって企画されていること、〇七年春の慰安婦問題をめぐる米下院の対日非難決議事件の背後にやはり中国系アメリカ人の反日組織が動いていたことなどから、南京事件をふくむ中国の反日政策は国外での運動に舞台を移し、国内では抑えこむ構えにしたのではないかとの臆測もあるらしい。いずれにせよ、南京事件が歴史研究の領域に編入される日は遠くないと思われる。

ついでながら本文の付録について付言すると、旧版になかった「③南京戦に参加した中国軍一覧」を新たに加え、「④主要参考文献」は、一九八六年以降の刊行物を中心に大幅増補した。南京事件関連の参考文献としては、最新かつ網羅的なものであると自負している。

増補版の刊行にさいしては、中央公論新社中公新書編集部の吉田大作氏に編集上の手数をおかけした。感謝したい。

二〇〇七年六月

秦　郁彦

付録

①南京事件関係年表
②南京戦に参加した日本軍一覧
③南京戦に参加した中国軍一覧
④主要参考文献
⑤主要人名索引

①南京事件関係年表

○昭和12年（一九三七）

7月7日　盧溝橋事件
28日　支那駐屯軍の北京総攻撃
29日　通州事件
8月9日　大山中尉事件
13日　上海で戦闘開始　○閣議、陸軍の上海派遣を決定
15日　上海派遣軍の編組、日中全面戦争突入
21日　中ソ不可侵条約
31日　北支那方面軍編成
9月11日　三個師団を上海に増派
24日　保定占領
10月5日　米大統領の隔離演説
20日　第十軍編成
26日　大場鎮陥落
11月3日　ブラッセルで九か国会議開催（〜15日）
5日　第十軍の杭州湾上陸　○駐華トラウトマン独大使、蔣介石に和平条件手交
11月7日　中支那方面軍編成
9日　太原陥落
13日　第十六師団、白茆江に上陸
16日　南京分散遷都を決議
19日　蘇州占領
20日　大本営設置
23日　駐華ジョンソン米大使、漢口へ移転
25日　無錫占領
26日　唐生智将軍、南京衛戍司令長官に任命
28日　日本軍、上海共同租界の電報局を接収
12月1日　大本営、南京攻略を命令
2日　朝香宮、上海派遣軍司令官に補任（7日着任）
5日　句容占領
7日　蔣介石夫妻、南京を脱出　○中支那方面軍司令部、蘇州へ前進

12月8日 南京市長ら脱出 ○鎮江占領
9日 唐将軍あての降伏勧告状を交付(10日拒否)
10日 南京総攻撃開始 ○夕方歩三十六連隊、光華門へ突入 ○蕪湖占領
12日 紫金山、雨花台を占領 ○パネー号、レディーバード号事件 ○唐生智脱出
13日 南京陥落 ○浦口占領
14日 山田支隊、幕府山を占領 ○揚州占領 ○日本外交第一陣南京へ入る
15日 ダーディン記者ら南京を去る ○松井大将、湯水鎮へ
16日 歩七連隊の全力による難民区掃蕩
17日 南京入城式
18日 慰霊祭
20日 山田支隊、浦口へ ○浦口の国崎支隊、南京へ
21日 松井大将、南京から上海へ
22日 佐々木少将、城内粛清委員長に就任 ○上海派遣軍司令部(湯水鎮)、城内へ移転

12月24日 第十六師団の難民区査問開始(〜1月5日) ○杭州占領
28日 第十軍司令部、杭州へ移駐

○**昭和13年**(一九三八)

1月1日 南京市自治委員会成立
2日 阿南人事局長一行、南京へ(8日帰国)
6日 アリソン米書記官、南京へ帰来
16日 「国民政府を対手とせず」声明
19日 広田外相→在外公館電発出
22日 中島第十六師団長、南京を去る ○天谷少将、南京警備司令官に就任
26日 アリソン殴打事件
28日 本間参本二部長上海へ(2月1日南京で外交団の招待パーティ)
2月14日 中支那方面軍解散、中支那派遣軍編成
21日 松井司令官、離任のため上海発(25日東京着)

②南京戦に参加した日本軍一覧（昭和12年12月10日現在）

◎中支那方面軍の編制

〈司令官〉松井石根大将　〈参謀長〉塚田攻少将　〈参謀副長〉武藤章大佐　〈参謀〉公平匡武、光成省三各中佐　中山寧人、二宮義清、吉川猛、河村弁治各少佐　〈副官〉角良晴少佐　〈特務部長〉原田熊吉少将

〈第3飛行団〉値賀忠治少将――飛行3、8各大隊、独立飛行4、6、10、11、15各中隊　〈国際法顧問〉斎藤良衛

中支那方面軍
- 直属部隊――第3飛行団など
- 上海派遣軍
  - 第16師団　第9師団　第13師団　第3師団　第11師団　第101師団
  - 野戦重砲兵第5旅団
  - 直属部隊
- 第十軍
  - 第6師団　第18師団　第114師団　国崎支隊　野戦重砲兵第6旅団
  - 直属部隊

■上海派遣軍

〈司令官〉朝香宮鳩彦王中将　〈参謀長〉飯沼守少将　〈参謀副長〉上村利道大佐　〈参謀〉※西原一策大佐（1課長）　※長勇中佐（2課長）　※寺垣忠雄中佐（3課長）　川上清志、北島熊男、※芳村正義、大坪一馬各中佐　二神力、北野兵蔵、※本郷忠夫、御厨正幸、榊原主計、櫛田正夫各少佐　大西一、佐々木克巳各大尉（※は中支那方面軍参謀兼務）　〈副官〉川勝郁郎中佐　〈経理部長〉根岸寛爾主計少将　〈軍医部長〉笹井秀恕軍医少将　〈兵器部長〉福原豊三少将　〈法務部長〉塚本浩次法務官　〈憲兵長〉横田昌隆少佐　〈報道部長〉木村松治郎大佐　〈郵便事務官〉佐々木元勝

○第16師団（京都）

〔中島今朝吾中将〕

- 歩兵第19旅団〔草場辰己少将〕
  - 歩兵第9連隊（京都）〔片桐護郎大佐〕
  - 歩兵第20連隊（福知山）〔大野宣明大佐〕
- 歩兵第30旅団〔佐々木到一少将〕
  - 歩兵第33連隊（津）〔野田謙吾大佐〕
  - 歩兵第38連隊（奈良）〔助川静二大佐〕
- 騎兵第20連隊〔笠井敏松中佐〕
- 野砲兵第22連隊〔三国直福大佐〕
- 工兵第16連隊〔今中武義大佐〕
- 輜重兵第16連隊〔柄沢畔夫中佐〕

〈参謀長〉中沢三夫大佐
〈参謀〉大須賀応中佐
　専田盛寿少佐
　木佐木久少佐
〈副官〉岡田博二中佐
　宮本四郎大尉
〈法務部長〉山上宗治

○第9師団（金沢）

〔吉住良輔中将〕
〈参謀長〉中川広大佐
〈参謀〉川久保鎮馬中佐
　　　松沢恭平少佐
　　　小西健雄大尉

- 歩兵第6旅団〔秋山義兌少将〕
  - 歩兵第7連隊（金沢）〔伊佐一男大佐〕
  - 歩兵第35連隊（富山）〔富士井末吉大佐〕
- 歩兵第18旅団〔井出宣時少将〕
  - 歩兵第19連隊（敦賀）〔人見秀三大佐〕
  - 歩兵第36連隊（鯖江）〔脇坂次郎大佐〕
- 騎兵第9連隊〔森吾六大佐〕
- 山砲兵第9連隊〔芹川透大佐〕
- 工兵第9連隊〔野中利貞大佐〕
- 輜重兵第9連隊〔三田村正之助大佐〕

○第13師団（仙台）

〔荻洲立兵中将〕
〈参謀長〉畑勇三郎大佐
〈参謀〉吉原矩大佐
　　　青津喜久太郎少佐
　　　酒井忠邦少佐
〈副官〉相田俊二中佐

- 歩兵第103旅団〔山田栴二少将〕
  - 歩兵第104連隊（仙台）〔田代元俊大佐〕
  - 歩兵第65連隊（若松）〔両角業作大佐〕
- 歩兵第26旅団〔沼田徳重少将〕
  - 歩兵第116連隊（新発田）〔添田孚大佐〕
  - 歩兵第58連隊（高田）〔倉林公任大佐〕
- 騎兵第17大隊〔小野良三中佐〕
- 山砲兵第19連隊〔横尾闊中佐〕
- 工兵第13連隊〔岩淵経夫少佐〕
- 輜重兵第13連隊〔新村理市少佐〕

○第3師団（名古屋）〔藤田進中将〕
〈参謀長〉田尻利雄大佐
〈参媒〉白銀義方中佐
遠藤新一中佐
小栗軍二少佐

- 歩兵第5旅団〔片山理一郎少将〕
  - 歩兵第6連隊（名古屋）〔川並密大佐〕
  - 歩兵第68連隊（岐阜）〔鷹森孝大佐〕
- 歩兵第29旅団〔上野勘一郎少将〕
  - 歩兵第18連隊（豊橋）〔石井嘉穂大佐〕
  - 歩兵第34連隊（静岡）〔田上八郎大佐〕
- 騎兵第3連隊〔星善太郎中佐〕
- 野砲兵第3連隊〔武田精一大佐〕
- 工兵第3連隊〔中島三栖夫大佐〕
- 輜重兵第3連隊〔栗岩尚治中佐〕

○第11師団（善通寺）〔山室宗武中将〕
〈参謀長〉片村四八大佐
〈参謀〉藤沢繁三中佐
一田次郎中佐
桜井敬三少佐

- 歩兵第10旅団〔天谷直次郎少将〕
  - 歩兵第12連隊（丸亀）〔安達二十三大佐〕
  - 歩兵第22連隊（松山）〔永津佐比重大佐〕
- 歩兵第22旅団〔黒岩義勝少将〕
  - 歩兵第43連隊（徳島）〔花谷正大佐〕
  - 歩兵第44連隊（高知）〔和知鷹二大佐〕
- 騎兵第11連隊〔田辺勇中佐〕
- 山砲兵第11連隊〔山内保大佐〕
- 工兵第11連隊〔山内章大佐〕
- 輜重兵第11連隊〔大河原定中佐〕

○第101師団（東京）
〔伊東政喜中将〕
〈参謀長〉西山福太郎大佐
〈参謀〉国武三千雄中佐
遠藤庄一少佐
長谷部清大尉

- 歩兵第101旅団〔佐藤正三郎少将〕
  - 歩兵第101連隊（東京）〔飯塚国五郎大佐〕
  - 歩兵第149連隊（甲府）〔津田辰参大佐〕
- 歩兵第102旅団〔工藤義雄少将〕
  - 歩兵第103連隊（東京）〔谷川幸造大佐〕
  - 歩兵第157連隊（佐倉）〔福井浩太郎大佐〕
- 騎兵第101大隊〔大島久忠大佐〕
- 野砲兵第101連隊〔山田秀之助中佐〕
- 工兵第101連隊〔八隅錦三郎中佐〕
- 輜重兵第101連隊〔鳥海勝雄中佐〕

○野戦重砲兵第5旅団
〔内山英太郎少将〕

- 野重11連隊〔浅田弥五郎中佐〕
- 野重12連隊〔富田富蔵中佐〕

○その他直属部隊　独立野重10連隊〔長屋朝生中佐〕　独立野重15連隊〔街道長作中佐〕　鉄道隊〔佐藤質大佐〕　通信隊〔結城朝久中佐〕　鉄道1連隊　独立工兵1、8、9、12連隊　独立野戦重砲兵2、3、4大隊　独立攻城重砲兵1、2、3、5大隊　独立臼砲1、2大隊　野戦高射砲兵司令部　野戦防空司令部　独立機関銃1、2、7大隊　迫撃1、4大隊　戦車1大隊〔岩仲義治大佐〕、同5大隊〔細見惟雄中佐〕　独立軽装甲車2中隊〔藤田実彦少佐〕、同6中隊〔井上直造中尉〕、同7中隊〔矢口昇中尉〕、同8中隊〔福田林治大尉〕　野戦瓦斯隊本部〔森田豊秋少佐〕　第2野戦化学実験部

〔風早清大佐〕 第2野戦防疫部〔今瀬一夫医少佐〕、第6野戦防疫部〔駒田正雄医少佐〕 兵站自動車隊 架橋材料中隊 渡河材料中隊 野戦鳩小隊 陸上輸卒隊 水上輸卒隊 建築輸卒隊 野戦道路構築隊 野戦鑿井隊 兵站病院など

■第十軍

〈司令部〉柳川平助中将 〈参謀長〉田辺盛武少将 〈参謀〉藤本鉄熊(1課長)、井上靖(2課長)、谷田勇(3課長)各大佐 寺田雅雄、岡田重一、小畑信良各中佐 吉永朴、池谷半二郎、山崎正男、大坂順次、堂ノ脇光雄各少佐 仙頭俊三、清水武男、金子倫介各大尉 〈法務部長〉小川関治郎法務官 〈憲兵長〉上砂勝七中佐

○第6師団(熊本)

〔谷寿夫中将〕
〈参謀長〉下野一霍大佐
〈参謀〉秋永力中佐
藤原武少佐
岡田重美大尉
〈副官〉平岡力中佐

- 歩兵第11旅団〔坂井徳太郎少将〕
  - 歩兵第13連隊(熊本)〔岡本保之大佐〕
  - 歩兵第47連隊(大分)〔長谷川正憲大佐〕
- 歩兵第36旅団〔牛島満少将〕
  - 歩兵第23連隊(都城)〔岡本鎮臣大佐〕
  - 歩兵第45連隊(鹿児島)〔竹下義晴大佐〕
- 騎兵第6連隊〔猪木近太大佐〕
- 野砲兵第6連隊〔藤村謙中佐〕
- 工兵第6連隊〔中村誠一大佐〕
- 輜重兵第6連隊〔川真田国衛大佐〕

○第18師団（久留米）
〔牛島貞雄中将〕
〈参謀長〉小藤恵大佐
〈参謀〉秋永月三中佐
水野桂三少佐
伊藤秀一少佐
〈副官〉瀬戸正秀中佐

- 歩兵第23旅団〔上野亀甫少将〕
  - 歩兵第55連隊（大村）〔野副昌徳大佐〕
  - 歩兵第56連隊（久留米）〔藤山三郎中佐〕
- 歩兵第35旅団〔手塚省三少将〕
  - 歩兵第114連隊（小倉）〔片岡角次中佐〕
  - 歩兵第124連隊（福岡）〔小堺芳松中佐〕
- 騎兵第22大隊〔小池昌次中佐〕
- 野砲兵第12連隊〔浅野末吉中佐〕
- 工丘第12連隊〔井沢新大佐〕
- 輜重兵第12連隊〔川内益實大佐〕

○第114師団（宇都宮）
〔末松茂治中将〕
〈参謀長〉磯田三郎大佐
〈参謀〉中井増太郎中佐
宇垣松四郎中佐
森藤甚松大尉

- 歩兵第127旅団〔秋山充三郎少将〕
  - 歩兵第102連隊（水戸）〔千葉小太郎大佐〕
  - 歩兵第66連隊（宇都宮）〔山田常太中佐〕
- 歩兵第128旅団〔奥保夫少将〕
  - 歩兵第115連隊（高崎）〔矢ヶ崎節三中佐〕
  - 歩兵第150連隊（松本）〔山本重悳中佐〕
- 騎兵第18大隊〔天城幹七郎少佐〕
- 野砲兵第120連隊〔大塚昇中佐〕
- 工兵第114連隊〔野口勝之助少佐〕
- 輜重兵第114連隊〔中島秀次少佐〕

○**国崎支隊**（第5師団　歩兵第9旅団）
〔国崎登少将〕
〈副官〉安田一少佐
──歩兵第41連隊（福山）〔山田鉄二郎大佐〕
──独立山砲兵第3連隊〔月野木正雄大佐〕

○**野戦重砲兵第6旅団**
〔石田保道少将〕
──野重第13連隊〔橋本欣五郎大佐〕
──野重第14連隊〔井手竜男大佐〕

○**その他直属部隊**　第1後備歩兵団　第2後備歩兵団　独立山砲兵2連隊〔原田鶴吉大佐〕　野戦高射砲兵司令部　独立機関銃8大隊　独立工兵2、3連隊　独立軽装甲9中隊　野戦瓦斯6中隊　第1野戦化学実験部〔白倉司馬太大佐〕など

○**中支那碇泊場監**（上海）
〔田尻昌次少将〕
──第2碇泊場司令部（南京）〔鈴木義三朗中佐〕

○**支那方面艦隊**
〔長谷川清中将〕
──第3艦隊〔兼長谷川〕──第11戦隊〔近藤英次郎少将〕

③南京戦に参加した中国軍一覧

×戦死者

◎首都衛戍軍司令部

〈衛戍司令〉唐生智　〈副司令〉羅卓英、劉興（兼江防軍総司令）　〈参謀長〉周瀾　〈参謀副長〉余念慈

〈参謀処長〉廖肯　〈第1科科長〉譚道平

■第2軍団（軍団長・徐源泉）――北方系、東北部配備

- **○第41師**（師長・丁治盤）
  - 第121旅（張習崇）
  - 第123旅（芮勤学）
- **○第48師**（師長・徐継武）
  - 第142旅
  - 第144旅（郭淩）

■第66軍（軍長・葉肇）――広東系、東部配備

- **○第159師**（師長・譚邃、副師長・×羅策群）
  - 第475旅（林偉濤）
  - 第477旅（司徒非）
- **○第160師**（師長・兼葉肇）
  - 第478旅（喩英奇）
  - 第480旅

- ■**第71軍**（軍長・王敬久）── 中央直系、南部配備
  - ○**第87師**（師長・沈発藻）
    - 第259旅（×易安華）
    - 第260旅（劉啓雄）
    - 第261旅（沈頤鼎）
- ■**第72軍**（軍長・孫元良）── 中央直系、南部配備
  - ○**第88師**（師長・兼孫元良）
    - 第262旅（×朱赤）
    - 第264旅（×高致嵩）
- ■**第74軍**（軍長・兪済時）── 中央直系、西南部配備
  - ○**第51師**（師長・王耀武）
    - 第151旅（周志道）
    - 第153旅（李天霞）
  - ○**第58師**（師長・馮経法）
    - 第172旅
    - 第174旅
- ■**第78軍**（軍長・宋希濂）── 中央直系、北部配備
  - ○**第36師**（師長・兼宋希濂）
    - 第106旅（李志鵬）
    - 第108旅（劉英）
    - 補充旅（李欽若）

- ■**第83軍**（劉龍光）―広東系、南部配備
  - ○**第154師**（巫剣雄）
  - ○**第156師**（李江）
    - 第466旅（王徳全）
    - 第468旅（黄世途）
- ■**江防軍**（劉興）―江岸配備
  - ○**第112師**（霍守義）
    - 第334旅（馬万珍）
    - 第336旅（李徳明）
  - ○**第102師**（柏輝章）
  - ○**第103師**（何知重）
- ■**教導総隊**（総隊長・桂永清、参謀長・邱清泉）
  - 第1旅（周振強）
  - 第2旅（故啓儒）
  - 第3旅（馬威竜）
  - 砲兵団
  - 騎兵団
  - 工兵団
  - 輜重団―郭岐営長

■**憲兵部隊**（約2団）（司令・蕭山令）

■**装甲兵団**（2連）（兵団長・杜聿明）

■**運輸司令部**（司令・周鰲）

④主要参考文献（階級は当時のもの）

4-1 戦闘詳報・陣中日誌など

カ〈第六師団戦時旬報〉（昭12・12・20まで）
カ〈第九師団作戦経過の概要〉
〈第十三師団戦闘詳報〉（昭12・11まで）
カ〈第十六師団作戦経過の概要〉
カ〈第百十四師団戦闘詳報〉（昭12・12・14まで）
カ〈第百十四師団戦時旬報〉（昭12・12・20まで）
カ〈国崎支隊戦闘詳報第10号〉（昭12・12・16まで）
カ〈歩七連隊戦闘詳報〉（昭12・12・24まで）
ボ〈歩九連隊第一大隊陣中日誌〉（昭12・11・26まで）
カ〈歩九連隊第二大隊戦闘詳報〉（昭12・12・13まで）
ボ〈歩兵第九連隊軍旗歴史〉（昭12・12・18から14・8・21まで）

カ＝『南京戦史資料集』、ボ＝防衛研究所所蔵

〈歩一九連隊第一大隊、歩兵砲中隊戦闘詳報〉
カ〈歩二〇連隊第4中隊陣中日誌〉（昭12・12・31まで）
カ〈歩三三連隊南京付近戦闘詳報〉（昭12・12・14まで）
ボ〈歩三三連隊第一大隊戦闘詳報〉（昭12・12・13まで）
〈歩三四連隊戦闘詳報〉
カ〈歩三五連隊戦闘経過概要〉（昭12・12・15まで）
カ〈歩三六連隊中支方面に於ける行動概要〉（昭12・9〜14・7）
カ〈歩三六連隊第12中隊陣中日誌〉
カ〈歩三八連隊戦闘詳報〉（昭12・12・14まで）
〈歩三八連隊第11中隊従軍日誌〉
カ〈歩四一連隊第三大隊戦闘詳報〉（昭12・12・

16まで）
カ〈歩四一連隊第12中隊陣中日誌〉（昭12・12・14）
カ〈歩四五連隊第2中隊陣中日誌〉（昭12・12・22まで）
カ〈歩四七連隊第2中隊陣中日誌〉（昭12・12・26まで）
カ〈歩六六連隊第一大隊戦闘詳報〉（昭12・12・13まで）
〈歩六六連隊第二大隊陣中日誌〉
カ〈歩六八連隊第一大隊陣中日誌〉（昭12・12・13まで）
カ〈歩六八連隊第三大隊陣中日誌〉（昭12・12・16まで）
〈歩一一六連隊戦闘詳報〉
カ〈歩一五〇連隊戦闘詳報〉（昭12・12・13まで）
カ〈戦車第一大隊第I中隊行動記録〉（昭12・12・18まで）
カ〈輜重兵第九連隊行動詳報〉（昭12・12・11まで）
カ〈独立攻城重砲兵第二大隊戦闘詳報〉（昭12・12・13）
〈第十軍（柳川兵団）法務部陣中日誌〉（昭12・10・12～13・2・23）『続現代史資料(6)―軍事警察』（みすず書房　昭57）に収録
〈中支那方面軍軍法会議陣中日誌〉（昭13・1・4～13・2・6）同前

4-2　その他の公文書

ボ〈「陸軍省大日記」シリーズ〉（防衛研究所図書館蔵）
ボ〈歩兵学校「対支那軍戦闘法ノ研究」〉（永見大佐執筆　昭8・1）
カ〈交戦法規ノ適用ニ関スル件〉（次官→駐屯軍参謀長、昭12・8・5　陸支密一九八号、昭13「支受大日記（密）」第一冊）
ボ〈第十軍作戦指導ニ関スル参考資料其一～三〉（第十軍参謀部第一課池谷参謀）
ボ〈昭和十二年支那事変ニ於ケル第十軍作戦指導

ニ関スル考察〉（第十軍作戦主任参謀寺田中佐）

ボ〈第十六師団作戦記録〉（中沢三夫史料）

ボ〈（昭12・11・20現在）上海派遣軍人馬現員表〉（昭13　陸支密大日記　第二巻）

ボ〈「皇軍ノ威信向上ニ関スル件」通牒〉（第一軍参謀長発　昭12・12・1付「第一軍戦時旬報」に収録）

カ「中支那方面軍軍律」（昭12・12・1）

カ「中支那方面軍司令官訓示」（昭12・12・18）

カ〈国際関係ニ関スル件〉（総長、陸相連名発軍司令官宛、昭12・12・28発）

ボ〈米大使館ノ掠奪ニ関スル件〉（陸軍次官発中支那方面軍参謀長宛陸支密電七五三、昭12・12・28発　昭13　陸支密大日記　第十一冊）

カ〈蔣政権ニ対スル帝国ノ採ルヘキ態度ニ就テ〉（昭13・1・7　中支那方面軍司令部）

カ〈「軍紀風紀ニ関スル件」通牒〉（参謀総長発中支那方面軍司令官宛　昭13・1・4付　陸支密受第二五〇号）

ボ〈支那駐屯憲兵隊警務関係書類〉

ボ〈支那事変地ヨリ帰還スル軍隊及軍人ノ軍紀風紀等ノ取締ニ関スル件〉（陸軍大臣発憲兵司令官宛通牒　昭13・2・10付　陸支密四八三）

ボ〈慰安所使用規定〉（攻城重砲兵第二大隊内務規定、昭13・3）

〈戦場神経症並ニ犯罪ニ就テ〉（早尾乕雄　昭13・4）

ボ〈昭和十三年中軍人軍属軍紀風紀考察ノ資料〉（中支那派遣軍司令部　昭14・2　陸支受大日記　昭14（密）第16号）

『出版警察報』111号（昭13）

4-3　部隊史

『広島師団史』（第五師団）昭44　陸自第十三師団

『熊本兵団戦史』（第六師団）―支那事変篇　昭40　熊本日日新聞社

『南京作戦の真相』（第六師団）昭41 東京情報社
「第六師団転戦実話」昭15（謄写版）
『第九師団戦史』昭40 陸自第十師団
『兵旅の賦－昭和篇』（第十八師団を含む）昭51 西日本新聞社
『金城連隊史』（歩七連隊）昭44 戦友会
伊佐一男『歩兵第七連隊史』昭42～43 歩七戦友会
『旗の許に――歩十八連隊二中隊戦記』昭60
兵東政夫『歩兵第十八連隊史』昭39 刊行会
『敦賀連隊史』（歩一九連隊）昭57 戦友会
『福知山連隊史』（歩二〇連隊）昭50 刊行会
『歩兵第二十連隊第三中隊史』昭57 私家版
『都城歩兵第二十三連隊戦記』昭53 委員会
島田勝己『歩兵第三十三連隊史』昭47 刊行会
『魁――郷土人物戦記』（歩三三連隊）昭59 伊勢新聞社
『歩兵第三十四連隊史』昭54 委員会
『富山連隊史』（歩三五連隊）昭61
『鯖江歩兵第三十六連隊史』昭51 保存会
川原九十九編『歩兵第三十六連隊戦友会誌』昭58
野口俊夫『奈良連隊戦記』（歩三八連隊）昭38 大和タイムス社
鵜飼敏定『歩兵第四十五連隊史』昭56 委員会
平松鷹史『郷土部隊奮戦史』一～三（歩四七連隊など）昭37～38 大分合同新聞社
『郷土部隊戦記1－歩六五』昭39 福島民友新聞社
『若松連隊回想録』（歩六五連隊）三冊 昭39～40 委員会
『ふくしま・戦争と人間 1白虎篇』（歩六五連隊）昭57 福島民友新聞社
『第四中隊史』一～三（歩六五連隊）昭52～55 四友会事務局
『第九中隊史』（歩六五連隊）昭60
高橋文雄『野州兵団の軌跡』（歩六六連隊など）昭58 中央通信社
「郷土部隊奮戦記」（歩六六連隊）昭38『サンケイ新聞』栃木版
神野敬二編『兵站電信第八中隊－中支戦線のあゆ

み』昭54　兵八会
『山砲第九連隊史』昭49　第九師団砲兵会
『騎兵第三連隊史』昭53　委員会
『われらの野重八』昭51　野重八会
『工兵　金沢』昭50　金沢工兵会
『工兵第十三連隊の歴史』昭54　刊行会
『追憶金沢輜重兵聯隊』昭51　金沢輜重会

4-4　参戦者の日誌

〈阿南惟幾少将（人事局長）メモ〉
〈青柳忠夫少尉（歩六六連隊Ⅱ大隊）日誌〉
カ〈荒海清衛上等兵（歩六五連隊Ⅰ大隊）〉
カ〈飯沼守少将（上海派遣軍参謀長）〉
カ〈伊佐一男大佐（歩七連隊長）〉
カ〈井家又一上等兵（歩七連隊2中隊）〉
〈上羽武一郎上等兵（第十六師団）〉
カ〈上村利道大佐（上海派遣軍参謀副長）〉
〈宇和田弥市上等兵（歩二三連隊1中隊）〉
カ〈大寺隆上等兵（歩六五連隊7中隊）〉
〈小原立一主計少尉（第十六師団）〉
カ〈折小野末太郎大尉（歩二三連隊中隊長）〉
カ〈折田護少尉（歩二三連隊Ⅱ大）〉
カ〈梶谷健郎軍曹（第二碇泊場司令部）〉
カ〈木佐木久少佐（第十六師団参謀）〉
〈北山与上等兵（歩二〇連隊）〉
〈小西与三松伍長（歩七連隊通信隊）〉
ボ〈佐々木元勝（野戦郵便長）〉
〈沢村次郎伍長（歩三三連隊12中隊）〉
〈志水一枝軍曹（歩三八連隊3中隊）〉
カ〈菅原茂俊少尉（歩三六連隊副官）〉
〈外賀関次（歩九連隊3中隊）〉
〈田上義信陣中日記（歩七連隊機関銃3中隊）〉
カ〈中島今朝吾中将（第十六師団長）〉
ボ〈中西由雄一等兵（歩七連隊歩兵砲小隊）〉『硝煙の谷間にて』私家版
〈鍋島作二曹長（歩七連隊歩兵砲小隊）〉
〈西田優上等兵（歩三三連隊）〉
カ〈林正明伍長（歩二〇連隊3中隊）〉

カ〈平本渥上等兵（歩七連隊）〉『陣中日誌・命脈』私家版
カ〈福元続上等兵〈歩四五連隊11中隊）〉
ボ〈藤沢藤一郎（歩六六連隊）〉
カ〈前田吉彦少尉（歩四五連隊）〉
カ〈牧原信夫伍長（歩二〇連隊）〉
カ〈松井石根大将（中支那方面軍司令官）〉
カ〈水谷荘上等兵（歩七連隊1中隊）〉『戦塵』私家版に収録
カ〈両角業作大佐（歩六五連隊長）〉
カ〈泰山弘道（海軍軍医大佐）〉
カ〈山崎正男少佐（第十軍参謀）〉
カ〈山田栴二少将（山田支隊長）メモ〉鈴木明『「南京大虐殺」のまぼろし』に収録
カ〈山田少将日記〉
カ〈山本武（歩三六連隊）〉『一兵士の従軍記録』昭60 私家版

4－5 関係者の回想記

赤星昂（歩四五連隊）『江南の春遠く』平2 非売品
赤尾純蔵（歩九連隊）『荼毘の烟り――殉国の士を悼みて』昭62 非売品
浅海一男「新型の進軍ラッパはあまり鳴らぬ」（本多編『ペンの陰謀』に収録）
東史郎（歩二〇連隊）『わが南京プラトーン』昭62 青木書店
足立和雄（朝日記者）「南京の大虐殺」（『守山義雄文集』に収録）
池谷半二郎『ある作戦参謀の回想手記』昭53 私家版
飯田進『鎮魂への道』平9 不二出版
石射猪太郎『外交官の一生』昭25 読売新聞社、昭61 中公文庫
伊佐一男「わが半生記」『歩七の友』21号 昭60
伊藤隆・劉傑編『石射猪太郎日記』平5 中央公論社
石川達三『生きている兵隊』昭48 新潮文庫
石倉軍二「(南京憲兵分隊) 手記」『憲友』32号

昭60
井出純二「私が目撃した南京の惨劇」『増刊・歴史と人物』169号　昭59
今井正剛（朝日記者）「南京城内の大量殺人」『特集・文藝春秋』昭31年12月号
井本熊男『支那事変作戦日誌』平10　芙蓉出版
宇都宮直賢『黄河・揚子江・珠江』昭55　私家版
遠藤三郎『日中十五年戦争と私』昭49　日中書林
大谷敬二郎『陸軍八十年』昭53　図書出版
大西一『私の歩んだ道』昭63　私家版
大山三郎（歩三三連隊）『日中戦争従軍記――従軍日記から』平13　私家版
「太田寿男供述書」（『南京戦史資料集Ⅱ』に収録）
小川関治郎『ある軍法務官の日記』平12　みすず書房
岡田酉次『日中戦争裏方記』昭48　東洋経済新報社
『岡村寧次大将資料』上巻　昭45　原書房
岡本健三「杭州湾敵前上陸に参加して」『中国』93号　昭46
奥宮正武『私の見た南京事件』平9　ＰＨＰ研究所
小原孝太郎（輜重一六連隊）『日中戦争従軍日記』平1　法律文化社
小俣行男（読売記者）『侵掠――中国戦線従軍記者の証言』昭55　現代史出版会
梶村止（野重一四連隊）『大陸を戦う――観測小隊長の日記』昭54　西日本新聞出版部
片山兵二『わが青春の中国大陸従軍譚』昭52　私家版
加登川幸太郎「証言による南京戦史〈その総括的考察〉」『偕行』昭60年3月号
上砂勝七『憲兵三十一年』昭30　東京ライフ社
上村伸一『破滅への道――私の昭和史』昭41　鹿島研究所出版会
金丸吉生（十六師団経理部員）『私の眼で見た支那事変　記録と記憶』昭58　私家版
『河辺虎四郎回想録』昭54　毎日新聞社
菊本輝雄（野重連隊）『男六十五年を歩く』昭50

私家版
九砲の集い『我が戦塵の懐顧録』（歩九連隊歩兵砲隊）昭54　非売品
熊田正隆（歩一九連隊）『第三中隊戦記』私家版
斎藤忠二郎（輜重一六連隊）『南京事件分析』平4　私家版
同　『南京大虐殺への考察』平8　私家版
佐々木到一『ある軍人の自伝』（増補版）昭42　勁草書房
佐々木稔（輜重一六連隊）『支那事変従軍記――われら華中戦線を征く』昭41　私家版
佐々木元勝『野戦郵便旗』正続　昭48　現代史資料センター出版会
佐藤振寿「従軍とは歩くこと」（『南京戦史資料集Ⅱ』所収）
島田勝己（歩三三連隊）「南京攻略戦と虐殺事件」『特集・人物往来』昭31年6月号
鈴木二郎（東京日日記者）「私はあの〝南京の悲劇〟を目撃した」『丸』昭46年11月号
同　「当時の従軍記者として」（『ペンの陰謀』に収録）
住谷盤根「南京陥落から入城までの間」『東郷』昭58年12月号
曽根一夫（野砲三連隊）『私記南京虐殺』正続　昭59　彩流社
同　『南京虐殺と戦争』昭63　泰流社
創価学会青年部反戦出版委員会『揚子江が哭いている――熊本第六師団大陸出兵の記録』昭54　第三文明社
田所耕三「虐殺で対立する南京攻略戦の兵士たち」『アサヒ芸能』昭46年1月28日号
田中隆吉『裁かれる歴史』昭23　新風社
玉井清美『侵略の告発』（山砲一一連隊）昭59　教育出版センター
手塚清（歩六六連隊）『聖戦の思い出』昭44　私家版
徳川義親『最後の殿様』昭48　講談社
成友藤夫（歩四五連隊）『追憶』私家版
西沢弁吉（歩六六連隊）『われらの大陸戦記』昭47　私家版

野田謙吾（歩三三連隊長）『思出』日付不明
長谷川寿雄（歩四一連隊）『草枕』（昭12・8〜12・11陣中日誌）平1
波多野晥二（野重一三連隊）『特務兵日記』昭61 蔦書店
花山信勝『平和の発見』昭24 朝日新聞社
浜崎富蔵『どろんこの兵』正続 昭45、58 私家版
白虎六光奉友会（歩六五連隊）『戦友の絆』昭55
「福田篤泰回想」（毎日新聞社編『一億人の昭和史 日中戦争1』所収）昭54 毎日新聞社
藤田勝（第三師団中尉）『水天一碧』平1 一冨士社史編纂会
藤原審爾編『みんなが知っている』昭32 春陽堂
歩9通信隊「支那事変参加想出集」昭13
歩兵二〇連隊第四中隊『支那事変出征戦友の手記』1〜8 昭13
前田雄二（同盟記者）『戦争の流れの中に』昭57 善本社
町尻部隊編『第六師団転戦実話——南京篇』昭15（謄写版）
丸山進「南京事件の実相」『満鉄若葉会会報』138号 平10
松本重治『上海時代』上中下 昭49〜50 中公新書
宮下光盛（歩四一連隊）『徒桜』昭51 私家版
宮部一三（歩一九連隊）『風雲南京城』昭58 叢文社
宮本四郎（第十六師団）『轍跡』昭53 非売品
六車政次郎（歩九連隊）『惜春賦——わが青春の思い出』平2 私家版
村瀬守保『私の従軍 中国戦線』昭62 日本機関紙出版センター
村田和志郎（歩一二四連隊）『日中戦争日記』第一巻 昭59 鵬和出版
刊行会『守山義雄文集』昭50 非売品
森島守人『陰謀・暗殺・軍刀』昭25 岩波新書
望月五三郎（歩九連隊）『私の支那事変』昭60 私家版
山田鉄二郎（歩四一連隊長）『歩いた道六十年』

昭46　私家版
山本勇（山砲九連隊）『想い出の進軍――南京・徐州・武漢三鎮』昭48　私家版
渡辺卯七『第九師団経理部将校の回想』昭38　私家版
渡辺年応（歩三五連隊）『追悼録』（日記収録）昭14　私家版

4－6　日本語の研究書など

阿部輝郎『南京の氷雨』平1　教育書籍
阿羅健一『聞き書　南京事件』昭62　図書出版
同　『「南京事件」日本人48人の証言』平14　小学館文庫
新井利男・藤原彰編『侵略の証言――中国における日本人戦犯自筆供述書』平11　岩波書店
石島紀之『中国抗日戦争史』昭59　青木書店
石田勇治編訳『ドイツ外交官の見た南京事件』平13　大月書店
板倉由明『徹底検証　南京事件の真実』平3　日本政策研究センター
同　『本当はこうだった　南京事件』平11　日本図書刊行会
稲垣大紀『25歳が読む「南京事件」』平18　中央公論事業出版
井上清・広島正編『日本軍は中国で何をしたのか』平6　亜紀書房
ヴォートリン（ミニー）『南京事件の日々』平11　大月書店
畝本正巳『史実の歪曲』平4　閣文社
鵜野晋太郎『菊と日本刀』全二巻　昭60　谷沢書房
同　『真相　南京事件――ラーベ日記の検証』平10　建帛社
江口圭一・芝原拓自編『日中戦争従軍日記――輜重兵の戦場体験』平1　法律文化出版社
エルピス社編『写真集・南京大虐殺』平7　エルピス社
大井満『仕組まれた〝南京大虐殺〟』平7　展転社

大森実『天安門炎上す』昭41　潮出版
小野賢二他『南京大虐殺を記録した皇軍兵士たち』平8　大月書店
偕行社編『南京戦史』平1　偕行社
同　『南京戦史資料集Ⅰ』平1　偕行社
同　『南京戦史資料集Ⅱ』平5　偕行社
笠原十九司『アジアの中の日本軍』平6　大月書店
同　『南京難民区の百日』平7　岩波書店
同　『南京事件』平9　岩波書店
同　『日中全面戦争と海軍――パナイ号事件の真相』平9　青木書店
同　『南京事件と三光作戦』平11　大月書店
同　『南京事件と日本人』平14　柏書房
同　『体験者27人が語る南京事件』平18　高文研
笠原十九司・吉田裕編『現代歴史学と南京事件』平18　柏書房
木阪順一郎他編『南京事件・京都師団関係資料集』平1　青木書店
北村稔『〈南京事件〉の探究』平13　文春新書
木村久邇典『個性派将軍　中島今朝吾』昭62　光人社
『現代史資料⑼⑿――日中戦争』昭39、40　みすず書房
児島襄『日中戦争』第三巻　昭59　文藝春秋
同　『東京裁判』上下　昭46　中公新書
小山常実『歴史教科書の歴史』平13　草思社
信夫淳平『戦時国際法提要』昭18　照林堂
下里正樹『隠された聯隊史』正続　昭62　青木書店
蔣介石『蔣介石秘録』第12巻　昭51　サンケイ出版
鈴木明『「南京大虐殺」のまぼろし』昭48　文藝春秋
同　『新「南京大虐殺」のまぼろし』平11　飛鳥新社
スノー（エドガー）『アジアの戦争』昭31　みすず書房

千田夏光『従軍慰安婦』正続 昭53 三一書房
戦争犠牲者を心に刻む会編『南京大虐殺と原爆』平7 東方出版
滝川政次郎『東京裁判をさばく』上下 昭28 東和社
滝谷二郎『目撃者の南京事件――発見されたマギー牧師の日記』平4 三交社
竹本忠雄他『再審〈南京大虐殺〉』（日英両文）平12 明成社
田々宮英太郎『橋本欣五郎一代』昭57 芙蓉書房
同（訳）『南京事件資料集――中国関係資料編』平4 青木書店
同『南京事件資料集――アメリカ関係資料編』平4 青木書店
立作太郎『戦時国際法論』昭6 日本評論社
田中正明『〝南京虐殺〟の虚構』昭59 日本教文社
同『松井石根大将の陣中日誌』昭60 芙蓉書房
同『南京事件の総括』昭62 謙光社
『中央公論社七十年史』昭30 中央公論社
津田道夫『南京大虐殺と日本人の精神構造』平7 社会評論社
ティンパーリ編（訳者不詳）『外国人の見た日本軍の暴行』昭57 祥伝社
冨沢繁信『南京事件の核心』平15 展転社
同『〈南京安全地帯の記録〉完訳と研究』平16 展転社
同『〈南京事件〉発展史』平19 展転社
南京事件調査研究会『南京事件現地調査報告書』昭60 一橋大学吉田研究室
同『南京大虐殺否定論13のウソ』（藤原彰、吉田裕、笠原十九司、井上久士、本多勝一、小野賢二論文など）平11 柏書房
同 訳『南京事件資料集』平4 青木書店
南京市文史資料研究会編、加々美光行・姫田光義訳『証言・南京大虐殺』昭59 青木書店
南京日本商工会議所『南京』昭16
『日本「南京」学会会報』第1号～23号（平成12年～19年）

秦郁彦『日中戦争史』昭36　河出書房新社
同『昭和史の謎を追う』平5　文藝春秋
同『現代史の争点』平10　文藝春秋
同『現代史の光と影』平11　グラフ社
同『現代史の対決』平15　文藝春秋
同『歪められる日本近代史』平18　ＰＨＰ研究所
早瀬利之『南京戦の真実』平19　光人社ＮＦ文庫
東中野修道『「南京虐殺」の徹底検証』平10　展転社
同『南京事件の全体像』平11　国民会館
同『南京事件――国民党極秘文書から読み解く』平18　草思社
同『南京〈百人斬り競争〉の真実』平19　ワック
同　編『南京「虐殺」研究の最前線』平14年版（秦郁彦、原剛、冨沢繁信、東中野論文、丸山進回想など）、平15年版（東中野修道、北村稔、北村良和、上杉千年論文など）、平16年版、平17・18年合併版、平19年版　展転社
同　編『一九三七南京攻略戦の真実』平15　小学館文庫
東中野修道・小林進・福永慎次郎『南京事件「証拠写真」を検証する』平17　草思社
『広田弘毅』昭41　伝記刊行会
フォーゲル（ジョシュア）編『歴史学のなかの南京大虐殺』平12　柏書房
冨士信夫『「南京大虐殺」はこうして作られた』平7　展転社
藤岡信勝・東中野修道『「ザ・レイプ・オブ・南京」の研究』平11　祥伝社
ブルマ（イアン）『戦争の記憶――日本人とドイツ人』平6　ＴＢＳブリタニカ
藤原彰『南京大虐殺』昭60（新版昭63）岩波ブックレット
同『南京の日本軍――南京大虐殺とその背景』平9　大月書店
同　編『南京事件をどうみるか――日・中・米研究者による検証』（笠原十九司、章開沅、小野賢二、孫宅巍、楊大慶論文など）平10　青木書

店
別宮暖朗『軍事史から見た〈南京事件〉の真実』平14 武道通信
防衛研修所戦史室（戦史叢書）『支那事変陸軍作戦〈1〉』昭50 朝雲新聞社
洞富雄『近代戦史の謎』昭42 人物往来社
同 『南京事件』昭47 新人物往来社
同 『〝まぼろし化〟工作批判・南京大虐殺』昭50 現代史出版会
同 『決定版・南京大虐殺』昭57 現代史出版会
同 『南京大虐殺の証明』昭61 朝日新聞社
同 編『日中戦争史資料』南京事件Ⅰ（東京裁判）、同Ⅱ（ティンパーリー、徐淑希、スマイス、ダーディン訳など）昭48 河出書房新社
同 編『南京大残虐事件資料集』上下 昭60 青木書店
洞富雄・藤原彰・本多勝一編『南京事件を考える』（井上久士、吉田裕、孫宅巍、君島和彦、石島紀之論文など）昭62 大月書店
同 『南京大虐殺の現場へ』（吉田裕、井上久士、笠原十九司論文など）昭63 朝日新聞社
同 『南京大虐殺の研究』（江口圭一、藤原彰、吉田裕、小野賢二、笠原十九司論文など）平4 晩聲社
本多勝一『中国の旅』昭47 朝日新聞社
同 『中国の旅』昭56 朝日文庫
同 編『ペンの陰謀』（浅海一男、鈴木二郎論文をふくむ）昭52 潮出版社
同 『南京への道』昭62 朝日新聞社
同 『南京への道』平6 朝日文庫
同 編『裁かれた南京大虐殺』平1 晩聲社
本多勝一・渡辺春巳・星徹『南京大虐殺歴史改竄派の敗北』平15 教育史料出版会
毎日新聞社編『一億人の昭和史 日本の戦史3――日中戦争1』昭54 毎日新聞社
前川三郎『真説・南京攻防戦』平5 日本図書刊行会
松尾一郎『プロパガンダ〈南京事件〉』平16 光人社

松岡環編『南京戦――閉ざされた記憶を尋ねて』平14　社会評論社
同　『南京戦――切りさかれた受難者の魂』平15　社会評論社
同　『銘心会南京報告資料集』平9、10、12、13
松村俊夫『〈南京虐殺〉への大疑問』平10　展転社
山本七平『私のなかの日本軍』上下　昭50　文藝春秋
山中峯太郎編『皇兵』昭15　同盟出版社
吉田裕『天皇の軍隊と南京事件』昭60　青木書店
ラーベ（ジョン）、平野郷子訳『南京の真実』平9　講談社
渡辺寛『南京虐殺と日本軍』平9　明石書店

4-7　主要な研究論文など（**日本語**）

アスキュー（デイヴィッド）「南京大虐殺の〈亡霊〉」『諸君！』平17年12月号
阿羅健一「〈南京百人斬り訴訟〉顛末記」『諸君！』平17年12月号
石川水穂「徹底検証〈南京論点整理学〉」『諸君！』平13年2月号
石原慎太郎「〝南京大虐殺〟の虚構」『諸君！』平6年7月号
板倉由明「松井石根大将『陣中日記』改竄の怪」『歴史と人物――日本陸海軍かく戦えり』昭60年冬号
同　「〈南京事件〉の数量的研究」『軍事史学』26巻1号、平2年
同　「南京事件――虐殺の責任論」（軍事史学会編『日中戦争の諸相』錦正社　平9年）
伊藤隆「昭和史のさまざまな見方」『学士会会報』八〇五号、平6年10月
井上久士「南京大虐殺と中国共産党」『季刊中国』6号、昭61年秋号
同　「遺体埋葬記録は偽造史料ではない」（『南京大虐殺否定論13のウソ』平11年）
犬飼総一郎「南京難民区に潜むゲリラ集団の蠢

動」『偕行』平12年1月、2月号
上杉千年「〝南京論争〟の忘れもの」『自由』平13年5月号
同　「歴史教科書にみる南京事件」（日本「南京」学会年報『南京「虐殺」研究の最前線』平成十五年版）
畝本・鵜飼・土屋・田中・板倉「〈南京虐殺〉参戦者の証言」（座談会）『文藝春秋』昭59年12月号
江口圭一「上海戦と南京進撃戦」（『南京大虐殺の研究』平2年）
小野賢二「虐殺か解放か」（『南京大虐殺否定論13のウソ』平11年）
同　「〈南京戦〉何が問題か」『週刊金曜日』平14年12月20日号
岡野君江「第九師団と南京事件」『環日本海研究』2号、平8年
笠原十九司「南京防衛軍の崩壊から虐殺まで」（『南京大虐殺の現場へ』昭63年）
同　「南京防衛戦と中国軍」（『南京大虐殺の研究』平4年）
同　「南京近郊における残虐事件」（『南京事件をどうみるか』平10年）
同　「新書《南京事件》の掲載写真について」『図書』平10年4月号
同　「南京大虐殺と教科書問題」『季刊・戦争責任研究』36号、平14年
北村稔「南京事件外国特派員と大論争」『文藝春秋』平19年7月号
ケネディ（デイヴィッド）「〈南京虐殺〉はホロコーストではない」『諸君！』平10年8月号
故菊蓉「南京大虐殺案件に対する中国軍事法廷の審判」（『南京事件をどうみるか』平10年）
佐藤和男「南京事件と戦時国際法」『正論』平13年3月号
塩谷紘「外務省は〈反日偽書〉になぜ沈黙するのか」『諸君！』平10年5月号
志々目彰「日中戦争の追憶――〝百人斬り競争〟」『中国』97号、昭46年12月
宋志勇「戦後中国における日本人戦犯裁判」『季

刊・戦争責任研究』30号、平12年
孫宅巍「南京防衛軍と唐生智」『季刊中国』7号、昭61
高野源治「第九師団南京大虐殺否定論批判」『北陸史学』49号、平12年
滝川政次郎「揚州十日記と南京大虐殺事件」『祖国と青年』昭60年7月号
田中正明「南京虐殺事件と松井石根日記」『日本週報』昭37年2月25日号
同　「南京大虐殺記念館に物申す」『正論』昭60年12月号
時沢和男「やりたい放題の中国と媚売る日本の活動家」『正論』平16年11月号
中田崇「中国国民党中央宣伝部と外国人顧問」『軍事史学』一六三号、平17年
「南京特務機関報告」1〜3　亜細亜大学会館文化研　平15
丹羽春喜「スマイス調査が内含する真実を探る」『自由』平13年5月号
秦郁彦「松井大将は泣いたか」『諸君!』昭59年10月号
同　「論争史から見た南京虐殺事件」（秦『昭和史の謎を追う』上　平5年）
同　「南京大虐殺〈ラーベ効果〉を測定する」（秦『現代史の争点』平10年）
同　「偽造された〈南京虐殺〉の〝証拠写真〟」（同右）
同　「南京事件――数の考察」（秦『現代史の光と影』平11年）
同　「南京事件――論点と課題」（秦『現代史の対決』平15年）
同　「いわゆる〈百人斬り〉事件の虚と実」(一)(二)『日本大学政経研究』第42巻第1号、第4号、平17年5月、平18年2月
同　「〈南京虐殺〉で燃え尽きた本宮ひろ志とアイリス・チャン」（『歪められる日本現代史』平18年）
秦郁彦・東中野修道・松本健一「問題は〈捕虜処断〉をどう見るか」（座談会）『諸君!』平13年2月号

秦賢助「捕虜の血にまみれた白虎部隊」『日本週報』昭32年2月25日号
原剛「いわゆる〈南京大虐殺事件〉の埋葬記録の再検討」(『南京「虐殺」研究の最前線』平成十四年版)
バレス(チャールズ)「なぜ歪むアメリカの日本報道」『中央公論』平9年12月号
半藤一利、洞富雄、秦、鈴木明、田中正明「南京大虐殺の核心」(座談会)『諸君!』昭60年4月号
フォーゲル(ジョシュア)「アイリス・チャンの描く南京事件の誤認と偏見」『世界』平11年11月号
藤原彰「南京大虐殺の犠牲者数について」『歴史地理教育』平7年3月号
星徹「東京地裁が李秀英さんに軍配」『週刊金曜日』平14年9月6日号
本多勝一「『中国の旅』をなぜ書いたか」『世界』平15年9月号
松本健一「神話としての南京大虐殺」『正論』昭60年3月号
同「南京大虐殺の神話的構造」『諸君!』平6年9月号
水谷尚子「私はなぜ東史郎氏に異説を唱えるか」『世界』平11年8月号
水間政憲「知られざる反日包囲網を撃つ」(1)~(4)『SAPIO』平19年1月~2月連載
吉川正治「朝日新聞との闘い・われらの場合」『文藝春秋』昭62年5月号
吉田俊「南京一九三七(プリンストン大学)参加記」『季刊・戦争責任研究』19号、平10年
渡部昇一「万犬虚に吠えた教科書問題」『諸君!』昭57年10月号

4-8 中国語の刊行物

鶴琴編『敵国暴行記』一九三八年三月 中央図書公司
孫林『如此〈皇軍〉』一九三八年四月
陳正謨編『日寇的残暴』一九三八年五月 重慶

中華民国軍事委員会政治部『日寇在華暴行記略』一九三八年六月
田伯烈（ティンパーリー）、楊明訳『外人目睹中之日軍暴行』一九三八年七月　国民出版社　漢口
蔣公穀（軍医）『陥京三月記』一九三八年八月　武漢
郭岐（教導総隊大隊長）「陥都血涙録」一九三八年八月『西京平報』（西安）連載
譚道平『南京衛戍戦史話』一九四六　東南文化出版社
『中国抗戦画史』一九四七　聯合画報社
何応欽『何上将抗戦期間軍事報告』一九四八　南京
中華民国国防部史政局『抗戦簡史』一九五二　台北
何幹之『中国現代革命史』一九五四　北京
国防部史政編訳局『淞滬会戦（三）』（『抗日戦史』シリーズ）一九六六　台北
同　『中日戦争史略』一九六八　正中書局
胡静編『抗日演義』一九七二　崇武出版社（台北）
『中国之怒吼』一九七二　環球資料集（台北）
孫元良『回憶録』一九七二　台北
呉相湘『第二次中日戦争史』上　一九七三　綜合月刊社（台北）
『董顕光自伝』一九七三　台湾新生報社（台北）
鈕先銘（工兵連隊長）『還俗記』一九七一　中外図書出版社（台北）
何応欽『中国現代歴次重要戦役之研究』一九七八　台北
蔣維国『抗日禦侮』一九七八　黎明文化事業公司（台北）
郭岐『南京大屠殺』一九七九　中外図書出版（台北）
胡華主編『中国革命史講義』一九八〇　北京
李杭和編『血涙抗日五十年摂影全集』一九八一　郷村出版社（台北）
何応欽『日軍侵華八年抗戦史』一九八二　台北
岳騫『抗日戦争通俗演義』第三巻　一九八二　黎

明文化事業公司

『鉄証如山――日本軍閥侵華罪悪実録』一九八二 近代中国出版社（台北） 日本語版あり

『日本侵華図片史料集』一九八三 新華出版（北京）

南京大学歴史系『証言・南京大虐殺』（江蘇文史資料選輯12号）一九八三

高興祖『日軍侵華暴行――南京大屠殺』一九八五 上海人民出版社

洪桂己編『日本在華暴行録 一九二八―四五』一九八五 国史館（台北）

政治協商会議南京市委『侵華日軍南京大屠殺史稿』一九八五 江蘇古籍出版社

軍事科学院外国軍事研究部『日本侵略軍在中国的暴行』一九八六 解放軍出版社

『抗日戦争史新論』一九八六 南京工学院出版社

宋希濂『回憶録』一九八六 文史史料出版社

『李宗仁回憶録』一九八六 南粤出版社

国民党党史委員会編『革命文献』第一〇八集、一〇九集（「日軍在華暴行――南京大屠殺」）一九八七 台北

第二歴史档案館他編『侵華日軍南京大屠殺档案』一九八七 江蘇古籍出版社（改訂版は一九九七）

同『侵華日軍南京大屠殺史稿』一九八七 江蘇古籍出版社

同『抗日戦争正面戦場』一九八七 江蘇古籍出版社

政協会議文史委員会『南京保衛戦――原国民党将領抗日戦争親歴記』一九八七 中国文史出版社

秦孝儀主編『日軍在華暴行――南京大屠殺』一九八七 中央文物供応社（台北）

左禄『侵華日軍南京大屠殺実録』一九八七 解放軍出版社

江蘇省史学会編『抗日戦争史事探索』一九八八 上海社会科学出版社

『曾虚白自伝』上 一九八八 聯経出版事業公司（台北）

趙洪宝「南京大屠殺前后的南京人口問題」『民国档案』一九九一年第三期

軍事科学院軍事歴史研究部編『中国抗日戦争史』上下　一九九一　解放軍出版社
『覚醒――日本戦犯改造紀実』一九九一　香港文化出版公司
楊克林・曹仁編『抗日戦争図誌』一九九二　香港天地出版公司
李恩涵『日本軍戦争暴行的研究』一九九四　台湾商務印書館
南京第二歴史档案館他編『南京大虐殺図証』一九九五　吉林人民出版社
社会科学院他合編『日軍侵華暴行実録』全四巻　一九九五　北京出版社
武月星主編『中国抗日戦争史地図集』一九九五
中国抗日戦争史学会『中国抗戦軍事史』一九九五　北京出版社
李秉新他『侵華日軍暴行総録』一九九五　河北人民出版社
秦郁彦（楊文信訳）『南京大屠殺真相――日本教授的論述』一九九五　香港商務印書館　秦『南京事件』の中国語訳
章開沅『南京大屠殺的歴史見証』一九九五　湖北人民出版社
『日軍侵華暴行実録』一九九六　台北
王凌霄『中国国民党新聞政策之研究（一九二八―四五）』一九九六　国民党史委員会（台北）
『鉄蹄底下的亡魂――日本兵自述的侵華暴行実録』一九九七　近代中国出版社　松岡環編『南京戦』の中国語訳
張純如（アイリス・チャン）『被遺忘的大屠殺――一九三七南京浩劫』一九九七　天下文化出版
中国社会科学院近代史研究所『抗日戦争』全七巻　一九九七　四川大学出版社
中国抗日戦争史学会他編『南京大屠殺』一九九七　北京出版社
張注洪編『国際友人与抗日戦争』一九九七　北京燕山出版社
孫宅巍『南京保衛戦史』一九九七　五南図書出版
同　編『南京大屠殺』一九九七　北京出版社
『拉貝日記』一九九七　江蘇人民出版社　ラー

べの中国語訳
劉恵恕『南京大屠殺新考』一九九八　上海三聯書店
呉広義『東史郎訴案与南京大屠殺真相』一九九九　人民出版社
『東史郎日記』一九九九　江蘇教育出版社
張宪文主編『中国抗日戦争史（一九三一－一九四五）』二〇〇一　南京大学出版社
東中野修道『徹底検証〈南京大屠殺〉』二〇〇一　前衛出版社（台北）
南京師範大学『魏特琳（ヴォートリン）伝』二〇〇一　南京出版社
程兆奇『南京大屠殺研究——日本虚構派批判』二〇〇二　上海辞書出版社
朱成山主編『南京大屠殺与国際大救援図集』二〇〇二　江蘇古籍出版社
同「日本現存南京大屠殺史料概論」『社会科学』二〇〇六年九期
黄慧英『南京屠殺見証拉貝伝』二〇〇二　百家出版社
孫宅巍『澄清歴史——南京大屠殺研究与思考』二〇〇五　江蘇人民出版社
高興祖『南京大屠殺与日本侵華罪責』二〇〇五　南京大学出版社
張連紅他『南京大屠殺与戦時中国社会』二〇〇五　南京師範大学出版社
張宪文主編『南京大屠殺史料集』一－二八冊　二〇〇五－〇六　江蘇人民出版社

4-9　英語の刊行物

Allison, John M., *Ambassador from the Prairie* (N.Y. 1973)
Brook, Timothy (ed.), *Documents on the Rape of Nanking* (Univ. of Michigan Press, 1999)
Chang, Iris, *The Rape of Nanking－The Forgotten Holocaust of WW II* (Basic Books, N.Y. 1997)
Eastman, Lloyd E., *The Nationalist Era in China 1927-1949* (Cambridge Univ. Press, 1991)

Fitch, George A., *My Eighty Years in China* (Taipei, 1963)

Fogel, Joshua A.(ed.), *The Nanjing Massacre in History and Historiography* (Univ. of Calif. Press, 2000)　邦訳あり

Hata Ikuhiko, "The Nanking Atrocities : Fact and Fable", *Japan Echo,* vol.25 no.4 (Aug. 1998)

Higashinakano Shudo, *The Nanking Massacre : Fact versus Fiction* (Sekai Shuppan, Tokyo, 2005)『「南京虐殺」の徹底検証』の英訳

Honda Katsuichi, *The Nanjing Massacre : A Japanese Journalist Confronts Japan's National Shame* (N.Y. 1999)『南京への道』の英訳

Hsü, Shuhsi (ed.), *The War Conduct of the Japanese* (Kelly and Walsh, Shanghai, 1938)

———, *Documents of the Nanking Safety Zone* (Kelly and Walsh, 1939)

Hsu, Long-Ksuen (comp.), *History of the Sino-Japanese War 1937-45* (Taipei, 1971)

Kitamura Minoru, *The Politics of Nanjing* (N.Y. 2006)『南京事件の探究』の英訳

Li, Fei Fei, R. Sabella, *Nanking 1937 : Memory and Healing* (M.E. Sharpe, N.Y. 2002)

Li, Peter (ed.), *Japanese War Crimes : The Search for Justice* (Transaction Publishing House, 2003)

Powell, John B., *My Twenty-five Years in China* (Macmillan, N.Y. 1945)

Smalley, Martha L. (edit.), *American Missionary Eyewitnesses to the Nanjing Massacre,* 1937-1938 (New Haven, 1997)

Smyth, Lewis, *War Damage in the Nanking Area, Dec. 1937 to March 1938, Urban and Rural Surveyes* (Mercury Press, Shanghai, 1938)

Snow, Edgar, *The Battle for Asia* (Kelly and Walsh, 1941)　邦訳あり

Sun, Youli, *China and the Origins of the Pacific War, 1931-1941* (N.Y. 1993)

Tanaka Masaaki, *What Really Happened in Nanking* (Sekai Shuppan, 2000) 『南京事件の総括』の英訳
Timperley, Harold J., *What War Means : The Japanese Terror in China : A Documentary Record* (Gollancz, London, 1938)
US State Dept. *Foreign Relations of the United States*. 1937 III The Far East, 1938 III The Far East
Wakabayashi, Bob T., "The Nanking 100-Man Killing Contest Debate", *Journal of Japanese Studies*, 26–2, 2000
Wickert, Erwin (ed.), *The Good Man of Nanking : The Diaries of John Rabe* (Knopf, N.Y. 1998)
———, *Der Gate Deutsche von Nanking*. (Deutsche Verlags–Anstalt, 1997)
Wilson, Dick, *When Tigers Fight : The Story of the Sino-Japanese War 1937-45* (Viking, 1982)
Yamamoto Masahiko, *Nanking –Anatomy of Atrocity* (Praeger, 2000)
Yin, James and Shi, Young, *The Rape of Nanking : Undenial History in Photographs* (Chicago, 1996)
Yoshida Takashi, *The Making of the "Rape of Nanking" History and Memory in Japan, China and The United States* (Oxford, 2006)
Zhang Kaiyuan (ed.), *Eyewitness to Massacre*, (M.E. Sharpe, 2001)

4－10 ヒアリング、書簡など

D＝師団　iB＝歩兵旅団　i＝歩兵連隊
MG＝機関銃中隊

中央部――稲田正純中佐（参本）、宇都宮直賢少佐（兵務局）、岡田芳政大尉（企画院）
上海派遣軍司令部――大西一大尉、岡田尚
第十軍司令部――谷田勇大佐、山崎正男少佐
第十六師団――金丸吉生主計（16D司）、小原立一主計（16D司）、羽田正生曹長（16D司）、杉

田竜太郎曹長（30iB司）、赤尾純蔵中尉（9i）、松田利春中尉（9i）、六車政次郎少尉（9i）、吉田太計司少尉（9i）、中村竜平少尉（9i）、田中金平伍長（9i）、浜崎幸男（9i）、松田清治郎上等兵（9i）、斎藤忠二郎（輜16i）、北川藤正軍曹（33i、1中）、市川治平（33i、5中）、秋本定義軍曹（38i、11中）、新井敏治軍曹（38i、1中）、北野昇少尉（38i、本部）、澄田政夫少尉（38i、11中）、新郷良夫中尉（20i）、森英生中尉（20i、3中隊長）、大小田正雄上等兵（20i、3中）

第九師団――松沢恭平少佐（9D参謀）、小西健雄大尉（同）、穂積莞爾中尉（9D司）、山本堯貞曹長（6iB司）、岩見谷弘三軍曹（7i、2中）、賀谷竹雄少尉（7i、1MG）、小村助次准尉（7i、1中）、島田義松（7i、通信隊）、谷渡少尉（7i、2MG）、水谷荘上等兵（7i、1中）、井家又一上等兵（7i、2中）、中西由雄一等兵（7i）、平本渥（7i）、土屋正治少尉（19i）、安川定義（19i、歩砲）、宮部一三（19i）、坂浦芳郎中尉（輜9i）

山田支隊――秋葉清三（65i、12中）、小沢光男（65i本部）、大寺隆上等兵（65i）、栗原利一伍長（65i、2中）、兼子虎彦少尉（65i、1MG）、高久喜祐軍曹（65i、7中）、馬場尚一曹長（65i、5中）、平林貞治少尉（65i、歩砲）、星俊蔵軍曹（65i、7中）

第三師団――兵東政夫（18i）、曽根一夫一等兵（野砲3i）

第六師団――竹下義晴大佐（45i長）、中山有良（23i）、児玉房弘上等兵（13i）

第百十四師団――青柳忠夫少尉（66i、Ⅱ大副官）、西沢弁吉中尉（66i、3中隊長）、藤沢藤一郎上等兵（66i、3中）、荻原誠（102i本部）、阪本一中尉（102i、11中隊長）、田所耕三一等兵（102i）、永井武中尉（102i、Ⅰ大長代理）

国崎支隊――長谷川寿雄大尉（41i、3中隊長）、宮下光盛一等兵（41i）

その他――根本常軍曹（東京憲兵隊）、石倉軍二伍長（南京憲兵分隊）、片庭博伍長（第十軍憲兵隊)、堀川静夫中尉(南京憲兵分隊)、松川晴策上等兵(鉄道1i)、堀江芳孝少尉(2i)、井出純二軍曹(飛行八大)、奥宮正武海軍大尉(航空隊)、関口鉱造海軍大尉(「勢多」先任将校)、佐藤振寿(朝日カメラマン)、粟屋憲太郎、飯塚潤、板倉由明、加登川幸太郎、志々目彰、鈴木明、高橋文雄、茶園義男、洞富雄、両角良彦

D・C・S・シソンズ、米ナショナル・アーカイブス、米国会図書館、中華民国国史館、台湾師範大学図書館

ま　行

や　行

ら　行

わ　行

主要人名索引

秦 郁彦（はた・いくひこ）

1932年（昭和7年），山口県に生れる．
1956年，東京大学法学部卒．ハーバード大学，コロンビア大学留学，大蔵省，防衛庁勤務．プリンストン大学客員教授，拓殖大学教授，千葉大学教授，日本大学教授などを務める．法学博士．専攻，日本近現代史．1993年度菊池寛賞受賞．
著書『日中戦争史』（原書房）
『日本人捕虜』（同上）
『日本陸海軍総合事典』（東京大学出版会）
『世界諸国の制度・組織・人事1840－1987』（同上）
『盧溝橋事件の研究』（同上）
『昭和史の軍人たち』（文春文庫）
『昭和史の謎を追う』（同上）
『慰安婦と戦場の性』（新潮選書）
『現代史の虚実』（文藝春秋）
『陰謀史観』（新潮新書）
『明と暗のノモンハン史』（PHP研究所，第68回毎日出版文化賞受賞）
『旧日本陸海軍の生態学　組織・戦闘・事件』（中公選書）
ほか多数

南《なん》京《きん》事《じ》件《けん》
中公新書 *795*

1986年2月25日初版
2007年7月25日増補版初版
2019年3月5日増補版5版

著　者　秦　郁彦
発行者　松田陽三

本文印刷　三晃印刷
カバー印刷　大熊整美堂
製　　本　小泉製本

発行所　中央公論新社
〒100-8152
東京都千代田区大手町 1-7-1
電話　販売 03-5299-1730
　　　編集 03-5299-1830
URL http://www.chuko.co.jp/

Published by CHUOKORON-SHINSHA, INC.
Printed in Japan　ISBN978-4-12-190795-0 C1221

中公新書刊行のことば

いまからちょうど五世紀まえ、グーテンベルクが近代印刷術を発明したとき、書物の大量生産は潜在的可能性を獲得し、いまからちょうど一世紀まえ、世界のおもな文明国で義務教育制度が採用されたとき、書物の大量需要の潜在性が形成された。この二つの潜在性がはげしく現実化したのが現代である。

いまや、書物によって視野を拡大し、変りゆく世界に豊かに対応しようとする強い要求を私たちは抑えることができない。この要求にこたえる義務を、今日の書物は背負っている。だが、その義務は、たんに専門的知識の通俗化をはかることによって果たされるものでもなく、通俗的好奇心にうったえて、いたずらに発行部数の巨大さを誇ることによって果たされるものでもない。現代を真摯に生きようとする読者に、真に知るに価いする知識だけを選びだして提供すること、これが中公新書の最大の目標である。

私たちは、知識として錯覚しているものによってしばしば動かされ、裏切られる。私たちは、作為によってあたえられた知識のうえに生きることがあまりに多く、ゆるぎない事実を通して思索することがあまりにすくない。中公新書が、その一貫した特色として自らに課すものは、この事実のみの持つ無条件の説得力を発揮させることである。現代にあらたな意味を投げかけるべく待機している過去の歴史的事実もまた、中公新書によって数多く発掘されるであろう。

中公新書は、現代を自らの眼で見つめようとする、逞しい知的な読者の活力となることを欲している。

一九六二年一一月

中公新書

現代史

中公新書

政治・法律

h1

- 125 法と社会 碧海純一
- 1865 ドキュメント 検察官 読売新聞社会部
- 819 アメリカン・ロイヤーの誕生 阿川尚之
- 2347 代議制民主主義 待鳥聡史
- 2469 議院内閣制—変貌する英国モデル 高安健将
- 1905 日本の統治構造 飯尾　潤
- 1687 日本の選挙 加藤秀治郎
- 1708 日本型ポピュリズム 大嶽秀夫
- 2283 日本政治とメディア 逢坂　巌
- 1845 首相支配—日本政治の変貌 竹中治堅
- 2428 自民党—「一強」の実像 中北浩爾
- 2181 政権交代 小林良彰
- 2233 民主党政権 失敗の検証 日本再建イニシアティブ
- 2101 国会議員の仕事 林　芳正 津村啓介
- 2370 公明党 薬師寺克行
- 1522 戦後史のなかの日本社会党 原　彬久
- 2090 都知事 佐々木信夫
- 2191 大阪—大都市は国家を超えるか 砂原庸介
- 2224 政令指定都市 北村　亘
- 2418 沖縄問題—リアリズムの視点から 高良倉吉編著
- 2439 入門 公共政策学 秋吉貴雄

中公新書

政治・法律

h2